Max Walter Clauss
Treffpunkt Zukunft

Max Walter Clauss

TREFFPUNKT ZUKUNFT

Die wirtschaftliche Entwicklung im Spiegel der Hannover-Messe

Econon Verlag GmbH
Düsseldorf – Wien

1. Auflage 1984

Gesetzt aus der Garamond der Linotype GmbH
Gesamtherstellung: Pustet, Regensburg
Printed in Germany
ISBN 3 430 11878 6

INHALT

VERZEICHNIS DER BILDSEITEN

VERZEICHNIS DER ABKÜRZUNGEN

ABR	Ausstellerbeirat der Hannover-Messe
ACHEMA	Ausstellung für Chemisches Material in Frankfurt/Main
ALALC	Associación Latíno-Americána de Libre Comércio
ASB	Antreiben–Steuern–Bewegen, Fachmesse im Verbund der Hannover-Messe
AUMA	Ausstellungs- und Messeausschuß der Deutschen Wirtschaft in Köln
BAUMA	Baumaschinen-Ausstellung in München
BBC	British Broadcasting Corporation – Englischer Staatsrundfunk
BDA	Bundesverband Deutscher Arbeitgeber in Köln
BDI	Bundesverband der Deutschen Industrie in Köln
BDLI	Bundesverband der Deutschen Luft- und Raumfahrtindustrie in Bonn
BEAMA	British Electrical and Allied Manufacturing Association
BID	Baneo Interamericáno de Dezarollo – Interamerikanische Entwicklungsbank
BI-ZONE	Von Amerikanern und Engländern 1945 besetzte Gebiete
CBI	Confederation of British Industries
CeBIT	Centrum für Büro- und Informationstechnik auf der Hannover-Messe
CECIMO	Comité Européen de Coopération des Industries de la Machine-Outil
CEMATEX	Comité Européen de la Machine Textile
COMECON	Rat für gegenseitige Wirtschaftshilfe im Warschauer Pakt
CONSTRUCTA	Ausstellung für Bauwesen und Bautechnik in Hannover
DIHT	Deutscher Industrie- und Handelstag in Bonn
DIM	Deutsche Industrie-Messe in Hannover
DLG	Deutsche Landwirtschafts-Gesellschaft in Frankfurt/Main
DLS	Deutsche Luftfahrtschau in Hannover
DLV	Deutscher Lehrmittelverband in Frankfurt/Main
DRUPA	Druck- und Papiermaschinen-Ausstellung in Düsseldorf

EBI	Elektronische Besucher-Information auf der Hannover-Messe
EDV	Elektronische Datenverarbeitung
EBM	Wirtschaftsverband der Eisen, Bleche und Metalle verarbeitenden Industrie
EFTA	European Free Trade Association – Europäische Freihandelszone
EG	Europäische Gemeinschaften
EGKS	Europäische Gemeinschaft (Hohe Behörde) für Kohle und Stahl
ELDO	European Launch Development Association (für Raketen)
EMH	Elektro-Messehaus GmbH in Hannover
EMO	Exposition de la Machine Outil (siehe EWA)
EUMABOIS	Comité Européen de la Machine à Bois
EURATOM	Europäische Atomgemeinschaft
EURODIDAC	Europäischer Lehrmittelverband
EWA	Europäische Werkzeugmaschinen-Ausstellung (siehe EMO)
EWG	Europäische Wirtschaftsgemeinschaft
EXPOCLIMA	Ausstellung für Klimatechnik
EZU	Europäische Zahlungsunion
FAB	Fachausstellung für Anstaltsbedarf
FDBR	Fachverband Dampfkessel, Behälter und Rohrleitungen im VDMA
FKM	Freiwillige Kontrolle von Messezahlen
F&O	Feinmechanik und Optik
GATT	General Agreement on Tariffs and Trade
HM	Hannover-Messe
IBM	International Business Machines
IG-FARBEN	Interessengemeinschaft Farbenindustrie (vereinigte Chemiewerke)
IHA	Internationale Hannover-Ausstellung (von Werkzeugmaschinen)
ILA	Internationale Luftfahrt-Ausstellung in Berlin und Hannover
Interfach	Internationale Fachmesse (für dekorative Konsumgüter) in Hannover
infa	Informations- und Verkaufsausstellung Hauswirtschaft – Familie in Hannover
INTERZUM	Internationale Zubehör-Messe in Köln

Ispra	Gemeinsame Forschungsstelle von EURATOM (Ort in Oberitalien)
ITE	Industrie-Institut zur Erforschung technischer Entwicklungslinien
ITMA	Internationale Textilmaschinenausstellung
JEIA	Joint Export Import Agency (Vereinigte Ex- und Importbehörde in der Bi-Zone; siehe diese)
JETRO	Japan Export Trade Organization
MCCA	Mercado Común Centro-Americáno
MH	Messehaus-Hannover GmbH
MM	Mustermesse in Hannover
MMM	Minnesota Mining & Manufacturing
MRCA	Multi Role Combat Aircraft
NASA	National Aeronautics and Space Administration
NATO	North Atlantic Treaty Organization (Nordatlantikpakt)
NC	Numeric Control (Elektronische Steuerung)
NE-METALLE	Nichteisenmetalle
Nuclex	Atomenergie-Ausstellung in Basel
OAPEC	Organization of Arabian Petroleum Exporting Countries
OECD	Organization for Economic Co-operation and Development
OEEC	Organization for European Economic Co-operation
OPEC	Organization of Petroleum Exporting Countries
ORGALIME	Organe de liaison des industries mécaniques et électrotechniques
SBZ	Sowjetisch besetzte Zone, später Deutsche Demokratische Republik
SICOB	Salon International de l'Office et du Bureau in Paris
SNECMA	Société Nationale d'Exportation des Constructeurs de Matériel aéronautique (französische)
SPACELAB	Raumlabor
TM	Technische Messe in Hannover
UFI	Union des Foires Internationales
UNCTAD	United Nations Conferenze for Trade and Development
UNIDO	United Nations Development Organization
UNO	United Nations Organization – Vereinte Nationen

USIAS	Union Syndicale des Industries Aéronautiques et Spaciales (Frankreich)
VAR	Vorsitzender des Aufsichtsrats (der Hannover-Messe)
VDE	Verein Deutscher Elektrotechniker
VDMA	Verband Deutscher Maschinen- und Anlagenbau (vordem: Verein Deutscher Maschinenbau-Anstalten)
VDW	Verein Deutscher Werkzeugmaschinenfabriken
VÖEST	Vereinigte Österreichische Eisen- und Stahlwerke
VWG	Vereinigtes Wirtschaftsgebiet in der Bi-Zone (s. diese)
WEMA	Werkzeugmaschinen-Ausstellung (deutsche)
ZVEI	Zentralverband der Elektrotechnischen Industrie

VORWORT

»Was uns not tut, ist ein britisches Hannover«, schrieb die Londoner »Times« Mitte der sechziger Jahre, als die Grenzen des Nachkriegswachstums in Sicht kamen. Dabei handelte es sich nicht um einen letzten Heimwehseufzer nach dem Welfenreich, dessen Union mit England unter dem Haus Hannover Winston Churchill nach Preußens Aufteilung am liebsten wiederhergestellt hätte.

Gemeint war die Ursprungsmesse des deutschen »Wirtschaftswunders«, die noch vor Währungsreform und Bundesrepublik am 18. August 1947 eröffnet wurde, und zwar auf Befehl der britischen Besatzungsbehörde in der Bi-Zone mit den Amerikanern. Ein weitblickender Offizier der Handelskontrollkommission in Berlin sah die ehrwürdige Messestadt Leipzig hinter Stalins Eisernem Vorhang verschwinden und suchte nach einem Platz im deutschen Westen, wo die aus Bombenschutt und Demontage wiederauftauchende Industrie eine Exportschau veranstalten könnte.

Nicht Standortwahl, so bedeutsam sie inmitten der deutschen und europäischen Windrose für die spätere Entwicklung werden sollte, lenkte den Blick von Sir Cecil Weir auf Hannover, sondern die bloße Tatsache, daß die westdeutschen Messestädte Frankfurt und Köln und das zuerst ins Auge gefaßte Düsseldorf in Trümmern lagen. Vor den Toren des ebenfalls zerstörten Hannover aber standen in einem Eichenhain auf freier Flur vier Werkshallen sogar noch unter Dach. Als Kriegsbetrieb im Flugkörperbau hatten sie trotz Radar alle Luftangriffe auf Kosten der umliegenden Dörfer überstanden.

Als Bundeswirtschaftsminister Ludwig Erhard fünfzehneinhalb Jahre später hier den durch Präsident de Gaulle brüsk von dem Eintritt in die EWG abgewiesenen britischen Europaminister Edward Heath im Kreis der europäischen Kollegen von der OEEC willkommen hieß, beglückwünschten die beiden sich gegenseitig zum sensationellen Aufschwung »ihrer« Messe. Major d. R. Heath war 1945 Stadtkommandant von Hannover gewesen. Hausherr auf dem Messegelände war mehr als ein Vierteljahrhundert lang der niedersächsische Minister und spätere Ministerpräsident Alfred Kubel. Zwischen den beiden ersten Exportmessen hatte ihn die SPD zum Gegenkandidaten Prof. Erhards als Direktor der Verwaltung für Wirtschaft in der Bi-Zone benannt.

Durch die Berufung des gemeinsamen Kandidaten von CDU und FDP wurden damals bei uns die Weichen auf Soziale Marktwirtschaft gestellt – gegen die im Labour-England und in Frankreich durch den Technokraten Jean Monnet praktizierte Planwirtschaft. In diesem Zeichen wuchs die Deutsche Industrie-Messe seit den fünfziger Jahren über eine Europamesse hinaus zur Weltmesse. Unter den großen Messeplätzen war und blieb sie das Modell eines strenggegliederten Herstellermarktes mit seinen heute zehn Fachmessen. Dazu kamen die periodisch wiederkehrenden großen Industrie-Sonderausstellungen. Damit ist die »INTERNATIONALE HANNOVER-MESSE« ein wandelnder Inbegriff der industriellen Konkurrenz, Kooperation und Innovation im deutschen, europäischen und weltweiten Bereich.

Ihre »Story« soll hier berichtet werden von einem, der sie zuerst als Außenwirtschaftsexperte im Ausland und im zweitstärksten deutschen Industrieland, sodann beim aktiven Einsatz in der Messeleitung und schließlich vom Europazentrum Brüssel aus miterlebt hat. Der Verfasser hofft, aus heutiger Distanz Chancen und Zwänge durch die Jahrzehnte objektiv nachzuvollziehen, wobei hinter den jeweils entscheidenden Maßnahmen auch die handelnden Persönlichkeiten sichtbar werden.

Durbach, im März 1984 Max Walter Clauss

Erstes Kapitel

START IM MORGENGRAUEN

1.

Improvisation ist alles

»Bis zur Währungsreform glich unsere Wirtschaft einem Gefangenenlager; seine Insassen wurden teilweise von den Alliierten unterhalten im Rahmen der Importe der ›Kategorie A‹ (zur Verhinderung von ›disorder and unrest‹), die der alliierte Steuerzahler beglich. Der Außenhandel bewegte sich im müden Zwangsrahmen alliierter Befehlswirtschaft. Die innere Bewirtschaftung (aus dem Krieg) und die Preiskontrolle wurden beibehalten.«

Dieser abschätzige Rückblick[1] entstammt dem bundesrepublikanischen Überschwang der frühen fünfziger Jahre. Er übergeht, daß die am 1. Januar 1947 gegründete »Joint Export and Import Agency« (JEIA) in den zu einem Vereinigten Wirtschaftsgebiet (VWG) zusammengelegten britischen und amerikanischen Besatzungszonen ja gerade auch den Auftrag hatte, durch Dollarzuteilung industrielle Rohstoffe und Werksteile im Ausland zu kaufen, um die nicht demontierte oder demontageverdächtige verarbeitende Industrie Westdeutschlands wieder exportfähig zu machen. Die französische Zone im Südwesten wurde erst 1949 angeschlossen.

Während der berüchtigte Morgenthauplan aus der Kriegszeit, der Deutschland in ein Weideland verwandeln wollte, stillschweigend verschwand, zogen die wirtschaftspolitisch sonst keineswegs konformen Regierungen in Washington und London jetzt die nüchterne Konsequenz, daß das seiner Kornkammer im Osten verlustige, vom Flüchtlingsstrom überflutete Land zwischen Elbe und Rhein seine Menschenmassen nicht selbst ernähren konnte.

Die Zwangsausfuhren deutscher Kohle und Halbfabrikate nach Westeuropa, die 1947 noch 88 Prozent des Gesamtausfuhrwertes ausmachten, konnten nur durch forcierte Herstellung lohnintensiver, hochwertiger Exportwaren aufgestockt oder abgelöst werden.

Gewiß waren dem Wirtschaftsdiplomaten Dr. Vollrath Freiherr von Maltzahn und seinen gelernten Mitarbeitern vom gleichzeitig eingerichteten Länderausschuß für Außenhandel im niedersächsischen Minden – Traditionskompanie von Erhards künftiger internationaler Brigade bis in OEEC und EWG – die hemdsärmligen Methoden der landfremden JEIA-Leute ebenso wenig sympathisch wie den in Außenhandelskontoren wieder tätig werdenden privaten Exporteuren selbst. Der sehr tüchtige Leiter der »Sveriges Export Förening«, Gesandter T. Vinell, erzählte später in Alkohollaune, wie er mit seiner Delegation in dem von ausländischen Interessenten und deutschen Anbietern überfüllten Frankfurter ehemaligen IG-Farben-Gebäude, dem Sitz der JEIA, von einem amerikanischen Oberst in den Waschraum gebeten wurde. Dessen Werbevertrag schloß mit dem kernigen Satz: »So, und wenn Sie jetzt nicht meine deutschen Stoffe kaufen, dann fahren Sie zur Hölle!«

Britisches Eigeninteresse

Es lag durchaus nah, daß man sich in der vorgesetzten alliierten Behörde der JEIA, dem »Bipartite Board« in West-Berlin, bei der vorgegebenen Aufgabe, baldmöglichst »normale Geschäftskanäle« wiederherzustellen, an die Motorik der deutschen Messetradition erinnerte. Der Vorschlag des britischen Direktors Sir Cecil Weir an seinen amerikanischen Kollegen, Generalmajor William H. Draper, für eine Exportmesse in Hannover fand die Zustimmung des BB-Chefs, Generalleutnant Sir G. N. MacReady. Eine Anordnung des Oberbefehlshabers in der britischen Zone, General Sir Brian H. Robertson, im Einvernehmen mit dem Oberbefehlshaber in der amerikanischen Zone, General Lucius D. Clay, vom 15. Mai 1947 befahl, die Messe am 15. August zu eröffnen, um

»eine Erhöhung des Exports des Vereinigten Wirtschaftsgebietes zu erreichen«.

Weshalb dieser englische Eifer?

Die Labour-Regierung von Clement Attlee stand unter dem Zwang, die Konvertierbarkeit des Pfundes wieder aufzuheben. Sie konnte die mit US-Außenminister James F. Byrnes im Dezember 1946 erst vereinbarte Kostenteilung 50 : 50 für die JEIA nicht einhalten. Der finanzielle Aufwand für das gesetzte Ziel, bis Ende 1949 die Handelsbilanz der Bi-Zone auszugleichen, war auf eine Milliarde Dollar veranschlagt, was für den englischen Anteil ein Sechstel des gerade erhaltenen Dollar-Kredites bedeutet hätte. In einem Zusatzabkommen Ende 1947 wurde denn auch die amerikanische Finanzierung des Hauptteils der deutschen Einfuhren und damit das Sagen des »Prokonsuls« Clay in der JEIA festgelegt. »In der Tat wird Amerika Deutschlands Außenhandel regieren«, schrieb der »Manchester Guardian«[2]. Kein Wunder also, daß die britischen »economic officers« alles taten, um auf ihre Weise »der Wirtschaft in der Bi-Zone wieder ein Tor zur Welt zu öffnen«. Ja, der Londoner »Board of Trade«[3] selbst verschickte gezielte Einladungsprospekte zur Exportmesse an Interessenten für den Kauf deutscher Industriewaren in den Commonwealth-Ländern, aber auch im nichtkommunistischen Europa, in Südamerika und den Vereinigten Staaten. Außer im letzten Fall waren es die traditionellen britischen Märkte, die das nur langsam aus der Kriegswirtschaft wiederauftauchende englische Industriepotential nur unzureichend beliefern konnte.

Englische Sympathien mit der hartgeprüften Welfenstadt im allgemeinen und mit der von dem »roten Welfen« Hinrich Wilhelm Kopf in einer Koalition aus SPD, CDU und Deutscher Partei geführten Regierung des neuen Landes Niedersachsen im besonderen mögen mitgespielt haben. Jedenfalls wurde der mutige Entschluß der zuständigen Stellen in Hannover, zur Durchführung der gestellten Aufgaben eine »Deutsche Messe- und Ausstellungs-AG« ins Leben zu rufen, von der Besatzungsmacht an Ort und Stelle mit jeder nur möglichen Hilfe honoriert.

Der Landesminister für Wirtschaft und Verkehr Alfred Kubel, Hauptgesprächspartner der englischen Militärbehörden, meinte rückblickend, als er längst zum »Mister Hanover Fair« geworden war, in seiner forschen Art: »Wir haben an die Exportmesse zunächst nicht recht geglaubt, aber die Landesregierung von Niedersachsen und die Stadtverwaltung von Hannover hatten soviel Englisch gelernt, um das Wort ›Try to make the best of it!‹ zu verstehen. Nein sagen konnte man ja immer noch. Und wie das bei den Deutschen so ist: Wenn man schon anfängt, macht man's auch ordentlich.«[4]

Beteiligt an der AG waren die beiden Hauptaktionäre, das Land Niedersachsen und die Stadt Hannover, dazu die Industrie- und Handelskammer, die Handwerkskammer, die Hansestädte Hamburg und Bremen und das Land West-Berlin. Als einziger Arbeitnehmervertreter saß neben zwei örtlichen Industriellen von Conti und der Mechanischen Weberei Linden der Betriebsratsvorsitzende der Leichtmetallwerke, der Schlosser Ernst Fahrig. Er hatte seine Kollegen bei Räumung und Umrüstung der vier Fabrikhallen als Vortrupp von mehr als 4000 Zeitarbeitern angeführt, die in 123 Tagen die Messe aufbauten. Eröffnet wurde sie vom Vizepräsidenten des bi-zonalen Wirtschaftsrates in Frankfurt, Dr. Erich Köhler. Als Vorsitzender des Aufsichtsrates wehrte Oberstadtdirektor Gustav Bratke, der »allein die Verantwortung für die Wahl Hannovers als Messestadt übernommen hatte«, Vorschußlorbeeren ab: »Wenn auch nicht gleich eine Brücke, so könnte sie (die Exportmesse) doch ein Steg sein.« Auf den Prospekten prangte schon das von dem Grafiker Ernst Rademacher in Art einer antiken Maske entworfene Markenzeichen mit dem Profil des Götterboten Hermes, der mit weit offenem Mund den Handel der Welt nach Hannover ruft.

Von Spezialisierung konnte auf dieser improvisierten Veranstaltung noch nicht die Rede sein. In den acht Ländern des VWG (Vereinigtes Wirtschaftsgebiet in der Bi-Zone) und in West-Berlin wurden teilnahmewillige Firmen aus allen gewerblichen Bereichen auf ihre Exportfähigkeit bei zweijähriger Lieferfrist vorgeprüft. Die meisten Produkte waren von der JEIA nur zum Verkauf an Ausländer gegen Dollar freigegeben.

1947

Oben: Messe auf Befehl – Der britische Militärgouverneur von Niedersachsen, Brigadegeneral Lingham (rechts), mit dem niedersächsischen Ministerpräsidenten Kopf (Mitte) und Hannovers Oberstadtdirektor Bratke

Unten: ... und die Sorgen vorher – Wirtschaftsminister Kubel (Mitte) mit Messedirektor Dr. Voß (links) und Architekt Lichtenhahn

Tatsächlich kamen 4000 echte Kaufinteressenten aus 53 Ländern, davon 27 in Übersee, die zum Teil mit Militärmaschinen eingeflogen und fast alle in einem britischen Transitcamp mit 1000 Betten untergebracht und verpflegt wurden. Denn die vom Feuersturm verheerte Innenstadt zählte nur noch 215 Hotelbetten. Für deutsche auswärtige Aussteller und Besucher wurden 3500 Betten in notdürftig als »Messehotels« eingerichteten Schulgebäuden und weitere 3000 in Gemeinschaftsräumen noch erhaltener Industriebetriebe bereitgestellt. Während das Ausstellungsgut von dem für die Leichtmetallwerke gebauten Bahnanschluß Hannover-Wülfel angefahren wurde, richtete man für die Besucher dort und am zehn Kilometer entfernten Hauptbahnhof einen Pendelverkehr mit 270 Fahrzeugen ein, darunter 16 britische Truppentransporter. Die hohlwangigen, in abgeänderte Feldblusen oder Vorkriegsgarderobe gekleideten Hunderttausende, Einheimische und Flüchtlinge, die mit ihren Frauen in schäbigen Kleidchen Tag für Tag auf die Exportmesse »draußen vor dem Tor« strömten, sahen wahrhaftig nicht wie kommende Wirtschaftswunder-Deutsche aus. Kaufen konnten sie sowieso nichts von den lange vermißten Dingen zum zivilen Gebrauch, die ihre ebenfalls unter Kalorienmangel leidenden Mitbürger aus der ganzen Bi-Zone von Nordsee und Spree bis zum Rhein und Neckar in harter Arbeit herbeigezaubert hatten.

Unter den 1300 Ausstellerfirmen waren die beiden Spitzengruppen Textil, Bekleidung und Zubehör (293) und ein Konglomerat von Musikinstrumenten, Spielwaren, Sportartikeln, Schmuck, Bijouterie und Galanteriewaren (221). Immerhin folgte die unter dem Dritten Reich von der Welt so lange abgeschlossene deutsche Spitzentechnik schon nach mit Maschinen- und Anlagebau (102), Elektrotechnik (98), Fahrzeugbau mit Zubehör, Chemie und Kunststoffe, Holzverarbeitung und Metallwaren samt Stahlverformung (je 70 Firmen). Die noch nicht vom alliierten Bann befreite Schwerindustrie von Rhein und Ruhr fehlte.

Lederwaren waren doppelt so stark vertreten wie Feinmechanik und Optik, und die Gruppen Bürobedarf, Papier und Druck,

Nahrungs- und Genußmittel rangierten neben Erzeugnissen für die Bauindustrie, dem Kunsthandwerk und Kunstgewerbe. Ein Augenzeuge berichtet: »Aber es wurde erstaunlich viel geboten: vom kleinsten Dieselmotor der Welt bis zum Mercedes-Rennwagen-Chassis, vom 100-ccm-Viertakter-Motorrad bis zum Allstrom-Radioempfänger in Liliputformat, zusammenklappbare Kinderwagen, neuartige Zahnprothesen und Meßinstrumente aller Art, ein Elektronenmikroskop mit 50 000facher Vergrößerung und Kurzwellen-Therapiegeräte zur schmerzlosen Tiefenbehandlung von Krankheitsherden, Akkumulatoren und ein erstaunlich großes Exportangebot der Elektroindustrie, Puppen und Pelze, schöne Kirchenfenster, Häuser aus Kunstharz, Lindener Samt und Krefelder Seide, Stoffe aus Bayern und Leinen aus Bielefeld, Treibriemen, Heringstonnen und Schneidwaren ›Made in Germany‹.«[5] Bei dem der JEIA pflichtgemäß gemeldeten Dollarumsatz von bescheidenen 31,5 Millionen lag die Fahrzeugindustrie an der Spitze. Die Länder der Bi-Zone und das stark vertretene West-Berlin waren wie folgt daran beteiligt: Niedersachsen (9,5 Mio.), Nordrhein-Westfalen (8,4), Württemberg-Baden (3,1), Hamburg (3), Berlin (2,4), Schleswig-Holstein, Bremen und Bayern (je 1,5), Hessen (0,5). Trotz des Dollarmangels in ihrem Land orderten englische Einkäufer für sechs Millionen Dollar Textilien, Kraftfahrzeuge und elektronische Güter. Die nächstbesten Aufträge aus Dänemark (3,8), Holland (3,4), Schweden (2,3) und Belgien (2,1), hauptsächlich für Kraftfahrzeuge, scheiterten nachher zum großen Teil an Importverboten dieser Länder wegen der Dollarklausel, ebenso wie die mit der Schweiz (1,4) auf gleicher Höhe liegenden finnischen Bestellungen (1,4). Amerikanische Besteller, vornehmlich von Feinmechanik und Optik, rangierten erst an elfter Stelle, weit hinter Indien (1,7 Mio. Dollar für Kfz- und Elektroerzeugnisse) und anderen Überseeländern. Zwei Australier orderten für 300 000 Dollar Autos und anderes, zwei Kanadier für 79,25 Dollar Lederwaren!

Entscheidend für den Erfolg des Experiments war der wiederhergestellte Kontakt unter Geschäftsleuten. Als die Exportmesse nach 21 Tagen schloß, traten ihre Urheber, General Draper und Sir Cecil Weir, ans Mikrophon der BBC-London mit einer Botschaft, deren

1947

Oben: Blick auf ein Steuerrad – Der Militärgouverneur der Britischen Zone, Luftmarschall Sir Sholto Douglas, mit Ministerpräsident Kopf und Messedirektor Zell (links)
Unten: Modell einer Rheinbrücke in die unbekannte Hauptstadt

Tenor aufhorchen ließ: »Man muß nunmehr anerkennen, daß ein Wiederaufbau Europas ohne Deutschland unmöglich ist und daß allein der Export die deutsche Wirtschaft wieder auf eigene Füße stellen kann.«

Turbulenzen

Dem Ritt über den Bodensee folgte eine Reihe von Turbulenzen, ehe die zweite Exportmesse vom 22. Mai bis 6. Juni 1948 wirklich stattfinden konnte. Auf den ersten Blick standen die Vorzeichen durchaus günstig mit dem Anlaufen des Marshallplans, womit gemäß einer Botschaft von General MacReady »die finanzielle Hilfe für Westeuropa, einschließlich Deutschland, in einem Maße gesichert erscheint, das einzigartig in der Geschichte dasteht«. Die unmittelbar bevorstehende Währungsreform würde der militärbürokratischen Vormundschaft der JEIA ein allgemein ersehntes Ende bereiten. Diese hatte übrigens inzwischen eine mehrstöckige Rotunde zur Unterbringung der Exportbörse in Auftrag gegeben zwecks Ausfuhrlizenzerteilung direkt auf dem Messegelände. Aber nicht die Furcht vor abwartender Zurückhaltung lastete über den Vorbereitungen, sondern ein fast verdoppelter Andrang von Ausstellern mit vermehrtem Bedarf an Standfläche. Textil und Bekleidung allein verlangten dreimal mehr Raum. Die industrielle Produktion im VWG der Bi-Zone war trotz Demontagen und Kalorienmangel inzwischen wieder von 45 auf 75 Prozent des Jahres 1936 gestiegen.

Im politischen Hintergrund bestand seit dem Austritt der Sowjets aus dem alliierten Kontrollrat am 1. Januar 1948 und der vorhergegangenen Einsetzung des Wirtschaftsrates im Vereinigten Wirtschaftsgebiet (VWG) die Aussicht, daß Hannover ganz aus dem Schatten Leipzigs heraustreten und eine eigenständige Rolle entwickeln würde. Wie zögernd man trotzdem das Niedergehen des »Eisernen Vorhangs« wahrhaben wollte, zeigte die Antwort Minister Kubels auf eine Einladung des SED-Ministerpräsidenten von Sachsen, »daß die Leipziger Messe bald wieder nach Aufhebung der

Zonengrenzen ihre alte zentrale Bedeutung für die deutsche Wirtschaft zurückgewinnen möge«.

Der aus Nicht-Fachleuten bestehende Vorstand unter der Gesamtleitung des Hannoveraner Journalisten Arthur A. Zell war überfordert und wurde ausgewechselt. Schließlich griff man als Notbehelf auf die Leipziger Formel der Zweiteilung der Exportmesse in eine Mustermesse und eine Technische Messe zurück. Ein entsprechender Antrag der Messeleitung wurde Mitte Februar von den Wirtschaftsministern der acht Länder befürwortet, aber zwei Wochen später von der alliierten Militärregierung brüsk abgelehnt mit dem Ultimatum: entweder gemeinsame Exportmesse am 22. Mai 1948 oder gar keine mehr! Mitten im Neubau einer weiteren festen Halle 6 und dem Umbau einer Gaststätte in eine Halle 5 brach in Niedersachsen ein Generalstreik aus als Protest gegen die katastrophale Unterernährung. Dieser »Kartoffelkrieg« richtete sich gegen US-General Clay persönlich, den man für die schlechte Bevorratung verantwortlich machte. Ministerpräsident Kopf ernannte kurzerhand den gerade ins Ressort für Arbeit, Aufbau und Gesundheit übergewechselten Landesminister und Mitglied des Aufsichtsrates der Messe-AG, Alfred Kubel, zum »Staatskommissar« für die Exportmesse. Mit direkter Ansprache gelang es ihm und Betriebsobmann Fahrig, die Genossen auf dem Gelände bei der Stange zu halten.

Als Zusatzration für die Erstellung der Exportbörse wurden westfälische Enten organisiert, und es gab abwechselnd Ente mit Sauce oder Sauce mit Ente. Mit den zwei neuen und drei Leichtbauhallen wurde die gedeckte Fläche von 30 000 auf 55 000 Quadratmeter brutto erweitert neben 11 000 statt vorher 8000 Quadratmeter Freigelände. Ein deutsches Riesenzelt, das aus der Schweiz repatriiert wurde, hatte dort auf der »Landi«, der Landesausstellung 1939, in Zürich gestanden, die vor Kriegsausbruch begonnen hatte und über die polnische Tragödie hinaus bis Oktober friedensmäßig in Gang gewesen war. Es wurde kurz vor Beginn der zweiten Exportmesse in einem Sturzregen fast ersäuft.

Bei der Eröffnung im Rathaus meinte Landesvater Kopf, daß »auch das Unvollendete vollendet sein kann«, und Ludwig Erhard

1948

Oben: Der Messekommissar – (Mitte unten) Betriebsobmann Fahrig
Unten: Die D-Mark kommt – (von links) Wirtschaftsdirektor Prof. Erhard, Min.-Präs. Kopf, Sir Cecil Weir

nannte den »internationalen Standard durchaus vergleichbar mit der Mailänder Messe, die ich besucht habe«. Unter den 2334 Ausstellern (1947 : 1298) dominierten nach wie vor Textilien und die Mischgruppe von Musikinstrumenten bis Galanteriewaren, doch in die technischen Leitgruppen – Maschinenbau, Metallbearbeitung, Fahrzeugbau, Elektrotechnik und Feinmechanik – hatten sich auch Chemie und Kunststoffe verstärkt eingereiht, neben Bürobedarf, Papier und Druck, Glas, Porzellan, Keramik und Holzverarbeitung (vor allem Möbel). Im Länderanteil hatten sich die hochqualifizierten verarbeitenden Industrien in Württemberg-Baden (noch ohne die französische Zone in Württemberg-Hohenzollern und Südbaden) auf der von Nordrhein-Westfalen angeführten Liste weiter vorgearbeitet. Die von der JEIA während zehn Messetagen in der Exportbörse mit ausländischen Handelsmissionen und Einzelkunden ausgehandelten Aufträge blieben mit 15 Millionen Dollar enttäuschend, auch wenn das Nachmessegeschäft nach der Währungsreform vom 20. Juni auf weitere 30 Millionen Dollar geschätzt wurde. Zu den im Transitcamp und im Informationsbüro der Messe registrierten 2900 Fachinteressenten, vornehmlich aus Holland, Belgien, England, der Schweiz, Schweden und Dänemark, und den Tageskartenbesuchern aus Übersee gesellten sich immerhin 370 deutsche Exportkaufleute als Vorboten kommender Außenhandelsbefreiung.

Nur mit Schweden bestand bereits ein Handelsabkommen des VWG. Es kaufte unter anderem 200 Hanomag-Traktoren, die Schweiz 200 PKW. Unter die auf wenige allgemeine Besuchstage beschränkten Scharen von Sehleuten mischten sich 12 000 Angehörige der Besatzungsmacht.

»Die Hannoversche Messe ist eine nach kommerziellen Gewinnprinzipien geführte Aktiengesellschaft«, pflegte in späteren Jahren der klassische kaufmännische Vorstand, Prof. Dr. Dr. Karl Eugen Mössner, zu betonen; die Spitze richtete sich gegen die GMBHs der »Oberbürgermeistermessen« von Frankfurt und Köln bis Mailand. Nach der Währungsreform war die »Deutsche Messe- und Ausstellungs-AG Hannover« zunächst einmal illiquide »durch Dezimierung ihres großen Bestandes an flüssigen Mitteln«, zumal die

Reichsmark-Einnahmen aus der zweiten Exportmesse in den zwei Wochen zwischen ihrem Ende und dem Umtausch-Stichtag in Deutsche Mark »ihrer wesentlichen Bestimmung, der Kostendekkung, noch nicht zugeführt werden konnten« (Bericht vom 1. 11. 1949 über das Reichsmark-Geschäftsjahr vom 3. 8. 1947 bis 20. 6. 1948). Eine Bürgschaft des Landes Niedersachsen und der Stadt Hannover sorgte für einen Betriebsmittelkredit »bei hiesigen Banken«. Auch durch langfristige Darlehen dieser beiden Hauptaktionäre war am Berichtstermin im November 1949 »die finanzielle Basis für die der Gesellschaft gestellten großen Aufgaben noch nicht geschaffen«. Doch die entscheidende Wende zu einer Verklammerung des von öffentlichen Körperschaften getragenen Unternehmens mit der ausstellenden Industrie bahnte sich bereits an, und zwar durch persönliche Initiative des engagierten Sozialdemokraten und kühlen Realisten Alfred Kubel.

2.

DIE INDUSTRIE ZIEHT MIT

In seiner vorübergehenden Eigenschaft als Staatskommissar für die Messe hatte Minister Kubel schon gegen Ende der zweiten Exportmesse Vertreter der ausstellenden Industriegruppen in die Exportbörse gebeten, um mit ihnen »allgemeine Fragen der Durchführung der Messe, insbesondere im Hinblick auf die Vorbereitungen für die Dritte Exportmesse 1949«, zu besprechen. Die industriellen Fachverbände, früher in der Reichshauptstadt konzentriert, tauchten gerade erst im »Vereinigten Wirtschaftsgebiet« aus dem wirtschaftlichen Nachkriegs-Interregnum der Besatzungsmächte wieder auf. Nur der übergeordnete »Reichsverband der Deutschen Industrie« konnte erst nach Gründung der Bundesrepublik Deutschland als westdeutscher Bundesverband neu anfangen. Als Sprecher der damals stärksten Ausstellergruppe regte der führende Textilindustrielle Wolfgang Müller-Oerlinghausen aus dem meistbeteiligten Land Nordrhein-Westfalen die Bildung eines »Ausstellerbeirats« an, anknüpfend an die guten Erfahrungen mit der früheren »Zentralstelle der Interessenten der Leipziger Messe«. Schon vorher hatte der Leiter der Hauptabteilung Außenwirtschaft, Ministerialdirektor Freiherr von Maltzahn, vor den Außenhandelskontoren, in deren Händen bisher die Vorbereitungsarbeiten gelegen hatten, die Meinung vertreten, daß diese Aufgaben von der Wirtschaft selbst übernommen werden müßten. Nach einer Reihe von Vorbesprechungen eröffnete der neue niedersächsische Wirtschaftsminister, Dr. Otto Fricke von der welfischen Deutschen Partei, als Aufsichtsratsmitglied der Messe-AG am 24. November 1948 die konstituierende Sitzung des Ausstellerbeirats. Zugleich im Namen des Direktors der Verwaltung für Wirtschaft, Prof. Erhard, erklärte er, daß die Entscheidungen über den Ausbau der Exportmesse Hannover nunmehr bei der Wirtschaft lägen.

Dies war freilich nur der erste Schritt. Ein Jahr später traten der erste Vorsitzende des »Zentralverbandes der Elektrotechnischen Industrie« (ZVEI), Dr.-Ing. Karl Neuenhofer vom Vorstand der Brown, Boveri & Cie in Mannheim, und der Vorsitzende des Ausstellungsausschusses im »Verein Deutscher Werkzeugmaschinenfabriken« (VDW), Fabrikant Hermann Heller-Nürtingen, in den Aufsichtsrat der Messe Hannover ein. Beide Herren gehörten auch dem Vorstand des »Vereins Deutscher Maschinenbauanstalten« (VDMA) an. Weitere Industriekapitäne folgten 1951, als der nunmehrige Finanzminister Kubel die SPD-Stadtverwaltung Hannover im Vorsitz des Aufsichtsrats ablöste. Über alle Ämterwechsel und politischen Wechselfälle hinweg blieb er als Sachverwalter des anderen Großaktionärs, des Landes Niedersachsen, die Nummer eins auf dem Messegelände bis 1978, zwei Jahre nach seinem Rücktritt als Ministerpräsident. Nach Verkündung des Betriebsverfassungsgesetzes für die Montanindustrie wurde 1953 die bisherige Vertretung der in Nachfolge der Leichtmetallwerke zur IG Metall gerechneten Stammbelegschaft der Messe (129 Lohn- und 115 Gehaltsempfänger) durch Ernst Fahrig auf ein Drittel des 24köpfigen Aufsichtsrats erweitert, einschließlich des DGB-Vorstandsmitglieds Albin Carl. »Dabei hätten wir es gar nicht gemußt«, sagte mir der 73jährige Herr Kubel, nachdem er zuvor betont hatte, daß er die geringe Vertretung des Unternehmertums im Gründungs-Aufsichtsrat 1947 durch nur zwei Hannoveraner Industrielle von Anfang an bedauert habe.

Doch zurück zur zweiten Jahreshälfte 1948, die zwischen Währungsreform und Ausarbeitung des Grundgesetzes ganz im Bann der sowjetischen Berlin-Blockade und der englisch-amerikanischen Luftbrücke stand. Der Marshallplan hatte zwar begonnen, und die drei westdeutschen Zonen wurden in die »Europäische Zahlungsunion« (EZU) einbezogen. Der frische Wind des Wiederaufbaus vertrieb jedoch noch längst nicht die tiefhängenden Wolken der nächsten Zukunftssorgen. Die drei Westzonen mußten die Hälfte aller Lebensmittel einführen. Der Gesamtbedarf für Importe zur Ernährung, von Rohstoffen und Fertigwaren wurde von amerikanischer Seite auf 2 bis 2,8 Milliarden Dollar im Jahr geschätzt. Der laufende Export, der alles bezahlen sollte, ergab noch höchstens 600 Millionen Dollar. Auf dem Messegebiet wehrten sich die Traditionsträger in Köln und Frankfurt gegen den beängstigenden Aufstieg einer dritten Großmesse. Bei einer ersten Abstimmung unter den dreien wurde Hannover schon als »einzige zentrale Exportmesse der drei Westzonen« anerkannt, in einer Zeit der »Exportpeitsche« über den ausfuhrfähigen Industrien. Die Konkurrenten in Köln und Frankfurt würden ihre herkömmlichen Programme weiterentwickeln und dabei allerdings auch um Interessenten in dem ihnen benachbarten Ausland werben.

Geteilte Messe

Der Ausstellerbeirat der Hannover-Messe – übers Jahr führten die beiden anderen Messestädte diese Einrichtung ebenfalls ein – stand unter dem vorläufigen Vorsitz des Textilers Müller-Oerlinghausen; sein Stellvertreter wurde der leiblich wie durch seine Leipziger Erfahrungen gleich gewichtige »Messepapst« des VDMA, Dr. Johannes Bleick. In der Gründungssitzung wurde gefordert, daß Standbewerber nicht aus Raummangel zurückgewiesen werden sollten. Für die Aufbaujahre wurde deshalb nun für die Exportmesse 1949 die aufgeschobene Zweiteilung beschlossen in eine »Allgemeine oder Mustermesse« vom 22. bis 28. April und eine »Technische Messe« vom 20. bis 30. Mai. Wie die Provisorien im französischen Sprichwort dauerte auch dieses ganze fünf Jahre. Nach den beiden Improvisationen vor der Währungsreform wurden die dritte und letzte so genannte Exportmesse und die erste »Deutsche Industrie-Messe Hannover« 1950 die organisatorischen Vorstufen zum originalen Erfolgskonzept der fünfziger Jahre. Diese im Ausstellerbeirat vorgeschlagene selbstbewußte Namensänderung wies eindeutig auf das Ziel einer strengen Herstellermesse hin, ließ sich aber auf die

Dauer bei der wachsenden Teilnahme ausländischer Aussteller nicht halten.

Die beiden Frühjahrsmessen 1949 lagen politisch im Vorfeld der Wahlen zur Sanktionierung einer »Bundesrepublik Deutschland« unter der Kontrolle der Westalliierten. Trotz Geldknappheit nach der Währungsreform entwickelte sich vor allem auf der Mustermesse der Konsumgüter ein lebhaftes Inlandsgeschäft durch den langen Stau des Bedarfs an Textilien und Bekleidung, der nach wie vor führenden Branche, aber auch an Eisenwaren, Büromaterial, Lederwaren, Schmuck, Silberwaren, Uhren und mechanischem Spielzeug. Da die JEIA-Kontrolle wegfiel, wurden hier wie auf der drei Wochen später stattfindenden Technischen Messe »gegen alle Tradition« keine Zahlen über Exportergebnisse mehr veröffentlicht. Unter den 5000 registrierten Interessenten aus dem Ausland auf der Technischen Messe waren eine ganze Anzahl von Gästen aus Übersee, die schon die Mustermesse besucht hatten (2000). Durch anschließende Rückfragen der Messeleitung bei Ausstellern und Verbänden ergab sich ein geschätzter Mindestbetrag von 45 Millionen DM Abschlüssen auf der Technischen Messe mit einem offensichtlich weit höheren Nachmessegeschäft. Auf 50 000 Quadratmeter Hallenfläche und im Freigelände waren unter den 1300 Ausstellern repräsentativ vertreten die Industriegruppen Maschinenbau, Elektrotechnik, Fahrzeugbau, Feinmechanik und Optik. Eisen-, Blech- und Metallwaren (EBM) verteilten sich je nach Gebrauch auf die beiden Teilmessen, die Chemie war mit Verfahrenstechnik auf der Technischen Messe, mit Kunststoffen auf der Mustermesse.

Am Schluß der Technischen Messe hatte Dr. Wilhelm Tigges noch als Sprecher des EBM im Vorstand des Ausstellerbeirats festgestellt, daß »die Entwicklung einer westdeutschen Zentralmesse der Industrie in einem stetigen und sicheren Fortschritt begriffen ist«. Dabei hatte er den von seinem Kollegen von F & O, Dr. Onno Oncken, stammenden neuen Namen publik gemacht. Das kommerzielle und finanzielle Risiko hat Dr. Tigges wenig später als Präsident des eben aus der Vergangenheit wieder heraufgeholten »Ausstellungs- und Messeausschusses der Deutschen Wirtschaft«

(AUMA) so angesprochen: »Die Messeleitung wird ihre ganze Tüchtigkeit unter Beweis stellen müssen, wenn sie es auf der einen Seite vermeiden will, ausgedehnte neue, feste Bauten zu errichten, auf der anderen Seite aber die Aufgabe meistern will, den hochwertigen Ausstellungsgütern eine würdige Unterbringung zu sichern.« Der Vater des »Tiggesgroschens«, des mit der Standmiete einzuziehenden AUMA-Beitrags, und seine Geschäftsführer haben sich in der Folgezeit mit wechselndem Erfolg um den Interessenausgleich zwischen den bundesdeutschen Großmessen bemüht. Diesen selbst allerdings nützten die in alle Welt gestreuten AUMA-Prospekte wenig, wo sie in einem Schwarm aller möglichen Fachmessen und Einzelausstellungen mitschwammen.

Aufschlußreich dafür, wohin der Weg der hannoverschen Messe weitergehen würde, war die Manöverkritik in den schriftlichen Berichten der industriellen Fachverbände. Mit Ausblick auf die beiden Industriemessen 1950 empfahl der VDMA die Konzentrierung des Maschinenbaus »allein auf die Technische Messe Hannover«[6] und meldete eine Hallenfläche von über 20 000 Quadratmeter an, »durch die erhebliche Vergrößerung verschiedener Gruppen, wie beispielsweise Werkzeugmaschinen und Holzbearbeitungsmaschinen«. Der Verband der Automobilindustrie, die auf den drei Exportmessen ausgezeichnete Geschäfte gemacht und eine Halle für sich beansprucht hatte, sah nun in der Aufstellung von Fahrzeugen auf Messen »nur eine Notlösung« und teilte mit, er werde sich 1950 weder in Hannover noch sonstwo beteiligen, um die Wirkung der für 1951 in Frankfurt geplanten ersten Internationalen Automobilausstellung in der Bundesrepublik nicht abzuschwächen. Es war die glanzvolle Schau, bei der Bundespräsident Theodor Heuss in seinem Biedersinn meinte, sein Chauffeur verstehe mehr davon als er selbst. Daimler-Benz blieb mit Nutzfahrzeugen auf einem Dauerstand mitten im Hannover-Gelände.

Der Zentralverband der Elektrotechnischen Industrie (ZVEI) »begrüßte den jetzt zutage getretenen Doppelcharakter Hannovers als Export- und Inlandsmesse. Die meisten Aussteller der Elektrotechnik wünschen, grundsätzlich im Jahr nur eine Technische Messe zu beschicken. Diese Veranstaltung muß dann allerdings umfassend und repräsentativ sein und soll die *ganze* Industrie angehen.« Den »sogenannten Fachausstellungen« wie Funkausstellungen u. a. wurde die auf einen bestimmten Kundenkreis beschränkte Daseinsberechtigung nicht abgesprochen. Die Folge war, daß im März 1950 Elektrogeräte und Leuchten auf der Mustermesse fehlten und sich im Mai neben der Starkstromtechnik auf der Technischen Messe wiederfanden. Den gleichen Wechsel nahmen Feinmechanik und Optik (schon 1949), EBM, Öfen, Herde und Kunststoffe vor.

Großaussteller im Aufsichtsrat

Mit dem geschlossenen Programm des ZVEI auf lange Sicht wurde dessen designierter Präsident Dr. Neuenhofer, wie erwähnt, 1949 in den Aufsichtsrat der Messe-AG gewählt, zusammen mit Hermann Heller. Dieser brachte 1950 zur Technischen Messe 200 Werkzeugmaschinen-Aussteller (davon 22 ausländische) mit einem Standbedarf von 6400 Quadratmeter in zwei festen Hallen als Morgengabe mit. In der Erinnerung an das erste Auftreten des schwäbischen Unternehmers meinte Alfred Kubel mir gegenüber lachend, er sei wohl eigentlich von seinem Landsmann und Kollegen Dr. Otto Fahr, Vorstandsmitglied des VDMA, vorgeschickt worden, um nachzusehen, was mit den »Messe-Sozis« in Hannover zu machen sei und was nicht. Jedenfalls verstanden sich die beiden mit 41 Jahren gleich jungen Manager auf Anhieb. Kubel überwand als wiedergekehrter Wirtschaftsminister des Landes Niedersachsen das Zögern seiner älteren Parteifreunde von der Stadt, den Großausstellern Sitz und Stimme in ihrer Mitte einzuräumen. Das legendäre Andenken der steinernen Halle 9, die der Verein Deutscher Werkzeugmaschinenfabriken (VDW) auf der Leipziger Messe 1925 aus eigenen Mitteln erbaut hatte,[7] genügte sowieso, um zu begreifen, welche Chance hier ins Haus stand, falls man Hellers technisch-organisatorische Bedingungen erfüllte. Das gleiche galt erst recht für die Bindung der Elektroindustrie an den Messeplatz Hannover, die in Leipzig schon 1923 ihr »Haus der Elektrotechnik« errichtet hatte.

Für die Anfahrt auch schwerster Schmieden und Pressen war der Gleisanschluß vom Zweigbahnhof Hannover-Wülfel direkt in die Messehallen gegeben. Vorhergesehen war auch der verstärkte Unterbau für ihre Fundamente und der Strom für die Vorführung dieser wie aller Maschinen und Geräte unter normalen Arbeitsbedingungen. Das Paradoxe aber trat ein, als nach zwei Jahren der VDW sich aus der Deutschen Industriemesse wieder zurückzog, um alle paar Jahre seine Werkzeugmaschinen-Ausstellungen auf dem hannoverschen Gelände auszurichten mit der Belegung sämtlicher verfügbaren, d. h. nicht mit eingebauten Ständen versehenen, Hallen. »Mit der Messe-AG wurde vereinbart, daß bei allen Ausstellungen, die der VDW in Hannover durchführt, er der Veranstalter ist. Das bedeutet, daß der VDW seine Ausstellungen selbst organisiert, daß er sowohl die Hallenaufteilung wie auch die Platzzuteilung vornimmt und die gesamte Werbung durchführt. Dabei wird dem VDW für die ganze Dauer der Ausstellung, einschließlich ihres Aufbaus und Abbaus, das von ihm benötigte Personal von der Messe-AG zur Verfügung gestellt. Da die Einzelmietverträge aber unmittelbar zwischen Messe-AG und Aussteller abgeschlossen werden, liegt die gesamte finanzielle Abwicklung bei der Messe-AG.«[8] Hermann Heller und nach seinem frühen Tod 1959 Markus von Bußße verwandelten jedesmal mit Mobilisierung der gesamten Messekräfte das Gelände in einen einzigen Paradegrund, in dessen Hallen die »Maschinen der Maschinen« unter Hämmern, Schleifen, Bohren, Hobeln und dem gelegentlichen Paukenschlag einer Karosseriepresse in Reih und Glied exerzierten. Die zeremoniöse Geste, mit der nachher der Kommissar dem Messe-Vorstand die »Hausschlüssel« zurückgab, hatte durchaus symbolische Bedeutung. Übrigens war die »Vereinigung deutscher Werkzeugmaschinen-Fabrikanten« 1881 in Kastens »Hotel Royal« zu Hannover gegründet worden. Die Lieferbedingungen im damaligen Kampf gegen die amerikanische Konkurrenz wurden auf Geschäftsbögen der Firma H. Wohlenberg protokolliert, die jetzt ihre Drehbänke auf dem Messeplatz mit ausstellte.

Die Werkzeugmaschinen waren die bei weitem stärkste Gruppe des allgemeinen Maschinenbaus auf der Technischen Messe, die als zweiter Teil der »Deutschen Industrie-Messe Hannover« vom 3. bis 14. Mai 1950 stattfand. Doch ihrem schließlich auf über 10 000 Quadratmeter angestiegenen Bedarf an fester Hallenfläche entsprachen dreimal soviel Anforderungen der Schwestergruppen. Der Startschuß fiel Anfang Dezember 1949, als im Arbeitsausschuß für Werbefragen des VDMA mitgeteilt werden konnte, daß die Messeleitung eine neue Halle 7 erstelle. Außerdem würden neben den beiden für Werkzeugmaschinen reservierten Hallen drei weitere feste und eine von acht Leichtbauhallen dem übrigen Maschinenbau zur Verfügung gehalten. 315 Firmen belegten mehr als 30 000 Quadratmeter. Spitzenreiter waren (wie auch in kommenden Jahren) Holzbearbeitungsmaschinen (93 Aussteller auf 4600 m^2), Büromaschinen (43: 2700 m^2), Nahrungs- und Genußmittelmaschinen (58: 2460 m^2), Textilmaschinen (34: 1820 m^2), Pumpen (51: 1800 m^2), Kraftmaschinen und Dampfkessel (21: 1200 m^2) und Baumaschinen (52: 9000 m^2 im Freigelände). Dazu kamen Papier- und Druckmaschinen (die nachher zur DRUPA nach Düsseldorf umzogen), Kältemaschinen, Waagen, Armaturen, chemischer Apparatebau, Meß- und Regeltechnik, Prüfmaschinen und Antriebstechnik. Es war vorauszusehen, daß diese Heerschau der Mechanik, die sich schon im Jahr darauf an Firmenzahl und Ausstellungsfläche verdoppelte, am Volumen auch einer Großmesse wie an den marktpolitischen Besonderheiten einzelner Gruppen ihre Grenzen finden mußte. In den kommenden drei Jahrzehnten machte der vielgestaltige Riese Maschinenbau mancherlei Wandlungen seiner Präsenzen durch – ortsfeste oder wandernde Einzelausstellungen, alternierende Teilnahmen und Systemschauen – und blieb doch immer der Größte in der Statistik der Hannover-Messe.

Konnte man das Angebot des Maschinenbaus auf der Technischen Messe 1950 fast so auslegen, als wäre Technische Messe gleich Investitionsgütermesse zu setzen – in der Tat eine hartnäckige Idealvorstellung in entsprechenden Industriekreisen –, so brachte

1950

Oben links: Ein Lämmchen für den Export –
Britischer Handelsminister Lord Pakenham (links)
Oben rechts: Einer hat gewonnen – Der Rebell Subhas Chandra Bose in der neuen indischen Uniform
Unten: Abschiedsbesuch des ersten britischen Hohen Kommissars, Sir Brian H. Robertson – (Mitte) Bundesverkehrsminister Seebohm

die gleichzeitige Konzentration der Elektroindustrie auf die Technische Messe mit 458 Ausstellern die ganze Palette »vom Brotröster bis zum Hochspannungsaggregat« ein (Konsumgüter der verschiedensten Art neben millionenschweren Anlagegütern). Die Groß-Elektrotechnik mit ihren Transformatoren und Schaltgeräten, Fahrleitungen und Fernsprechanlagen, Kabeln und Autozubehör in Halle 3 wurde ergänzt durch die »weiße Ware« der Haushaltsgeräte in der Leichtbauhalle 13 mit einer Gesamtfläche von 12000 Quadratmetern. Während die Elektronik ihren Siegeszug zur Rationalisierung und Automation in allen Bereichen noch nicht angetreten hatte, befand sich in Halle 6 die von der Mustermesse herübergekommene Leuchtenindustrie in der Nachbarschaft der Rundfunk- und Phonotechnik. Das Fernsehen sollte nicht lange auf sich warten lassen.

Der Zentralverband der Elektrotechnischen Industrie war in seinen über 30 Fachgruppen straffer organisiert als der am Ende des vorigen Jahrhunderts im Widerstand der mittelständischen Maschinenfabrikanten gegen die Niedrigzollimporte aus England gegründete VDMA. Operierten hier die Fachgruppen recht selbständig je nach ihren Sonderinteressen, so war in der »neuen« Elektroindustrie die *zentrale* Wahrnehmung der Interessen aller ein spät erreichtes und eifersüchtig gehegtes Gut. Die besondere Struktur der deutschen Elektroindustrie, »wenige sehr große, in universeller Form tätige Unternehmen, dann eine Anzahl Mittelfirmen und schließlich viele kleine Betriebe«, hatte vor dem Ersten Weltkrieg zu zwei getrennten Zusammenschlüssen geführt.[9] Auf der einen Seite war die Vereinigung der Großen (AEG, BBC, Bergmann, Siemens und drei andere). »Sie verkauften und installierten gleichzeitig (bedienten sich also nicht des Elektro-Großhandels), besaßen auch Fabriken im Ausland und vertraten daher ... eine eigene, ihren Interessen entsprechende Linie.« Auf der anderen Seite stand der Verein einer großen Anzahl von Spezialfirmen, darunter auch Bosch. Erst im Krieg fand man sich 1916 unter dem Vorsitz von Carl Friedrich von Siemens im »Zentralverband der deutschen elektrotechnischen Industrie« zusammen. Er bewährte sich im Auf und Ab der zwanziger Jahre, ging unter Hitler und Göring in der

Wirtschaftsgruppe Industrie auf und war gerade Anfang 1949 als der Zentralverband der Elektrotechnischen Industrie mit Sitz in Frankfurt wiedererstanden. Da, wie erwähnt, seit 1923 der Tochterverein »Haus der Elektrotechnik« ein eigenes Zentrum auf der Leipziger Messe erbaut hatte, war es nur eine Frage der Zeit bis zur Gründung einer »Elektro-Messehaus Hannover GmbH«, diesmal gemeinsam mit der Messe-AG selbst.

Zugpferd Export

Die Option von Maschinenbau und Elektrotechnik für die vom 3. bis 14. Mai 1950 abgehaltene Technische Messe der ersten »Deutschen Industrie-Messe Hannover« entsprach dem schlagartigen Wandel der Außenhandelsbeziehungen seit Gründung der Bundesrepublik Deutschland. Die Regierung Adenauer hatte mit ihrer festen Bindung an Westeuropa und die Amerikaner auf politischem Gebiet noch viele lange Jahre mit dem im Grundgesetz niedergelegten Vorbehalt der Wiedervereinigung nicht nur bei der SPD-Opposition, sondern auch im eigenen Lager bei FDP und weiten Teilen der CDU zu kämpfen. Dagegen fand der nunmehrige Bundeswirtschaftsminister Prof. Ludwig Erhard volle Zustimmung für sein Leitmotiv einer von staatlicher Bevormundung weithin freien Marktwirtschaft mit sozialen Vorzeichen. Die im November 1949 mit Zustimmung der alliierten Hohen Kommissare verfügte Liberalisierung für 37,4 Prozent der Einfuhren des ersten Halbjahres bedeutete für die deutsche Ausfuhr die Möglichkeit, über die hemmende Dollarklausel hinweg bilaterale Handels- und Zahlungsabkommen mit den Nachbarländern zu schließen. Nachdem gegenüber der Schweiz und Holland die Kontingente gefallen waren, geschah das gleiche mit Österreich, Italien, Belgien und Schweden. Die aus dem Marshallplan hervorgegangene »Organisation für europäische wirtschaftliche Zusammenarbeit« (OEEC) mit Sitz in Paris hob generell die Einfuhrbeschränkungen ihrer Mitgliedsländer bis zu 50 Prozent der Gesamtimporte auf. Ministerialdirektor von Maltzahn konnte erstmals in autonomen Verhandlungen ein deutsch-französisches Handelsabkommen unter Dach und Fach bringen. So ergab das Jahresergebnis der deutschen Außenhandelsbilanz schon 1949 die Deckung der Hälfte aller Einfuhrkosten durch Ausfuhreinnahmen.

Die Messeleitung Hannover hatte schon seit 1948 ein eigenes Vertreternetz im Ausland aufzubauen begonnen, das »von Melbourne bis Reykjavik, von Helsinki bis Johannesburg, von Wien bis Buenos Aires, von Bombay bis London« reichte. Es waren vor Wiedergründung bilateraler Handelskammern ortsansässige Handels- oder Werbefirmen, oft auch Einzelpersonen, die als Messebesucher sich zur Mitarbeit angeboten hatten. Ihre Auskunfts- und Hilfsarbeit zahlte sich zum erstenmal voll aus, als die Zahl der ausländischen Besucher der Technischen Messe 1950 sich mit 21 000 gegenüber dem Vorjahr mehr als vervierfachte.

Die bis 1953 beibehaltene Zweiteilung der Deutschen Industrie-Messe Hannover entwickelte sich immer mehr zugunsten der Technischen Messe. Zwar blieb der Ausländerbesuch der Mustermesse (MM) vom 29. März bis 2. April 1950 mit 10 000 auch in den nächsten Jahren konstant, die Vergleichszahlen bei den Technischen Messen (TM) lagen jedoch um ein Vielfaches höher. Das gleiche galt für die Anziehungskraft im Inland (1950: MM 180 000 Besucher, TM 640 000). Eine Besonderheit der Mustermesse 1950 waren zwei Kollektivschauen Italiens (193 Aussteller) und Jugoslawiens (27). Sosehr sie der Liberalisierung der Einfuhren dienlich waren, so direkt widersprachen sie der in Hannover (auch in Köln und Frankfurt) angestrebten Abkehr von Nationalpavillons oder Staatenhäusern hin zu dem nach Branchen geordneten internationalen Wettbewerb individueller Herstellerfirmen. Der Basar ausländischer Teppichhändler, Orangen- und Blumenverkäufer machte es schließlich der zweitgrößten deutschen Ausstellergruppe auf der Mustermesse, Glas-Keramik-Porzellan samt Schmuck und Uhren, nicht allzu schwer, sich in die wiedervereinte Deutsche Industrie-Messe einzugliedern. Nur blieben das Datum im späten Frühjahr und die lange Dauer – beides bestimmt durch die Anforderungen der Großtechnik – nicht konform mit den Usancen der amerikanischen und anderen Einkäufer für modische Konsumgüter.

Noch fehlte es an bedeutenden Zweitveranstaltungen in Hannover, um das Gelände und die Anlagen auch in der zweiten Jahreshälfte zu nutzen. Nur 1949 gab es eine große Landmaschinenschau der »Deutschen Landwirtschaftsgesellschaft« (DLG) und die Jahresschau für das Hotel- und Gaststättengewerbe. 1950 folgten ein Schlesiertreffen, ein Katholikentag, Sechstagerennen und andere. Als Dauerbrenner findet seit 1948 bis auf den heutigen Tag die herbstliche »Deutsche Junggeflügelschau in Gemeinschaft mit dem Hannoverschen Geflügelzuchtverein von 1869 e. V.« statt. »Kleenvieh macht ooch Mist«, sagt der Berliner.

Hannover-Klima

Das Kapitel über die Sturm-und-Drang-Zeit des von einer englischen Zwangsveranstaltung in drei Jahren zur »Deutschen Industrie-Messe« erwachsenen Unternehmens bedarf zum Schluß auch eines Blickes auf die »Messestadt Hannover«. Sind die Schilder auf den Bahnsteigen mehr als Routine – wie »Leinenstadt Bielefeld« und andere? Daß das »abgelegene« Messegelände kein Handikap, sondern eine Wiegengabe war, begannen die in ihre Stadtmitte eingezwängten Konkurrenten schon zu ahnen, ehe der Generalbebauungsplan der fünfziger Jahre zur Durchführung kam. Aber wie wollte eine Stadt von 600 000 Einwohnern mitten im Wiederaufbau mit der Unterbringung von vielen zehntausend Messegästen und dem immer zahlreicher werdenden Aufbau- und Standpersonal der Aussteller fertig werden? Und wurde der Hannoveraner »im Busch« von weltmännischen Hamburgern und anderen Großstädtern nicht als »dröge« und kontaktarm belächelt? Um so größer war die Überraschung, als die schwierigen Übergangsjahre zwischen dem spartanischen Transitcamp der ersten Stunde und den noch auf dem Reißbrett stehenden neuen Hotelbauten durch Privatquartiere »with bed and breakfast« überbrückt wurden. Gerade weil sie nie eine gehabt hatten, waren und sind breite Schichten der Bevölkerung, vor allem in der Südstadt, und die in der Nähe liegenden Gemeinden ordentlich stolz auf »ihre Messe«. Und sie verwöhnten nicht nur Schwaben und Westfalen, sondern auch Engländer, Franzosen, Schweden und Japaner mit ihrem freundlichen Willkommen und ihrem deftigen Frühstück derart, daß viele Jahr für Jahr bei »ihren Wirtsleuten« einkehrten. Wo gibt es das in anderen deutschen Messestädten, in Mailand, Brüssel und Paris?

Die Stadtverwaltung richtete unter Leitung des neuen Oberstadtdirektors und stellvertretenden Vorsitzenden im Messe-Aufsichtsrat, Karl Wiechert, ein Empfangsgebäude gegenüber dem Hauptbahnhof ein. Das Verkehrsamt übernahm die Zimmerbestellungen, ein für beide Seiten nicht durchweg befriedigendes Ferngeschäft. Den Kartenvorverkauf im Inland besorgten die Industrie- und Handelskammern und Handwerkskammern. Erst 1952 war das Autobahnkreuz mit dem Messeschnellweg verbunden und der Großflughafen Hannover in Betrieb. Aber schon seit 1949 rollten die Schlafwagensonderzüge des Schweizer Reisebüros Kuoni aus Mailand über Zürich und Basel direkt vor die Messe.

Zweites Kapitel

DIE FÜNFZIGER JAHRE: STÜRMISCHES WACHSTUM

Liefern Sie mir bitte über die Buchhandlung:

___ Expl. ___

Datum ___ Unterschrift ___

Zuname

Vorname

Land (D = Deutschland, CH = Schweiz, A = Österreich etc.)

PLZ ___ Ort

Straße, Hausnummer

Die Staaten der Erde
in zwei Bänden
12,5 x 19 cm,
je 256 Seiten,
je ***18,80 DM***
Bd. 1:
ISBN 3-612-10011-4
ETB 10011
Bd. 2:
ISBN 3-612-10012-2
ETB 10012

Dieses historisch-politische Länderlexikon bietet einen umfassenden Überblick zur Entwicklung aller unabhängigen Staaten der Erde von den Anfängen bis zur Gegenwart. Mit einer Vielzahl von Abbildungen und Karten bieten es reiches landeskundliches Anschauungsmaterial.

Matthes, Michael
Geschichte der Technik
– Eine Synchronopse von den Anfängen bis zur Gegenwart –
12,5 x 19 cm,
240 Seiten,
16,80 DM
ISBN 3-612-10016-5
ETB 10016

Informationen über die wichtigsten Ereignisse in der Geschichte der Technik werden im zeitlichen Verlauf dargestellt. Der reiche Illustrationsteil vermittelt zusätzliche Informationen.

Informieren Sie mich in Zukunft bitte kostenlos und unverbindlich über Ihre Neuerscheinungen. Ich interessiere mich besonders für:

- (Z) Wirtschaft/Betriebsführung/Handel
- (E) Verkauf/Werbung/Marketing
- (O) Bildbände/Fotografie/Kunst/Architektur
- (1) Fremde Länder und Völker
- (2) Geschichte/Kulturgeschichte/Epochen-Darstellungen
- (3) Politik/Zeitgeschehen/Zeitgeschichte
- (4) Lexika/Nachschlagewerke/Wörterbücher
- (5) Ratgeber/Medizin/Lebenshilfe/Hobby
- (6) Naturwissenschaft Technik/Raumfahrt
- (7) Romane/Lyrik/Moderne Weltliteratur
- (8) Biographien
- (9) Spannende Unterhaltung

Ich bin damit einverstanden, daß diese Daten gespeichert und automatisch verarbeitet werden.

1.

ERHARDS WETTE

Im Frühjahr 1958 fand in Bonn eine NATO-Zwischentagung statt. Beim Abendempfang im Palais Schaumburg standen nur der »Alte« und sein Freund, der amerikanische Außenminister John Foster Dulles, draußen auf dem Rasen am Rhein in der mit infraroten Röhren höchst unzulänglich angewärmten Mainacht. In einem Nebenzimmer saß Bundeswirtschaftsminister Professor Ludwig Erhard im Frack und plauderte mit Fürst und Fürstin Otto Bismarck und dem Londoner Banker Tjarks. Als ich mich dazusetzte – drei Jahre zuvor hatte ich Erhard über meine Gründung einer Deutsch-Portugiesischen Handelskammer in Lissabon Bericht erstattet –, holte er gerade ein neu geprägtes Goldstück mit seinem Bild, einen richtigen »Louisdor«, aus der Westentasche und überreichte es mit Handkuß der blonden Fürstin. Gutgelaunt wandte er sich zu Mr. Tjarks und erzählte, wie der damalige britische Schatzkanzler, Sir Stafford Cripps, ihn Ende 1949 nach London zitiert habe. »Mr. Erhard«, habe der zaundürre Labour-Theoretiker ihn angeherrscht, »Sie haben gesagt, die Ausfuhr der Bundesrepublik werde sich in den nächsten Jahren vervierfachen. Darf ich fragen, auf welchen Märkten?« »Auf den Ihrigen, Sir«, habe er geantwortet, schloß der Wirtschaftswundermann lächelnd und zündete sich eine neue Importe an.

Mit dem Exportergebnis 1952 von vier Milliarden Dollar, das die bundesdeutschen Gesamteinfuhren von 3,8 Milliarden Dollar erstmals übertraf, war es dann soweit. Und unter den industriellen Fertigerzeugnissen, die das traditionelle Schwergewicht unserer

Exporte bildeten, hatten die Investitionsgüter (ohne Automobile) den unerhörten Anteil von 47,9 Prozent erreicht. Daß Erhard mit seiner Londoner Äußerung recht hatte, konnte ich selbst auf typisch britischen Märkten in Portugal, mit seinen beiden großen Überseeprovinzen Angola und Mozambique, sowie in dem seinen eigenen Weg suchenden reichen Südafrika schon 1949 feststellen. In Südamerika, Nah- und Mittelost war es nicht anders. Während Kanada im Krieg eine Dependance der amerikanischen Großindustrie geworden war und auch Australien sich deutlich amerikanisierte, schauten die anderen Industrialisierungsländer in Übersee mit unerschütterlichem Optimismus auf den Wiederaufstieg des politisch ja noch gar nicht freien Westdeutschland. Als Korrespondent des Deutschen Industrie- und Handelstags in Lissabon erlebte ich, wie alteingesessene deutsche Industriekaufleute, die wie ihre englischen Konkurrenten das Geschäft mit dem Mutterland fest in der Hand gehabt hatten, mit ihren eingefrorenen Guthaben (in Spanien waren sie kurzerhand beschlagnahmt) einfach nicht glauben wollten, daß es nach dem zweiten, diesmal totalen, deutschen Zusammenbruch in *einem* Menschenalter wieder aufwärtsgehen könne. Dagegen waren betuchte Portugiesen auf nichts mehr erpicht als auf die Vertretungen deutscher Marktführer wie Mercedes und Volkswagen, die ihnen auch zufielen. 1954 allerdings sah ich auf einer zweiten Afrikareise schon AEG-Turbinen in Angola und ein supermodernes Schaltwerk derselben Firma für die eingleisige Kohlenbahn vom Witwatersrand nach Lourenço-Marques. Krupp ließ sich im Erzrevier am Cunene nieder. Nur das Jahrhundertprojekt der Tejo-Brücke fiel schließlich an United Steel, die auf Salazars Bedingung eingingen.

Der große Nachhol- und Entwicklungsbedarf, der die Deutsche Industrie-Messe Hannover in den frühen fünfziger Jahren unaufhaltsam mit emporriß, kam allerdings noch nicht aus den später so genannten »Schwellenländern« in Übersee, sosehr sich auch die Messewerbung im Einklang mit der deutschen Außenhandelspolitik gerade um Lateinamerika bemühte. Der mächtige Schub erfolgte vielmehr aus der europäischen Nachbarschaft in West, Nord und Süd und vor allem aus der mit tätiger und fachmännischer Beteili-

1951

Oben: Die Aufbau-Deutschen
Unten: ... und ihr Kleinwagenpark

gung der Millionen Flüchtlinge »von drüben« in vollem Wiederaufbau befindlichen Bundesrepublik selbst. Denn Hannover war ja inzwischen nicht nur die zentrale Exportmesse, sondern auch die Messe der Technik für den Eigenbedarf. Der AUMA-Vorsitzende Dr. Tigges, der noch jahrelang auch den Arbeitsausschuß Werbung des VDMA leitete, hatte nichts mehr dagegen einzuwenden, daß die Messeleitung Hannover zur Technischen Messe 1951 zwei weitere feste Hallen parat hatte, um nicht nur den verdoppelten Anspruch des Maschinenbaus zu befriedigen, sondern auch die Investitionsgüter der Elektroindustrie in der freitragenden »Europahalle« 9 auf 12 000 Quadratmeter brutto repräsentativ unterzubringen. Die Werkzeugmaschinen besetzten mit 367 Ausstellern jetzt drei Hallen statt zwei. Holzbearbeitungsmaschinen, Textilmaschinen und Fördertechnik vervielfachten ihr Angebot. Die Ausstellergesamtzahl erhöhte sich um mehr als 800 auf 2600, die in zehn festen, zehn Leichtbauhallen und im Freigelände rund 100 000 Quadratmeter netto belegten. Als weitere zukunftsträchtige Gruppe war jetzt auch die Bürowirtschaft von der Mustermesse zu den Büromaschinen auf die Technische Messe umgezogen. Statt 21 000 ausländischer Kaufinteressenten im Vorjahr kamen diesmal 50 000 zur Technischen Messe. Der inländische Messebesuch reiste nicht nur mit Sonderzügen, sondern auch mit 92 000 Pkws an, die vom 29. April bis 8. Mai auf den von der Messe zusätzlich gemieteten Parkplätzen gezählt wurden.

Aus Bonn war der erste Präsident der Bundesrepublik Deutschland, Professor Dr. Theodor Heuss, gekommen. Bevor er die »Technische Messe Hannover 1951« für eröffnet erklärte, sprach er ein Wort des Dankes »an die Vorbereiter und Vollender dieses Werkes, an den Unternehmungswillen der Messe-AG, die Stadt Hannover und das Land Niedersachsen, an den Glauben derer, die sich bewußt waren, daß hier von dem einzelnen eine gesamtdeutsche Leistung verantwortet werden muß«.

Im September 1951 kam ich zum erstenmal auf das Messegelände, um mit dem neuen Leiter der Auslandsabteilung, Dr. Robert Krugmann, die Vertretung in Portugal und seinen afrikanischen Provinzen zu besprechen. In seinem Büro in dem hübschen Klinkerbau am elegant geschwungenen damaligen Haupteingang (Nord) schilderte er mir seine Organisation und ihre Aufgaben. Freilich konnten wir beide damals nicht ahnen, daß ich achteinhalb Jahre später hier sein Nachfolger werden würde, als er in die Geschäftsführung der Kölner Messe ging. Durch die Ostallee mit ihren neuen Hallen, die den Stahlbetonbau mit roten Backsteinfronten der früheren Hallen der Leichtmetallwerke entlang der Mittelallee in glücklicher Harmonie übernommen hatten, gingen wir zum Vorstandsbüro. Wie ein kleines niedersächsisches Bauernhaus lag es unter einer besonders schönen Eiche versteckt. Dort unterzeichnete der soeben als kaufmännischer Vorstand eingetretene Professor Dr. phil. Dr. rer. pol. habil. Karl Eugen Mössner meinen Vertretervertrag.

Hinter den Kulissen war nach dem hervorragenden Abschluß der Technischen Messe 1951 ein entscheidender Wandel eingetreten, bei dem Finanzierung und systematische Planung nach den gewagten Expansionssprüngen der Anfangsjahre die entscheidende Rolle spielten. Das 1947 bar eingezahlte Grundkapital der »Deutschen Messe- und Ausstellungs-AG« von 1,2 Millionen Reichsmark zum Kurs von 200 Prozent, von dem eine Million zu gleichen Teilen vom Land Niedersachsen und der Hauptstadt Hannover stammten, war anderthalb Jahre nach der Währungsreform in dem für die Kapitalgeber günstigen Verhältnis von einer Reichsmark zu zwei Deutschen Mark auf 2,6 Millionen DM umgestellt worden. Eine gleichzeitig beschlossene Kapitalerhöhung auf fünf Millionen DM wurde erst im März 1951 durchgeführt. Unbeschadet der guten Standmieteneinnahmen des Jahres 1949 aus den beiden Messen und zwei größeren Sonderveranstaltungen mußten einige Ausstellergruppen 1950 schon um Mietvorauszahlungen bis zu vier folgenden Messen angegangen werden, um das rasch wachsende Investitionspro-

1951

Oben: Bundespräsident Heuss auf dem Gelände
Unten: Hoher Kommissar Sir Ivone Kirkpatrick (Mitte) bei Philip Rosenthal (rechts)

gramm mit zu finanzieren. Den erheblichen Zugängen beim Anlagevermögen durch zusätzliche Bauten und durch außerhalb gepachtete Freiflächen für Ausstellungs- und Parkplätze entsprach ein starkes Anwachsen der mittel- und kurzfristigen Schulden der Messe-AG.

Vor dieser Situation stellten in der Hauptversammlung vom Juli 1951 alle Aufsichtsratsmitglieder ihre Ämter zur Verfügung, als »seitens der deutschen Industrie angeregt wurde, eine stärkere Vertretung im Aufsichtsrat zu erhalten«. In dem neugewählten Gremium, dessen Vorsitz Finanzminister Kubel anstelle des ausscheidenden Oberstadtdirektors a. D. Bratke übernahm, amtierten Wirtschaftsminister Hans Ahrens, Bratkes Nachfolger Karl Wiechert und Hermann Heller für den Maschinenbau als stellvertretende Vorsitzende. Der VDMA entsandte außerdem sein Mitglied des Hauptvorstandes, Dr.-Ing. Otto Fahr, Vorstandsmitglied der Werner & Pfleiderer AG, Stuttgart, der Zentralverband der Elektrotechnischen Industrie wiederum seinen Präsidenten Dr. Neuenhofer von BBC-Mannheim, der Verband Gesamttextil seinen Präsidenten Otto A. H. Vogel, Vorstand der Julius Schüler-AG, Augsburg, der Aktionär West-Berlin den Präsidenten der Industrie- und Handelskammer, Dr.-Ing. e. h. Friedrich Spennrath, Vorstandsmitglied der AEG. Zwei verbandsunabhängige neue Mitglieder waren Alfred Kubel gleichgestellt: sein dynamischer späterer Parteifreund Philip Rosenthal jun., Vorstandsmitglied der Rosenthal Porzellan-AG, Marktredwitz, und der urbane Dr. habil. Carl Hundhausen, Direktor der Fried. Krupp Widiafabrik, Essen. Beide sollten neben Heller und Neuenhofer die nächste Phase in Hannover maßgebend beeinflussen; ersterer bei der Gründung der »Messehaus-GmbH« für dekorative Konsumgüter, letzterer als Wegbereiter der Stahlindustrie auf dem Gelände und engagierter Förderer der alljährlichen Sonderschau »Gute Industrieform«.

Wie unhaltbar die Verhältnisse in der Geschäftsführung des jungen Unternehmens geworden waren, geht daraus hervor, daß die drei Unterzeichner des ersten Tätigkeitsberichts über die Zeit vor der Währungsreform schon ausgebootet waren, als mit reichlicher Verspätung der zweite Bericht über das zweite Halbjahr 1948 und das Kalenderjahr 1949 für die vorerwähnte Hauptversammlung Mitte 1951 vorbereitet wurde. Dies geschah durch zwei neue Vorstandsmitglieder, einen aus dem Aufsichtsrat übernommenen Regierungsrat und einen Vertrauensmann von Dr. Tigges. Auch dieser war schon wieder verschwunden, als der neue Vorstand Prof. Mössner kurz nach seiner Bestallung im September 1951 mit einem Bericht über 1950 den Anschluß an das laufende Geschäftsjahr herstellte. Gleichzeitig konnte er die von der Hauptversammlung zur Festigung der Finanzlage beschlossene Erhöhung des Grundkapitals durch neue Namensaktien um eine weitere Million auf sechs Millionen DM verzeichnen und den fristgerechten Abschluß des Bauprogramms 1950/51 melden. Obwohl wegen der Bauarbeiten 1950 keine Zweitveranstaltung stattfand, hatten Mustermesse und Technische Messe einen Reingewinn von 24 000 DM (!) erbracht. In den Gesamtverbindlichkeiten von fünf Millionen DM schlugen Ausstellerdarlehen zur Mitfinanzierung des Investitionsprogramms mit knapp 2,3 Millionen DM zu Buche.

Wer war dieser Mann, der in seinem ersten Bericht nüchtern schrieb, »die Konsolidierung der Finanzen zählt zu den wichtigsten Aufgaben des Vorstandes«, und wie kam er im kritischen Augenblick ans Ruder, das er 20 Jahre lang halten sollte? Zwar amtierte er nur in der kurzen Spanne von Neujahr 1952 bis September 1954 »als allein berechtigtes Vorstandsmitglied« und Generalbevollmächtigter. Aber man tritt seinem von der Elektro-Industrie dann benannten Kollegen für den technischen Bereich, Dipl.-Ing. Ernst Pätzold, nicht zu nahe, wenn man feststellt, daß Mössner mit Kubels Gegenzeichnung damals das bleibende Konzept der HANNOVER-MESSE entworfen und in der Folgezeit seine Durchführung im Verbund mit der ausstellenden Industrie finanziell abgesichert hat. Die beiden Männer waren sich schon in Braunschweig begegnet: der mit 37 Jahren als Ministerpräsident des braunschweigischen Teilstaates vor der Bildung des großen Bundeslandes Niedersachsen an die Macht gekommene Vollblutpolitiker Kubel und der 1944 noch zum Kriegsdienst eingezogene fünf Jahre ältere Professor Mössner. Dieser leitete dort als Regierungsdirektor die Finanz- und Wirtschaftsabteilung des kleinen Landes und las an der Technischen Hochschule Finanzwissenschaft. Hinter dem schwäbischen Bauernsohn aus dem Hochschwarzwald, der in Heidelberg seinen Dr. phil. gemacht und sich später an der Handelshochschule Leipzig für Volkswirtschaft habilitiert hatte, lag eine brillante Frühkarriere in Berlin. 1928/29 arbeitete er als Privatsekretär des volksparteilichen Reichskanzlers a. D. Dr. Hans Luther an den Plänen zur Reichsreform mit. Als Leiter der volkswirtschaftlichen und statistischen Abteilung der Gemeinschaftsgruppe Deutscher Hypothekenbanken veröffentlichte er ein Standardwerk über »Das deutsche Bodenkreditsystem«. Aus jener Zeit datierten seine Bekanntschaften in führenden Bankkreisen, die er später als Messedirektor zielbewußt nutzte.

1947 wurde Prof. Mössner als Ministerialrat in das von Dr. Hans-Christoph Seebohm geleitete niedersächsische Ministerium für Arbeit, Aufbau und Gesundheit berufen, wo er Gutachten zur Förderung des öffentlichen Wohnungsbaus verfaßte. Im Sommer 1948 übernahm Alfred Kubel das Aufbauministerium. Drei Jahre später holte man Prof. Mössner, der inzwischen die Geschäfte eines Stellvertretenden Staatssekretärs versah, zur Messe, wo man dringend einen Mann mit schöpferischen Ideen und soliden Grundsätzen brauchte. Selbst alles andere als ein Messe-Profi, setzte Mössner die gleichzeitige Berufung von Dr. Pröpper durch, der von 1926 bis 1945 Geschäftsführer der Leipziger Messe und seither ihr Hauptgeschäftsführer gewesen war. Er hatte sich im Herbst 1951 zusammen mit dem Justitiar Dr. Koch und meinem späteren Kollegen und nachmaligen Vorstandsmitglied Horst Krüger aus der Sowjetzone abgesetzt. Alle drei waren in West-Berlin dem Professor und Oberstadtdirektor Wiechert begegnet. Zehn Tage nach Dienstantritt erlitt der Leipziger Pröpper einen Schlaganfall mit tödlichen Folgen, so daß seine Erfahrungen nicht für Hannover ausnutzbar wurden.

Vorgreifend auf das Erfolgsereignis nach Schluß des Geschäftsjahres, hieß es in Mössners erstem Tätigkeitsbericht: »Die Deutsche Industrie-Messe 1951 hat sich Weltgeltung verschafft, und somit ist das Ziel, im Dienst der deutschen Wirtschaft zur Förderung des Exports entscheidend beizutragen, erreicht worden.« Obwohl im Besitz öffentlich-rechtlicher Körperschaften, wurde die Messe-AG nicht subventioniert. Vor einer Kapitalerhöhung 1952 um 1,1 Millionen DM auf 7,1 Millionen DM trat das Land eine Million DM seines Grundkapitals an die Holding »Niedersachsen GmbH« ab und übertrug ihr auch die Vertretung der restlichen 2,2 Millionen DM in der Hauptversammlung. Das nach Aktienrecht geführte Anlage-intensive Unternehmen privater Natur hatte, wie Vorstand Mössner an der Schwelle des zehnten Messejahres 1956 feststellte, seit der Währungsreform 46 Millionen DM investiert, zu mehr als der Hälfte durch verzinste und getilgte Kredite. Es zahlte 12 Prozent Steuern verschiedenster Art einschließlich 4 Prozent Umsatzsteuer auf Standmieten, die vom Bund entgegen der Leipziger Tradition eingeführt wurde. Die Messe-AG prozessierte dagegen und verlor.

Mössners messepolitische Vorstellungen deckten sich mit denen der in Hannover vor Anker gegangenen Ausstellergruppen:

1. Strenge Branchenkonzentration in einem vollständigen Warenprogramm;

2. Beschränkung ausschließlich auf Hersteller (im Gegensatz zu anderen Messen werden Händler oder Vertreter nicht zugelassen);

3. Betonung eines rein kommerziellen Messecharakters, d. h. Begrenzung des Besucherkreises auf sogenannte echte Interessenten und Fernhaltung des »kassenfüllenden Sehpublikums«;

4. Förderung des Exportgedankens durch Auswahl der Industriegruppen und Richtung der Messewerbung.

Einschränkend auf die Verwirklichung dieser Leitlinien wirkten bei Punkt eins der chronische Raummangel und die Sonderbestrebungen einzelner Gruppen, bei zwei die Erlaubnis an Herstellerfirmen, andere mit zu vertreten, bei drei trotz der Kontrolle des

Kartenkaufs bei den Industrie- und Handelskammern der Massenandrang aus Hannover und weiterem Umkreis an Wochenenden und am 1. Mai. Ein großer Schritt in Richtung Punkt vier dagegen war nach Aufnahme 1952 in die »Union des Foires Internationales« (Internationale Messe-Vereinigung), in deren Präsidium Mössner gewählt wurde, die Integrierung der ab 1954 wiedervereinten Deutschen Industrie-Messe in den Kalender der großen Frühjahrsmessen im übrigen Westeuropa.

Mössners doppeltes Bestreben war es, die Einnahmen aus Standmieten, die 75 Prozent aller Einkünfte der Messe-AG ausmachten, zu garantieren und im beiderseitigen Interesse zur Finanzierung von Neu-Investitionen mit heranzuziehen. Das bedeutete eine systematische Ausweitung der Mehrjahresverträge auf alle dazu bereiten Gruppen und deren Ausspielen zum Druck auf andere bei aus Kostengründen notwendig werdenden Mieterhöhungen. Die zinslos vorausgezahlten Ausstellerdarlehen günstig anzulegen war dem Finanzexperten ebenso Routine wie der Einsatz von Landesbürgschaften für Umschuldungszwecke.

Was die Mehrjahresverträge nach Leipziger Tradition angeht, so mußte ich mich deshalb als Mitglied der Messeleitung noch 1961 einer peinlichen Befragung durch das »Users Committee« (Verbraucherausschuß) der Internationalen Handelskammer in Paris unterziehen, da Mössner unangenehme Einladungen gern weitergab. Den empörten Vorwurf des englischen Vorsitzenden, daß unser System eine unzulässige Nötigung des Ausstellers zur Rückkehr an denselben Messeplatz und damit eine Diskriminierung anderer Messen bedeute, konnte ich mit dem Hinweis auf die von den Ausstellern geschätzte Garantie ihrer Stände und die Ersparnis an Zeit und Geld durch deren feste Einbauten entkräften. Wie sehr die Messeleitung sich dabei selbst der freien Verfügung über große Teilbereiche ihres Ausstellungsraumes begab, kam damals nicht zur Sprache.

Ein besonderes Anliegen von Aufsichtsrat und Messeleitung war die Festigung der Beziehungen zu Schlüsselgruppen auf dem Gelände durch Sonderabkommen. Das erste Beispiel war der Vertrag 1952 mit den Industriegruppen Porzellan, Keramik, Glas, Schmuck und Silberwaren (zu denen später noch die Uhrenaussteller traten) zur Gründung einer »Messehaus-GmbH« für den Bau eines fünfstöckigen 4,5 Millionen DM teuren eigenen Hauses auf dem Gelände. War die Messe-AG hier noch Hauptgesellschafterin mit 99 Prozent, so übernahm sie 1957 bei der »Elektro-Messehaus-GmbH« nur 75 Prozent der Anteile in Partnerschaft mit dem »Zentralverband der Elektrotechnischen Industrie«. Nachdem 1953 schon sechs Millionen DM für die zweistöckige Elektro-Halle 10 unter Heranziehung einer Siebenjahresbindung der betreffenden ZVEI-Mitglieder aufgebracht worden waren, ging es jetzt um ein 18-Millionen-Bauprogramm, das den ganzen Südteil des Geländes zur Domäne der Elektrotechnik machte, mit dem fünfstöckigen lichtblauen Leuchtenhochhaus und der 23 000 Quadratmeter großen freitragenden Haupthalle 13 (nachmals 11) als überzeugendem Unterpfand einer Zweckgemeinschaft auf Dauer.

Eigenes Gelände

Allerdings lag zwischen der Gründung der »Messehaus-GmbH« durch die Messe-AG und derjenigen der »Elektro-Messehaus-GmbH« mit dem Zentralverband der Elektrotechnischen Industrie ein Ereignis, das letzteres Engagement überhaupt erst juristisch ermöglichte. Es war der Ankauf des bisher von den Vereinigten Leichtmetallwerken gepachteten Geländes von 400 000 Quadratmetern für 11,4 Millionen DM im März 1955. Der Geschäftsbericht vom Mai jenes Jahres vermeldete: »Die Messe ist jetzt alleinige Eigentümerin der gesamten Messeanlagen und Grundstücke. Die Messe-AG kann jetzt langfristige Verträge abschließen und Gebäude und Anlagen beleihen.« Im August 1956 wurde lakonisch »eine langfristige Grundschuld für den Gelände-Ankauf von 12 Millionen DM« verzeichnet, ohne zu erwähnen, daß sie nicht etwa in Hannover, sondern bei der Bayerischen Vereinsbank untergebracht worden war, ein Glanzstück von Karl Eugen Mössner. Nach dem Gelände-Ankauf waren schon 56 Prozent der Hallenfläche und 52 Prozent des Freigeländes auf zehn Jahre dauervermietet. Längs der

»Stahlstraße« waren inzwischen kostspielige Pavillons von Krupp, Phoenix-Rheinrohr und Klöckner errichtet, denen Salzgitter, Rheinstahl, Siegener-AG, Thyssen und die DEMAG folgen sollten. »Es ist im Interesse beider Seiten«, hieß es im Vorstandsbericht, »wenn in das Gesamtbild der Messe noch mehr Stabilität kommt durch messetechnische Rationalisierung und stabile Mieten.« Doch Mössners vorsichtige Natur kam durch im nächsten Satz: »Die Messeleitung ist sich des Risikos (dieser Festlegungen) wohl bewußt und betrachtet es nicht zuletzt als ihren Beitrag zu den gegenwärtigen Bemühungen der Bundesregierung um eine allgemeine Preisstabilisierung.«

Immerhin war nach dem Gelände-Ankauf und angesichts einer dringend fälligen Erhöhung der Löhne und Gehälter sowie der neuen Umsatzsteuer vom Aufsichtsrat eine zweite Erhöhung der Standmietenpreise zur Messe '56 genehmigt worden. Im Ausstellerbeirat hatte besonders der Maschinenbau dagegen revoltiert und wenigstens für das Freigelände den Aufschlag von 20 Prozent halbieren können. Im Werbeausschuß des VDMA mußte Dr. Bleick zugeben, daß die Elektro-Industrie und die großen Stahlfirmen ihre langfristigen Verträge schon »zu den neuen Bedingungen« abgeschlossen hätten. Auf meine Frage an Alfred Kubel, ob man nicht versucht gewesen wäre, die Ruhrkonzerne direkt an der Messe zu beteiligen, sagte er, solche Spekulationen habe es in der Tat gegeben. Dr. Fahr habe mit schwäbischer Unverblümtheit gewarnt: »Denen kommt es auf zig Millionen nicht an, aber dann ist Hannover kein offener Markt mehr.« Im übrigen erlaubte der Grundvertrag ja nur die Beteiligung öffentlich-rechtlicher Körperschaften.

Eine weitere Hauptsorge von Aufsichtsrat und Vorstand mußte die Akquisition geeigneter Zweitveranstaltungen im Herbst sein, die sich mit einiger Regelmäßigkeit wiederholen würden. Genau ein solches, dazu noch prächtig europäisch verschnürtes Geschenkpaket sollte das Ausscheiden der Werkzeugmaschinen aus der Technischen Messe 1952 einbringen. Es war schon zwischen der ersten und zweiten Beteiligung des Vereins Deutscher Werkzeugmaschinenfabriken (VDW) an den Technischen Messen von 1950 und 1951 vorprogrammiert. Nach Gründung der Bundesrepublik war der

VDW Anfang Oktober 1949 mit Sitz in Frankfurt wieder gegründet worden. Gleich darauf meldeten sich beim Vorsitzenden, dem Stuttgarter Werkzeugmaschinenbauer Dr. Gerhard Schaudt, maßgebende Herren der belgischen und französischen Schwesterindustrien und besprachen mit den deutschen Kollegen »eine Reihe von damals akuten Fragen in freundlicher Atmosphäre«.

Nach der ersten »Werkzeugmaschinen-Ausstellung« auf der Technischen Messe Hannover 1950 wurden die Gespräche auf breiterer Basis fortgesetzt und führten im Juli 1951 zu einem Treffen in Brüssel mit den einschlägigen Verbänden aus Belgien, Deutschland, Frankreich, Schweden und der vorerst nur durch einen Beobachter vertretenen Schweiz. Italiener und Niederländer waren verhindert. Die Engländer hatten gebeten, über den Verlauf der Verhandlung unterrichtet zu werden. Hermann Heller, der mit einem anderen Vorstandsmitglied den Vorsitzenden des VDW begleitete, sagte später, hinter der Einladung habe die »Organisation für Europäische Wirtschaftliche Zusammenarbeit« (OEEC) in Paris gesteckt, die von den Amerikanern ins Leben gerufen wurde, um die Empfängerländer der Marshallplan-Hilfe auf allen Wirtschaftsebenen zusammenzuführen.

Europäische Weichenstellung

Zwei Monate vor dem Brüsseler Treffen hatte der französische Außenminister Robert Schuman den von Adenauer angenommenen Plan seines Freundes Jean Monnet zu einer übernationalen »Hohen Behörde für Kohle und Stahl« (EGKS) verkündet, aus der sieben Jahre später die »Europäische Wirtschaftsgemeinschaft« (EWG) der Sechs hervorgehen sollte. Um ihre Bestrebungen zur wirtschaftlichen Koordinierung ganz Westeuropas voranzutreiben, konnten die OEEC-Beamten in der Tat keinen einleuchtenderen Anfang machen als mit den Werkzeugmaschinen. Denn ihre Vielfalt an Spezialmaschinen, die in jedem Industrieland unentbehrlich waren, führte naturgemäß dazu, daß kein Land alles allein herstellen konnte und die in diesen Schlüsselfertigungen konkurrierenden

Länder ihre Erzeugnisse gegenseitig kauften. Jedenfalls gründeten im Oktober 1950 die sechs Länder Belgien, Deutschland, Frankreich, Italien, Niederlande und Schweden das »Europäische Komitee zur Zusammenarbeit der Werkzeugmaschinen-Industrien« (CECIMO), dem alsbald die Schweiz und England, später auch Österreich, Dänemark, Portugal und Spanien beitraten. Diese zwölf entsprachen den späteren Mitgliedstaaten von EWG plus EFTA (Europäische Freihandelszone), bis auf Luxemburg und Norwegen, die keine Werkzeugmaschinen produzierten.

Wenn Hermann Heller als Messe-Obmann des Vereins Deutscher Werkzeugmaschinenfabriken (VDW) Ende Oktober 1951 in einer recht stürmischen Sitzung des VDMA-Werbeausschusses den europäischen Alleingang damit verteidigte, daß man mitgemacht habe, um die deutsche Werkzeugmaschinen-Industrie nicht in Fragen der Normung, Konstruktion und Zollpolitik überfahren zu lassen, so wußte doch jeder, daß schon vor Gründung des CECIMO »als dessen vordringlichste Aufgabe in Aussicht genommen wurde, für die Werkzeugmaschinen-Industrie die Vielzahl der Messen dadurch zu beseitigen, daß im Gebiet der Komitee-Länder in Zukunft nur noch *eine* Ausstellung im Jahr beschickt werden sollte: die noch zu schaffende Europäische Werkzeugmaschinenausstellung (frz. EMO, deutsch EWA). Die auf ihr zugelassenen Herstellerfirmen mußten sich verpflichten, im gleichen Jahr in den Ländern des Europäischen Komitees auf keiner anderen Messe oder Ausstellung Werkzeugmaschinen zu zeigen.«[10]

Wie überzeugend Vorzüge und Möglichkeiten des Messeplatzes Hannover auf die ausländischen Fachbesucher gewirkt hatten, wo ja die VDW-Firmen nach der ersten Erprobung zur Technischen Messe '51 drei Hallen fest gemietet hatten, geht daraus hervor, daß das Europäische Komitee nur vier Städten bescheinigte, über das entsprechende Gelände, die benötigten Hallen und die notwendigen Einrichtungen zu verfügen: Paris – Hannover – Brüssel – Mailand. In dieser Reihenfolge sollten die ersten vier EMOs jeweils im Frühherbst durchgeführt werden, beginnend mit dem September 1951 in Paris. Dort belegten nur vier Monate nach ihrer Beteiligung an der Technischen Messe '51 in Hannover 370 deutsche Hersteller 12000 Quadratmeter. Ihr Erfolg »hat den Ruf Deutschlands als das klassische Land der Werkzeugmaschinen gefestigt«, wie Heller dem VDMA-Ausschuß berichtete.

Eine Patentlösung

Die 2. EMO war für September 1952 angesetzt mit dem Verein Deutscher Werkzeugmaschinenfabriken als Veranstalter, Hannover als Ausstellungsplatz und Heller selbst als Kommissar. Das Fernbleiben des VDW von der Technischen Messe '52 wurde von den übrigen Ausstellergruppen des Maschinenbaus als vollendete Tatsache mit Bedauern hingenommen. Dr. Bleick als Berichterstatter gab zwar den Vorteil zu, daß die Werkzeugmaschinen »nicht mehr 4–5 internationale Messen im Jahr zu besuchen brauchen«, meinte dann aber, »die deutsche Werkzeugmaschinen-Industrie hat ihre frühere Vorrangstellung im Messewesen Europas mit ihrer weltbekannten Halle 9 in Leipzig in gewisser Weise zugunsten der europäischen Zusammenarbeit preisgegeben.« Was er und andere bitter als »Schädigung der Technischen Messe und damit auch der Aussteller-Interessen des gesamten Maschinenbaus«, ja als »Startschuß für Absplitterungstendenzen«, anprangerten, war der bereits vorliegende Beschluß des VDW, auch der Technischen Messe '53 fernzubleiben. Die Begründung lautete, man könne nicht zwischen der 2. EMO und der im September 1953 in Brüssel stattfindenden 3. EMO auch noch im Frühjahr dazwischen auftreten.

Beschwörend rief Heller: »Wir sind die treuesten Mitglieder des VDMA und haben keine Loslösungsbestrebungen von Hannover!« Nachdem dann Bleick bestätigt hatte, daß zur Technischen Messe '52 die bisher von den Werkzeugmaschinen belegten Hallen 1 bis 3 schon von anderen Maschinenausstellern voll belegt seien (und somit also auch für die Technische Messe '53 mindestens die gleiche Fläche auch ohne Werkzeugmaschinen benötigt werden würde), ging Heller zum Gegenangriff über. »Eine riesengroße Gefahr« für die 1954 vorgesehene nationale deutsche Werkzeugmaschinen-Ausstellung malte er an die Wand: »Wir werden nicht umhin können, auch unsere ausländischen Konkurrenten und Freunde mit dazu einzuladen und bei uns aufzunehmen. Das würde bedeuten, daß dann der Werkzeugmaschinenbau allein insgesamt vielleicht 25 000 bis 30 000 Quadratmeter Fläche in Anspruch nehmen müßte. Das ist etwa die Hälfte der hannoverschen Fläche in festen Hallen. Wo bleiben dann die anderen Gruppen des Maschinenbaus? ... Darauf gibt es nur zwei Antworten: Entweder gewaltigen Ausbau des Hannoveraner Geländes mit nur einmaliger jährlicher Ausstellung (auf der Technischen Messe) oder eine klipp und klare Entscheidung: Kein Ausbau des Geländes und dann eine Zweiteilung der Technischen Messe (mit alternierenden Gruppen des Maschinenbaus).«

Was der schlaue Schwabe verschwieg und niemand offen anzudeuten wagte, war die Patentlösung, auch die nationalen Werkzeugmaschinen-Ausstellungen mit europäischer Beteiligung getrennt von der Deutschen Industriemesse im September in Hannover abzuhalten. So geschah es denn auch 1955 (statt 1954) auf genau 28 966 Quadratmeter Fläche. In der nächsten VDMA-Ausschußsitzung Ende 1952 ging dieses Thema stillschweigend unter in der Aufregung über die erste Mietpreiserhöhung seit 1947 auf 65 DM für den Quadratmeter. Heller, ganz Aufsichtsratsmitglied der Messe-AG, rief seinen Kollegen ins Gedächtnis: »Rechnen Sie dazu, was alles getan worden ist, um den Wünschen der Industrie nachzukommen, so würden Sie uns einen schlechten Dienst erweisen, wenn Sie nach dieser unserer Arbeit sagen würden: ›Die Messe macht mit uns, was sie will!‹ Wir haben durchgesetzt, daß sie ein Diener unserer Wirtschaft ist und das tut, was wir ihr sagen.«

2.

EUROMARKT VOR DER EWG

»Die 2. Europäische Werkzeugmaschinen-Ausstellung im Herbst 1952 brachte nicht nur einen messepolitischen Höhepunkt, sondern auch eine erfreuliche Hebung des Ertragsbildes durch einen nochmaligen Einsatz sämtlicher eigener Hallen«, schrieb Vorstand Mössner in seinem Bericht über die Geschäftsjahre 1951 und 1952. In der Tat mieteten 574 Herstellerfirmen zweimal fünf feste Hallen für ihre Werkzeugmaschinen. Die während der Technischen Messe von der Schwerelektrotechnik besetzte Halle 9 (heute 7), in der sich noch keine Dauerstände befanden, wurde durch 255 Produzenten von Präzisions- und Meßwerkzeugen, Werkzeugen, Prüfmaschinen, Feinmechanik & Optik, elektrischem und anderem Werkzeugmaschinen-Zubehör gefüllt. Die deutschen Firmen (217) dieser »Zubehör«-Gruppe waren im Frühjahr schon auf der Technischen Messe dabeigewesen. Neben den 402 Firmen des Vereins Deutscher Werkzeugmaschinenfabriken waren die anderen CECIMO-Mitglieder wie folgt vertreten: Frankreich 49, die Schweiz 46, Italien 25, Belgien 20, Schweden und Österreich je elf, England und die trotz fehlender Gegenseitigkeit zugelassenen USA je zwei Aussteller. 90 000 Fachbesucher aus dem In- und Ausland waren in zehn Tagen »unter sich«.

Am Schluß jenes Jahres hatte der deutsche Export an Werkzeugmaschinen 587 Millionen DM erbracht, davon zwei Drittel innerhalb Europas. Erstaunlich war der Nachholbedarf in England (146 Mio. DM), befriedigend die Lieferungen nach Frankreich (44), Schweiz (40), Schweden (36), Italien (35), Belgien-Luxemburg und

1952

Oben: Europamarkt der Werkzeugmaschinen – Generalkommissar Heller und der französische Präsident Pégard
Unten: Blick in Halle 1

Holland (je 22) und Österreich (19). Der stärkste Konkurrent, die USA, bestellte für 72 Millionen DM deutsche Werkzeugmaschinen, das aufstrebende Brasilien im ersten Anlauf für 33 Millionen DM. Unsere eigenen Einfuhren in diesem typischen »Two way trade« betrugen damals mit einem Gesamtwert von 40 Millionen DM nur 7 Prozent der Ausfuhren; davon stammte die Hälfte aus der Schweiz. Aber drei Jahre später, als in Hannover die 1. Deutsche Werkzeugmaschinen-Ausstellung mit internationaler Beteiligung stattgefunden hatte, machten bei gleichgebliebenem Ausfuhrwert die Werkzeugmaschinen-Einfuhren schon 20 Prozent aus, wovon sich der Löwenanteil zwischen amerikanischen und Schweizer Maschinen halbierte.

1952 und 1953, die beiden letzten Jahre der Trennung von Mustermesse und Technischer Messe, standen im Zeichen der Selbstauflösung der ersteren. Zwar war die Ausstellerzahl der Mustermesse '52 aufgebläht durch eine einmalige Vervierfachung ausländischer Anbieter von Nahrungs- und Genußmitteln, Teppichen, exotischem Kunsthandwerk und Blumen (1218 gegenüber 1362 deutschen!), die der Konsumhunger der westdeutschen Bevölkerung anlockte. Doch schon im nächsten Jahr fiel diese Spekulation auf die Einfuhrliberalisierung in sich zusammen. Von den tragenden Gruppen auf deutscher Seite waren Feinmechanik & Optik mit chirurgisch-medizinischen Apparaten und Instrumenten seit 1949, Elektrogeräte, Leuchten, Öfen und Herde, Bürobedarf und Kunststoffe seit 1950 auf die Technische Messe umgesiedelt. Porzellan und Keramik, Glas, Schmuck und Silberwaren, denen sich auch die Uhren anschlossen, zogen zur Mustermesse '53 in ihr eigenes Haus auf dem Gelände ein, wo sie ihre Stände zur Technischen Messe ein zweites Mal öffneten. Übrig blieb die vom ersten Tag an größte Branche Textilien und Bekleidung. Ihre Abnahme von 219 Ausstellern im Jahre 1952 auf die Hälfte im nächsten Jahr signalisierte bereits die Abwanderung nach Frankfurt.

Das repräsentative, architektonisch geglückte Haus zwischen dem damaligen Nordeingang und dem Messe-Schnellweg haben sich die ausstellenden Gruppen mit ihren Mietvorauszahlungen nach dem Mössner-System selbst erbaut. Heute steht es nicht mehr, da nach mehr als zwei Jahrzehnten auch das letzte Experiment einer »Interfach-Messe« in Hannover dem Drang nach Spezialausstellungen zum saisongerechten früheren Termin doch unterlag. Damals jedoch zog der aufgehende Stern der Deutschen Industrie-Messe gerade diese hochqualifizierten Exportzweige von Individualisten magisch an. Die Initiatoren waren Philip Rosenthal, Dr. Helmuth Ohr vom Vorstand der WMF (Württembergische Metallwarenfabriken) und der Pforzheimer Schmuckwarenfabrikant Adalbert Grosse. Ihn hatte der unermüdliche Vollrath von Maltzahn schon ganz am Anfang der Bundesrepublik zu sich gebeten und gefragt, ob die Schmuckindustrie sich eine Dauerinvestition auf der Messe der Maschinen zutraue. Erhard und seine rechte Hand wollten den hochwertigen Gebrauchsgütern in den Weltexport helfen, um Investitionsgütern und Autos das Feld nicht allein zu überlassen.

Voraussetzung war wieder die Rückkehr zur Tradition des festen Hauses eigener Prägung im Leipziger Speckhof mit geschmackvoll eingerichteten Dauerständen in intimen Kojen, wo sich die Früchte des edlen Kunsthandwerks glanzvoll darstellten. Diese Dauerstände waren auch zwischen den Messen für spezielle Einkäufertage zugänglich. Das fünfstöckige Messehaus mit dem elegant vorgebauten Glasbalkon der »Rosenthalschnauze« war nicht zuletzt dem Wagemut dieses jungen Industriellen zu verdanken, dem sich die eigene Gruppe Porzellan und Keramik, mit an die 200 Aussteller, schließlich ebenso anschloß wie die Nachbarbranchen Glas (100), Schmuck und Silberwaren (150) und die auf der Basler Uhrenmesse nicht willkommenen deutschen Uhren. Man mußte schon beim erstenmal eine benachbarte Halle dazunehmen und später ein dreigeschossiges zweites Messehaus für Schmuck, Silberwaren und Uhren erstellen, bei dessen Anlage und Ausführung Adalbert Grosse maßgebend mitwirkte. Im Organschaftsvertrag war die »Messehaus-GmbH« als Betriebsabteilung der Messe-AG gekennzeichnet, an die der Gewinn aus Standmieten abgeführt wurde und von der etwaige Verluste zu erstatten waren.

Im nüchternen Umkreis der Maschinenhallen waren das erste »Messehaus« und seine Ableger Oasen einer in vielen Nuancen spielenden Schönheit. Nur reiche Amerikaner nannten sie seufzend

»those houses of ill repute«, weil die mitreisenden Damen unwiderstehlich davon fasziniert wurden. Dasselbe geschah in späteren Jahren mit der völlig selbständigen »Antiquitätenmesse« in Herrenhausen, die Vorstand Mössner als lästiges Konkurrenzunternehmen scheel ansah. (In unseren Tagen wurde ihr Veranstalter als Vorstandsmitglied in die Messe-AG berufen und brachte seine eigene Organisation mit.) Im selben Messejahr 1953 wurde auch die »Sonderschau formgerechter Industrie-Erzeugnisse« als Dauereinrichtung auf dem Gelände eingeführt, um zu zeigen, daß auch im Bereich industrieller Massengüter »Häßlichkeit sich nicht verkauft«, wie es Peter von Zahn in einem Film über die Hannover-Messe überzeugend vorführte.

Erfolg durch die Vielzahl kleinerer Aussteller

Es ist müßig, das Bild der modernen Industriemesse, wie es in den Technischen Messen Hannover von 1952 und 1953 Gestalt annahm, statistisch zu beschreiben. Einige Schlüsselzahlen mögen genügen. Die 7,1 Millionen DM Einnahmen aus Standmieten im Jahre 1952, einschließlich der 2. EMO, stiegen im nächsten Jahr ohne eine größere Zweitveranstaltung auf 8,5 Millionen DM, allerdings unterstützt durch die erste Mietpreiserhöhung. Die jeweils mehr als zweieinhalbtausend Aussteller auf den beiden Technischen Messen (TM'52: 2636, TM '53: 2554) stellten zusammen fast 80 Prozent vom Wert der bundesdeutschen Ausfuhr an industriellen Fertigerzeugnissen dar. Darunter waren größte Branchen mit entsprechendem Raumbedarf, der sich außerdem nach dem Umfang der Ausstellungsstücke richtete, und hochspezialisierte auf engerem Raum. Gemäß dem strengen Prinzip der Branchengliederung standen in jeder Gruppe kleine und mittlere Stände neben sehr großen, wobei im Endeffekt nicht die Großunternehmen, sondern die Menge der anderen den finanziellen Erfolg des Unternehmens Messe garantierten.

Besucher ist nicht gleich Besucher, und es war nur logisch, daß die deutschen Großmessen sich ab 1963 einer Freiwilligen Kontrolle von Messezahlen (FKM) unterwarfen, bei der die Gesamtzahl der inländischen Besucher (TM '52: 745 700, TM '53: 730 000) anhand der von den Industrie- und Handelskammern und Handwerkskammern vorverkauften Eintrittskarten auf echte Fachbesucher reduziert wurde. Wenn dieses System in seiner rückwirkenden Anwendung auf die vereinte Deutsche Industrie-Messe Hannover 1954 zeigte, daß mehr als 40 Prozent aller Inlandsbesucher, nämlich 305 000, aus geschäftlichen und beruflichen Interessen kamen, so bewies das die Unentbehrlichkeit des umfassenden Leistungsvergleichs. Das galt nicht nur für den Einkäufer jeder Kategorie, sondern ebenso für die am technischen Fortschritt Mitwirkenden, vom Chefingenieur und Laborchef bis hin zum Meister und den Facharbeitern. In diesem Sinn wurden auch Handwerkstage und Lehrlingsführungen ein aktiver Bestandteil der Messe. Entscheidend für die Rolle Hannovers als zentraler Exportmarkt blieb der qualifizierte Besucher aus dem Ausland. Die nach FKM bereinigten Ausländerzahlen stiegen von 23 600 zur 54er Messe auf 33 100 im Jahr 1959. Ab 1960 spiegelte sich die Internationalisierung des Angebots auch im Fachbesuch aus Europa und Übersee wider mit Jahreszahlen von 43 700 bis 53 700. Das sind ziemlich genau jeweils 10 Prozent der bereinigten Besucherzahlen aus dem Inland. Im Durchschnitt der siebziger Jahre wurden es sogar 15 Prozent. Nicht alle diese Hannover-Pilger kauften die Eintrittskarten selbst. Viele kamen auf Einladung ausstellender Firmen.

Ein detaillierter Querschnitt zeigt die gewachsene Ausdehnung des Angebots. Die Investitionsgüter von 25 Gruppen des Maschinenbaus (ohne die Werkzeugmaschinen) lagen sowohl nach der Zahl der Aussteller (TM '52: 953, TM '53: 938) wie auch durch ihren speziellen Raumbedarf (TM '52: 82 140 m² brutto, TM '53: 93 440 m²) an der Spitze. Zur Technischen Messe '53 waren die »klassischen Hallen« an der Mittelallee mit jeweils zusammengefaßten Branchen wie folgt belegt:

Halle 1: Pumpen und Verdichter, lufttechnische und Trocknungsanlagen, Armaturen, Hebezeuge und Fördermittel.

Halle 2: Getriebe und Antriebselemente.

Halle 3 (heute 16): Schweißtechnik, Dampfkessel, Gas- und

1952

Oben: Der Vorstand schreitet aus – (von links) Prof. Mössner, Vizekanzler Blücher, Aufsichtsratsvorsitzender Minister Kubel
Unten: Besuch aus dem Morgenland

Dieselmotoren, Gießereimaschinen, Stahlverformung, Ziehereien und Kaltwalzwerke.

Halle 4 (heute 17): Keramikmaschinen, Großwaagen, Maschinen zur Verarbeitung von Gummi und plastischen Massen. Alle Maschinen arbeiteten unter normalen Bedingungen.

In der Ostallee, jenseits der damaligen Halle 6 für Chemie und Kunststoffe und Halle 5 für Präzisionswerkzeuge, waren die beiden zuerst erbauten neuen Großhallen 7 von Textilmaschinen und 8 von Holzbearbeitungsmaschinen jeweils allein beansprucht. Die Büromaschinen, die mit den Computern der sechziger Jahre die größte Messehalle überhaupt benötigen sollten, waren mit dem Bürobedarf noch auf zwei Leichtbauhallen, sprich Zelte, angewiesen. Baumaschinen mit ihrem Wald von Kränen und ihren ratternden Baggern beherrschten das noch unbebaute Freigelände zusammen mit Straßenbaumaschinen und Diesellokomotiven.

Die Elektrotechnik als zweitgrößter Industriekomplex auf der Messe hatte wie gesagt durch »einstimmigen unabdingbaren Beschluß« ihres Zentralverbandes entschieden, nur nach Hannover zu gehen. Zur Eröffnung der Technischen Messe 1953 betonte ZVEI-Präsident und Aufsichtsratsmitglied der Messe-AG Dr. Neuenhofer, daß dies kein Werturteil gegenüber anderen Messestädten bedeute, sondern darin begründet sei, »daß man nicht an mehreren Stellen mehrmals im Jahr etwas Neues bringen kann, abgesehen davon, daß das eine Abkehr von der Typisierung, Normalisierung, Produktions- und Produktivitätssteigerung sein würde«. Dem Maschinenbau energietechnisch eng verbunden in dem Bestreben, »die Maschine zum Diener des Menschen zu machen« (Neuenhofer), erstreckte sich das Angebot der 750 Aussteller aus 27 Fachabteilungen des Zentralverbandes der Elektrotechnischen Industrie (TM '53: 56 000 m^2) vom Investitionsgüter- und Anlagenbereich über das ganze weite Feld der Spezialgeräte und Gebrauchsgüter des täglichen Lebens. Dem Unterschied im Interessentenkreis Rechnung tragend, waren die verschiedenen Fachgruppen nach Möglichkeit getrennt.

In Halle 9 mit anschließendem Freigelände standen die Elektromotoren, Generatoren und Transformatoren, die Schaltgeräte und

Verteiler für Hoch- und Niederspannungen, Geräte für Drahtnachrichten und alles, was zu Kommunikations- und Produktionsanlagen gehört. Neu in Zweckmäßigkeit und Stil war, als architektonisch und in der Ausstattung ebenso anspruchsvolles Gegenstück zum Messehaus der modischen Konsumgüter, die zur Technischen Messe '53 erbaute zweigeschossige Halle 10 (heute 8), die ganz auf den Fachhandel und den Privatkunden eingestellt wurde. Auf 35 000 Quadratmeter brutto verteilten sich 500 Aussteller. Im Obergeschoß befanden sich Leuchten, Haus- und Wirtschaftsgeräte, Installationsmaterial, elektro-medizinische Geräte, Zähler, Signalanlagen und elektrische Ausrüstungen für Kraftfahrzeuge und Schiffe. Noch behelfsmäßig in der Leichtbauhalle 11 war die Rundfunk- und Phonotechnik untergebracht, zu der ab 1954 auch das Fernsehangebot kam. Noch vor der Tür blieb die im nächsten Jahrzehnt ganz in den Vordergrund tretende Elektronik.

Auf dem Freigelände standen eine Leichtbauhalle für Feinmechanik & Optik (105 Aussteller) und zwei für Büromaschinen und Bürobedarf (einschließlich Möbeln, Organisationsmitteln und Zeichengeräten 144 Aussteller).

Industriemesse vereint

Als am 25. April 1954 die vereinte »Deutsche Industrie-Messe« ihre Tore öffnete, erhob sich an der Westallee ein 120 Meter hoher Stahlturm aus nahtlosen Mannesmannröhren mit dem Hermeskopf. Sonst hatten sich der äußere Anblick und die Aufteilung der Hallen kaum verändert, mit Ausnahme eines Anbaues am Messehaus, einer Bankenstraße zwischen Ost- und Mittelallee samt zwei nebeneinanderliegenden festen Hallen für Eisen- und Schneidwaren und für die Büroindustrie mit nunmehr 20 000 Quadratmetern. Der fortgesetzte Trend nach oben wurde nicht nur in der Gesamtzahl der Aussteller und der vermieteten Netto-Standfläche deutlich (3911 auf 164 000 m² gegenüber 2554 auf 117 257 m² zur TM '53), sondern übertrug sich auch auf die einzelnen Branchen. So überschritt der Maschinenbau die Grenze von 1000 Ausstellern (auf

110620 m²) mit deutlichen Zunahmen in den meisten Teilbereichen, besonders bei Textilmaschinen, Fördertechnik mit einer Sonderschau »Fördern und Heben« und Büromaschinen.

Auffallend war die gegenüber den Technischen Messen 1952 und 1953 mehr als verdoppelte Zahl ausländischer Aussteller (297). Geschlossen trat schon seit zwei Jahren das französische »Generalsyndikat des Elektrobaus« auf. Sein damaliger Präsident, der charmante alte Monsieur Henry Davezac, hatte sich an die ausgezeichnete Zusammenarbeit mit Geheimrat Bücher von der AEG bei den Sachlieferungen auf das Reparationskonto der zwanziger Jahre erinnert. Jetzt ermunterte er seine zögernden Kollegen der Groß-Elektrotechnik, in Deutschland zu zeigen, daß die Franzosen nicht nur Wein und Parfum exportieren, und sich zuerst um Vertretungen und hernach um Zusammenarbeit mit den deutschen Konkurrenten in Drittländern zu bemühen. In den VDMA-Hallen standen auch Textilmaschinen aus den Nachbarländern West-, Süd- und Nordeuropas einschließlich England. Die Schweiz und Österreich erneuerten ihre alte Verbundenheit mit dem deutschen Markt in vielen Sektoren, darunter Holzbearbeitungs- und Baumaschinen, Dieselmotoren, Elektroanlagen und -geräte, Feinmechanik & Optik und Büromaschinen. Die schwedische Elektro- und Maschinenindustrie nutzte den Standortvorteil Hannovers, Dänemark führte seinen Übergang vom Agrarexport zur industriellen Verarbeitung vor. Amerikaner und Japaner zeigten Unterhaltungselektronik. Im Messehaus sah man Sèvres-, Delfter, Wedgewood- und Porzellan der Königlichen Manufaktur Kopenhagen, Baccarat- und Murano-Gläser. Auf einer »Internationalen Behälter-Ausstellung« (!) präsentierten auch englische Spezialfirmen ihre Container. Außerdem waren Kanada für Holz (noch nicht für Uran), Marokko für Phosphat und Iran für Öl zu einer Schau industrieller Rohstoffe geladen. Gemeinsam mit den Hamburger Ländervereinen wurden Wirtschaftstage für Kanada, Australien–Neuseeland, Südafrika und die Nahostländer abgehalten.

Die Eröffnungsreden zur »Deutschen Industrie-Messe 1954« waren darauf abgestellt, daß auch die Exportbäume nicht in den Himmel wachsen. Die Mahnung war nötig, nachdem sich das Gesamtergebnis 1952 von 16,9 Milliarden DM Ausfuhrwert gegenüber 16,2 Milliarden DM Einfuhrwert im Jahr 1953 auf höherer Ebene wiederholt hatte: Ausfuhr 18,5 Milliarden DM gegen 16 Milliarden DM Einfuhr. 1954 sollte es sich bis zu 22 Milliarden DM Exportwert gegen 19,3 Milliarden DM Import nochmals steigern. Demgegenüber mußte selbst der unverbesserliche Optimist Erhard daran erinnern, daß diese einfache Gleichung, deutsche Fertigwaren gegen ausländische Rohstoffe und Halbwaren, auf die Dauer nicht aufging. Der meisterhafte Unterhändler Hermann J. Abs hatte zwar auf der Londoner Schuldenkonferenz die Gläubiger aus Dollar- und EZU-Raum schließlich davon überzeugen können, daß der politische Anspruch der Bundesrepublik, für die Altschulden des Deutschen Reiches aufzukommen, nicht bedeuten könne, bei der Bemessung ihrer Zahlungsfähigkeit die Amputation Mittel- und Ostdeutschlands außer acht zu lassen. Dennoch hatte sich die Regierung Adenauer auf eine Kapitalschuld von 13 Milliarden DM plus 1,4 Milliarden DM Zinsen verpflichten müssen. Die erste Annuität mit 567 Millionen DM wurde 1953 fällig. Von 1958 bis 1967 waren vier weitere Raten von je 765 Millionen DM zu bezahlen. Dazu kamen je 3,5 Milliarden DM im Rahmen des zehnjährigen Israel-Abkommens und für individuelle Entschädigungen, meist als Sachlieferung unter arabischem Boykott.

»Uns allen scheint heute die Sonne«, begann Ludwig Erhard, wie er im Jahr zuvor an das von der Festmusik gespielte Frühlingslied aus der Pastorale angeknüpft hatte. Trotz bisheriger Enttäuschung rechnete er mit baldiger freier Konvertierbarkeit der Währungen, der sich das englische Pfund und natürlich die Deutsche Mark anschließen würden. Zurückgekehrt aus Lateinamerika, wo Mexiko sofort nach der ersten »Deutschen Industrie-Ausstellung« dort den Peso abgewertet hatte, glaubte er doch jene Länder »mitten im Aufbruch« heraus aus inflationistischen Praktiken in die geregelte

Ordnung der westlichen Industriestaaten zu sehen. Inzwischen müsse die deutsche Wirtschaft sich diesem Offset-Raum besonders widmen, da die Bundesregierung nicht in der Lage sei, Auslandskredite zu geben. Private Kapitalinvestitionen sollten draußen gewisse Stützpunkte zur Modernisierung und Industrialisierung errichten und den Warenexport durch die Ausfuhr deutscher Dienste und Fähigkeiten ergänzen. Noch im Vorjahr hatte er die gleichen Zuhörer ermahnt, nicht nur »Hermes«-gedeckte Exporte in die Weichwährungsländer Südamerikas und im Orient zu pflegen, sondern sich dem »sehr viel schwierigeren« Wettbewerb im Dollar- und Sterling-Raum zu stellen! Mit keinem Wort ging er auf das ein, was sein Vorredner, der AEG-Chef Dr. Hans-Konstantin Boden, als Vorsitzender des BDI-Außenhandelsausschusses über »zusätzliche« Exporte zur Abdeckung von Auslandsschulden oder als Kapitalexporte in Entwicklungsländer gesagt hatte: Bei Zahlungszielen über zehn und mehr Jahre hinaus könnten weder die Exportindustrie selbst noch die deutschen Geschäftsbanken Großanlagen wie Kraftwerke und Eisenhütten »echt finanzieren«. Warum also nicht unsere derzeitigen Überschüsse in der Europäischen Zahlungsunion (EZU) dafür einsetzen? Der deutsche Außenhandel erbringe zur Zeit zwar 17 Prozent des Volkseinkommens, betrage aber erst 5,4 Prozent des Welthandels. »Wir haben weder den riesigen Binnenmarkt der USA noch das Commonwealth als unseren privilegierten Markt.«

Die »Deutsche Industrie-Messe 1955« fand ohne besondere Eröffnungszeremonien zum erstenmal auf messeeigenem Gelände statt. Bei fast konstanter Ausstellerzahl (3835 statt 3911 im Vorjahr) wurden 19 000 Quadratmeter mehr vermietet. Der Umsatz erhöhte sich um 10 Prozent. Nachdem im Maschinenbau schon 1954 die Druck- und Papiermaschinen auf die Düsseldorfer DRUPA und die Gießereimaschinen auf eine Fachausstellung in Essen abgewandert waren, pausierten diesmal die 200 Aussteller von Textilmaschinen mit Rücksicht auf die im gleichen Sommer in Brüssel anberaumte »Internationale Textilmaschinen-Ausstellung« (ITMA). Dennoch belegten die übrigen Untergruppen die gleiche Gesamtfläche wie im Vorjahr, wobei die sprunghafte Zunahme der Baumaschinen im

Freigelände entscheidend war (117 Aussteller plus 4 ausländische auf 40 500 m^2 brutto). Auch die Holzbearbeitungsmaschinen stiegen an Zahl und Hallenfläche mit wiederum starker Beteiligung der europäischen Konkurrenz. Die im September abgehaltene »1. Deutsche Werkzeugmaschinen-Ausstellung Hannover« trug durch Belegung von 30 000 Quadratmeter Hallenfläche wesentlich zur Verbesserung des Jahresergebnisses für die Messe-AG bei. Unter 594 Ausstellern von Werkzeugmaschinen und Zubehör waren 83 aus den übrigen Mitgliedsländern des Europäischen Komitees; bei der ebenfalls in Hannover stattfindenden 5. EMO zwei Jahre später würde sich ihre Zahl vervierfachen.

Auf der Deutschen Industrie-Messe '55 selbst zog die Elektroindustrie an Ausstellerzahl mit dem Maschinenbau gleich. Im Bereich der Hochspannungs- und Übertragungstechnik konzentrierte sich Siemens auf Kraftwerksbau. Auf einem Messegespräch am Vorabend des Eröffnungstages teilte der Geschäftsführer der Deutschen Philips-Gesellschaft, Dipl.-Ing. Kurt Hertenstein, mit, daß die deutsche Rundfunk- und Fernsehindustrie im Vorjahr mit 900 000 exportierten Rundfunkgeräten (bei einer Produktion von 2,9 Millionen Stück) die amerikanische und englische Konkurrenz hinter sich gelassen habe. Die Ausfuhr von Fernsehgeräten (19 000 Stück in 1954) werde sich auch aufgrund großer Abschlüsse während der Messe vervierfachen. Die rapide steigende Inlandsnachfrage, vor allem von Standard-Geräten, lasse einen Absatz der geplanten Jahresproduktion von 350 000 bis 400 000 Stück erwarten, wobei man im Sinn der Erhardschen Preisdämpfungspolitik bei einem Preisindex von 90 Prozent gegenüber 1936 liege.

Auf einer US-Sonderschau für »Electronics«, die der amerikanische Handelsminister Sinclair Weeks persönlich mit vielen schönen Worten von Präsident Eisenhower nachher vorstellte, wurde auch das erste Farbfernsehen gezeigt. Hertenstein bezweifelte, ob es sich drüben rasch durchsetzen werde, da der Preis auf das Fünffache des Schwarzweißgerätes gehen werde. »Wir in Deutschland werden bestimmt auf Jahre hinaus kein Farbfernsehen haben.« 1962 hatte dann das PAL-System der AEG-Telefunken Premiere auf der Hannover-Messe.

1955

Oben: »New Look« im Freigelände – (Mitte, von unten nach oben) Stahlstraße mit Pavillons von Krupp, Klöckner und Rheinstahl; Exportbörse (rechts unten)
Unten: Messehaus für dekorative Konsumgüter (im Hintergrund)

Die Sensation für den Besucher der 55er Messe war die spektakuläre Präsenz der Eisen- und Stahlindustrie in ihren selbsterrichteten Pavillons an der neuen »Stahlstraße« auf dem Freigelände West. Bei dem vorerwähnten Messegespräch erläuterte Krupp-Direktor und Aufsichtsratsmitglied der Messe-AG Dr. Carl Hundhausen, warum man in der Zeit der Entflechtung auf alliierten Befehl nicht in der Lage war, sich hier festzulegen. Nach einigen gut verlaufenden Ansätzen seit 1950 habe man an eine große Eisen- und Stahlhalle gedacht. Doch die Wünsche der unter ganz anderen Gesichtspunkten »rückverflochtenen« Werke gingen darüber hinaus zu individuellem Auftreten, unter Darstellung des Stahls als künstlerischem Baustoff. Hundhausen selbst hatte die große Kuppelhalle aus Stahl und Polyesterglas der Fried. Krupp AG eingeweiht »als eine Verbeugung vor der bisherigen Leistung dieser Messe und als Beweis für das unbedingte Vertrauen, das die Firma Krupp in die Zukunft der hannoverschen Messe setzt«. (In den sechziger Jahren erstellte Krupp eine große Traglufthalle nach einer amerikanischen Lizenz. Dort führte eines Tages der Tiefseeforscher Prof. Piccard seine Taucherkugel aus Kruppstahl auf dem Trockenen vor.) Unweit davon, ebenfalls von renommierten Architekten entworfen, stand der Messepavillon der Rheinischen Stahlwerke, kühne Kombination eines auf Stützen ruhenden Halbbogens als Dach mit beiderseitig auskragender Aufenthaltsfläche. Die bundeseigene Salzgitter AG, die früher zu den Hermann-Göring-Werken gehört hatte, errichtete ebenfalls einen zweigeschossigen Block in Stahlkonstruktion mit einer Aussichtsplattform auf der Rückseite. Diese und die folgenden »Pavillons« der anderen Konzerne waren nicht nur imponierende Schaustücke und Anwendungsproben des Materials Stahl und Eisen, sondern auch der Ort wichtiger wirtschaftspolitischer Begegnungen. Denn angefangen mit Alfried Krupp und seinem Generaldirektor Berthold Beitz waren die »Bosse« nicht nur zur Eröffnung, sondern auch danach anwesend. Sie waren für Kunden aus nah und fern, vom Staats- und Regierungschef abwärts, zu sprechen. Übrigens wurden die drei ersten Stahlstraßen-Häuser bereits in die erste (deutsche) Werkzeugmaschinen-Ausstellung mit einer »Sonderschau Stahl und Eisen« einbezogen.

In der Chefetage

Daß am Sonntag, dem 24. April 1955, zum ersten und einzigen Mal keine Eröffnungsfeier mit politischer Prominenz stattfand, obwohl ursprünglich der Bundespräsident angesagt war, hatte seine besondere Bewandtnis. Es war Wahltag in Niedersachsen. Obwohl »Hinnerk« Kopfs SPD ihre Stimmenprozente von 1951 (33,7 Prozent) noch auf 35,2 Prozent erhöhen konnte, schlug im bürgerlichen Lager der Adenauer-Trend seit der triumphalen Bundestagswahl vom September 1953 voll durch zugunsten der Bonner Koalitionsparteien: mit 26 Prozent für die CDU, 12,4 Prozent für die Deutsche Partei des Bundesratsministers Heinrich Hellwege, 11 Prozent für den Gesamtdeutschen Block/Bund der Heimatvertriebenen und Entrechteten und 7,9 Prozent für die FDP. Der »weiße« Welfe Hellwege bildete die Landesregierung unter Ausschluß der SPD. Der neue Präsident der Industrie- und Handelskammer zu Hannover, Christian Kuhlemann von Portland-Zement, der bei der nächsten Hauptversammlung ex officio in den Aufsichtsrat der Messe-AG kommen mußte, hatte offenbar den Ehrgeiz, dessen Vorsitz zu übernehmen. Er wollte als Mittelsmann zwischen der sozialdemokratisch verwalteten Stadt Hannover und dem DP-CDU-Regime in Niedersachsen fungieren. Die ausstellende Industrie dachte anders und setzte wahrscheinlich über den »CDU-Wirtschaftsrat« das Verbleiben des Landesministers a. D. Kubel als Vorsitzender durch – wohl wider Erwarten des Messe-Vorstandes.

Das seit Herbst 1953 amtierende zweite Vorstandsmitglied Ernst Pätzold war von Haus aus und als ehemaliger Korporationsstudent konservativ. Karl-Eugen Mössner und Alfred Kubel verkehrten außerdienstlich im parteigenössischen Du, wobei der Minister den von Schillers Herzog stammenden Doppelnamen in ein burschikoses »Sepp« verwandelte. Die zwei – trotz beiderseitiger ausübender Liebe zur Musik denkbar ungleichen – Persönlichkeiten waren aufeinander angewiesen. Denn ohne den »Möössner«, wie ihn die Industriellen aus Schwaben schulterklopfend nannten, war die Messe auch nicht zu denken. Eine gewisse Spannung blieb stets spürbar. Dabei mochte mitspielen, daß das Genie der sprühenden Einfälle sich mit der letztverantwortlichen Entscheidung schwertat, so daß er das »gegez. K.« als eine Art Alibi brauchte.

Kühl blieb auch bis zum Ende ihres 17jährigen Duumvirats das Verhältnis des leicht erregbaren Professors zu seinem Kollegen, dem bei aller Liebenswürdigkeit eher reservierten Niedersachsen Pätzold. In Bad Pyrmont, dessen Kurhotel jetzt auch zur Unterbringung von Messegästen herangezogen wurde, 1910 als Sohn des Polizeikommandierenden geboren, hatte er an der Technischen Hochschule Hannover seinen elektrotechnischen Diplomingenieur im Hochfrequenzfach gemacht und war dann zwei Jahre im Berliner Zentrallabor von Siemens & Halske an der Entwicklung von Meß- und Steuerungsgeräten für die Luftfahrt beteiligt. Als Regierungsbaurat im Reichsluftfahrtamt richtete er vor Kriegsausbruch die Flugsicherung in Hannover-Vahrenwald ein, um später als Stabsingenieur der Luftwaffe im zentralen Erprobungsgelände Peenemünde an Herstellung und Einsatz des als »Würzburggerät« gleichzeitig mit den Engländern erfundenen Radarsystems mitzuwirken.

1947 nach Frankfurt in die Geschäftsführung des Zentralverbandes der Elektrotechnischen Industrie berufen, war Pätzold für die Beteiligung der Elektro-Industrie in Hannover und an ausländischen Messen zuständig, woraus sich seine Bestallung Ende 1953 zum gleichberechtigten zweiten Vorstandsmitglied der Messe-AG von selbst ergab. Er übernahm die technische Abteilung mit dem immer umfangreicheren Bauprogramm, die Standvermietung sowie die Werbeabteilung, während Professor Mössner den Finanzbereich, die allgemeine Verwaltung und die Auslandsorganisation behielt. Die Presseabteilung wurde beiden Vorstandsmitgliedern unterstellt. Der Professor wohnte damals auf dem Gelände im ehemaligen Direktorenhaus der Leichtmetallwerke, und seine frühmorgendlichen Kontrollgänge waren bei den Hallenmeistern und dem Personal der Werkstätten gleich wenig beliebt. Im Verwaltungsrat der »Messehaus GmbH« vertrat er die Hauptgesellschafterin; in der 1957 gegründeten »Elektro-Messehaus GmbH« natürlich Pätzold als Geschäftsführer, der sich auch der 1958 anlaufenden »Deutschen Luftfahrtschau« widmete. Beim Bau der »größten Messehalle Europas« für die elektronisch bediente Bürowirtschaft kam es Ende der sechziger Jahre zum Zusammenstoß zwischen dem Planer und dem Hüter des Geldes. Die Einladungen in die Vorstände deutsch-ausländischer Kammern teilten sich beide Herren, wobei Mössner sich in Zürich, Mailand und New York, Pätzold in Den Haag und in Johannesburg besonders engagierte. Beide erfreuten sich in- und ausländischer Ehrungen. Professor Mössner wurde Ehrensenator der Technischen Universität Hannover und erhielt zuletzt den seltenen Stern zum Großkreuz des Bundesverdienstordens.

Die schnellste Messe der Welt

Am Beginn des zehnten Messejahres 1956 legten die beiden Vorstandsmitglieder in den »Nachrichten der Deutschen Industrie-Messe Hannover« öffentlich über ihre Geschäftsbereiche Rechenschaft ab. Zur Rechtfertigung der im Maschinenbau heftig umstrittenen zweiten Standmietenerhöhung auf 85 DM pro Quadratmeter in festen Hallen (40 DM im Freigelände) gab Professor Mössner die schon erwähnte Zahl von 46 Millionen DM Investitionen seit der Währungsreform bekannt, »die ausschließlich zur Schaffung von erforderlichem Hallenraum sowie der technischen und verkehrsmäßigen Anlagen verwandt wurden«. Das Grundkapital war nach dem Ankauf des Geländes von der Hauptversammlung im September 1955 auf 10,65 Millionen DM erhöht worden. Die im August 1956 bei einer Aufsichtsratssitzung in der Kruppschen Villa Hügel beschlossene kräftige Aufstockung um weitere 8,11 auf 18,76 Millionen DM wurde im März des folgenden Jahres durchgeführt. Der Umsatz hatte sich durch die Deutsche Industrie-Messe '55 um 10 Prozent erhöht, und auch für 1956 wurde durch die große Zweitveranstaltung der »DLG« (»Deutschen Landwirtschafts-

Gesellschaft«) eine erfreuliche Zunahme um 24 Prozent erwartet. Jedoch hatten die Steuerlast von jährlich 12 Prozent und eine überfällige zwölfprozentige Tariferhöhung für Löhne und Gehälter des Stammpersonals die laufenden Kosten um 14 Prozent in die Höhe getrieben.

Vorstand Pätzold verglich einen Film über den »schnellen Hafen« New York mit dem ersten UFA-Farbfilm der Hannover-Messe, der die Presse den Ehrentitel der »schnellsten Messe der Welt« verliehen hatte. »Unbelastet von Tradition ist man in Hannover von Anfang an völlig neue Wege gegangen ... Die Aussteller der technischen Gruppen belegten zur DIM '55 etwa 55 Prozent des gesamten Standflächenareals.« (Vermietet waren 183 000 Quadratmeter Nettofläche bei einer Bruttofläche von 220 000 Quadratmeter Hallenraum und 75 000 Quadratmeter im Freigelände.) Um auch größte und schwerste Maschinen und Aggregate auf dem Gelände zu bewegen, aufzustellen und wieder zu verladen, habe man vom messeeigenen Güterbahnhof aus Gleisverbindungen in acht Hallen verlegt und sieben Hallen mit Laufkränen bis zu 200 000 Kilogramm Tragkraft versehen. Die Stromversorgung für Energie und Beleuchtung entspreche dem Verbrauch einer mittleren Stadt. Für Besucher und Ausstellerpersonal (40 000 allein beim Aufbau) ständen 400 000 Quadratmeter Parkfläche zur Verfügung. In der Gastronomie auf dem Gelände seien zur Deutschen Industrie-Messe '55 rund 2550 Personen beschäftigt gewesen. Trotz eines Überhangs von 70 000 Quadratmeter netto für die DIM '56 meinte Pätzold, das Optimum in der Breite des Angebots und der Ausdehnung des Geländes sei erreicht; zum Schluß propagierte er die »Beschränkung der Standgrößen auf ein wirtschaftlich vertretbares Maß«.

Dieser Appell war auf der vorhergegangenen Sitzung des VDMA-Werbeausschusses keineswegs aufgegriffen worden, wo der Sprecher für Pumpen und Verdichter sich wegen der neuerlichen Mietpreiserhöhung darüber empörte, »daß der in Werkzeugmaschinen und andere aufgespaltene Maschinenbau von der Messeleitung nach dem Grundsatz divide et impera behandelt« werde. »Die Position der Messe-AG ist außerordentlich stark«, sagte der Sprecher für

Hebezeuge und Fördermittel, »weil der 2-Jahres-Turnus für eine Gruppe nicht durchführbar ist. Große Maschinenbaufirmen gehen mehrjährige Verträge ein. Die eisenschaffende Industrie hat erhebliche Bauten aufgeführt, die jährlich in Anspruch genommen werden.« Der nicht genannte Stein des Anstoßes in diesem Kreis war der von Alfred E. Schulz, Vorstandsmitglied der DEMAG und Vorsitzender des VDMA-Außenwirtschaftsausschusses, soeben abgeschlossene neue Mietvertrag auf weitere zehn Jahre mit einer Vermehrung der im Zentrum des Messegeländes gelegenen Standfläche auf 4000 Quadratmeter! Als Rahmen für die im Freien stehenden Maschinen wurde eine zweigeschossige Modellhalle und im rechten Winkel dazu ein 60 Meter langer Trakt mit einem Kinosaal erbaut. Der Vorsitzende jener Ausschußsitzung, Dr. Hans Reuther, Mitinhaber der Firma Bopp & Reuther in Mannheim, hatte schon recht mit der Feststellung, daß »der VDMA als solcher in seiner Form viel zu heterogen ist, um als Verhandlungspartner in starker Position auftreten zu können«. Trotzdem saß der Maschinenbau durch das schiere Gewicht seiner Gruppen am längeren Arm des Hebels.

Good-will-Touren ins Ausland

Der Aufsichtsratsvorsitzende nutzte seinen zweieinhalbjährigen Urlaub vom Ministeramt zum persönlichen Einsatz als »Mister Hanover Fair« in aller Welt. Das sportliche Ehepaar Kubel, das in den Sommerferien an finnischen Seen zu zelten liebte, reiste vor der Deutschen Industrie-Messe '56 nach Guatemala, Brasilien und seine südlichen Anlieger Uruguay und Paraguay und warb in Ungarn als dem ersten Ostblockland für Hannover, das »Tor zum Westen«. Im Spätherbst folgte ein »roundtrip« durch Afrika von Nigeria über Kongo, Angola, das ehemalige Deutsch-Südwest – wo der Niedersachse sich mit dem afrikaans-snakenden Gouverneur in Plattdeutsch verständigte –, Südafrika und Mozambique nach dem Sudan und Ägypten. In seinem Bericht unterschied er zwischen der Anerkennung schwarzafrikanischer Eigeninteressen und ihrem Angewiesensein auf die Hilfe der Industrieländer zur

Erschließung ihrer Rohstoff- und Energiequellen. Auch in britischen Gebieten sei das Ansehen der deutschen Industrie groß. »Ihre Lieferungen kommen pünktlich und entsprechen den vereinbarten Bedingungen. Wir profitieren heute vom Fehler der Demontagen und dem langjährigen Verbot, für Rüstungszwecke zu arbeiten. In den nichtbritischen Gebieten schätzt man die Geschäftsverbindung mit uns, weil wir nicht in der Lage sind – selbst wenn wir es wollten –, Geschäfte mit Politik zu verbinden. Überall – mit Ausnahme der portugiesischen Provinzen in Afrika – gibt es ein Streben nach Autonomie, dem gegenüber die Bundesrepublik Deutschland mindestens als neutral erachtet wird. Die Sowjets haben in Afrika noch keinen nennenswerten Einfluß.«

Diese »Goodwill missions« mit dem Messe-Farbfilm standen unter dem Patronat der deutschen Gesandtschaften; Botschaften gab es erst wenige. Der Leiter der Auslandsabteilung, Dr. Krugmann, der ganz Südamerika schon 1954 bereist hatte, machte eine Paralleltour von Pakistan und Indien bis zu den Philippinen. Von Hongkong aus konnte er nicht nur die Kanton-Messe besuchen, sondern auf Einladung des »China Committee of International Trade« seinen Film 200 Funktionären in Peking vorführen. Nach einer Tagung der Auslandsvertreter während der 55er Messe, an der ich als Begleiter von 40 portugiesischen Industriekaufleuten teilnahm, schrieb Krugmann wirtschaftspolitische Leitlinien für die Werbung nieder. Er hielt fest, daß die erste Konferenz der blockfreien Länder in Bandung die Brücken zu den Industrieländern nicht abgebrochen habe. Mit einem Außenhandelsumsatz von vier Milliarden DM rücke die Bundesrepublik hinter die USA und England an die dritte Stelle. In den neuen Kraftfeldern außerhalb Europas und Nordamerikas seien Industrieimporte und Montage großer Anlagen eng verbunden: »Der Handel folgt dem Ingenieur!«

Im Zeichen der sensationellen Septemberreise Adenauers nach Moskau sah Krugmann die kommende Entspannung als Verpflichtung, Hannover neben Leipzig und dem an die NATO-Embargo-Listen nicht gebundenen Wien als Mittler für das traditionelle deutsche Rußlandgeschäft einzuschalten. Eine Sowjetdelegation, »die wir auch zu Ferrostaal gebracht haben«, hatte den Aufholbedarf ihrer Schwerindustrie gegenüber westlichen Technologien bestätigt. Rußland sei aber trotzdem kein unterentwickeltes Land, sondern ein Industrie-Exporteur ersten Ranges, der in den übrigen Ostblock und nach Asien komplette Stahlwerke und Grubenanlagen liefere. Unsere Industrieausfuhr nach den USA leide an Eisenhowers zögernder Zollsenkung auf Raten mit Ausnahme der niedrig eingestuften Konsumgüter. Über das Thema der sowjetischen Niedrigzinsangebote auf zwölf Jahre in Konkurrenz zu dem Krupp-DEMAG-Projekt im indischen Rourkela und das Handikap des seit dem Koreakrieg verschärften China-Embargos sprach auch der Vorsitzende des Ostausschusses der deutschen Wirtschaft, Otto Wolff von Amerongen, als er am Vorabend der Deutschen Industrie-Messe 1956 über eine Ostasienreise der BDI-Führung berichtete.

Dieses Mal stieg die Ausstellerzahl auf 4000 mit 212 000 Quadratmeter gemieteter Fläche. Die Baukräne überragte ein Stahlbetonturm mit einer Aussichtsplattform für 100 Personen. Die Stuttgarter Aufzugfirma R. Stahl hatte den Konstrukteur des dortigen ersten Fernsehturms, Prof. Leonhard, für den 73 Meter hohen Messeturm gewonnen, in dem ihr Expreßlift lief. »Der Turm einschließlich Lift und sonstigen Ausrüstungen ist ein von den am Bau beteiligten Firmen finanziertes Ausstellungsobjekt«, hieß es in den Messe-Nachrichten. Unter 1000 Maschinenbaufirmen fehlten Chemiemaschinen und Apparate, die im Vorjahr auf der wiederbelebten Frankfurter »Achema« ausgestellt hatten. Alternierend mit den Dampfkesseln waren die Kraftmaschinen (Gas- und Dieselmotoren) vertreten. Baumaschinen und Fördertechnik bevölkerten das Freigelände. Alle übrigen Untergruppen mit den wiedergekehrten Textil- und den Holzbearbeitungsmaschinen an der Spitze hatten ihre Standflächen vergrößert oder gehalten, ebenso die Bürowirtschaft. Die Zahl der Großfirmen von Stahl und Eisen war weiter gestiegen mit einem Pavillon von Phoenix-Rheinrohr, den ein stählerner Turmwürfel flankierte.

Gemischte Gefühle

Mit gemischten Gefühlen wurde die rasche Zunahme der ausländischen Konkurrenz (414 Aussteller nach 337 auf der DIM '55) betrachtet. In der Elektro-Industrie waren es bereits 10 Prozent wie im Gesamtdurchschnitt, bei Fördertechnik und Pumpen sogar mehr als ein Viertel. Die Schweiz war mit 72 Ausstellern in der Vorhand, unmittelbar gefolgt von Österreich (64), Frankreich (58) und England (50), das unter anderem Flugmotoren und Straßenbaumaschinen vorführte. Unter 32 amerikanischen Firmen brachten »Texas Instruments« elektronische Meßgeräte. Aus Kanada kamen elf Chemiefirmen. Die Holländer hatten sich verdoppelt auf 22 Aussteller, vor allem, wie andere auch, im Messehaus der modischen Konsumgüter. Ein Teil der österreichischen Firmen sowie französische und belgische hatten dort schon Dauerstände gemietet. Die Messeleitung unterstützte diesen Trend zum internationalen Wettbewerb. Alfred Kubel erklärte: »Die deutsche Industrie, deren einflußreiche Vertreter die Messepolitik Hannovers maßgeblich bestimmen, wird sich mit den damit neu auftauchenden Problemen auseinandersetzen müssen. Man kann heute schon sicher sein, daß sie im eigenen Interesse und zur Erhöhung ihres Messeplatzes keine engen Maßstäbe anlegen wird.« Schulz-DEMAG war seiner Meinung: Da wir uns mit der Auslandskonkurrenz nun einmal messen müßten, geschähe dies am besten »auf dem eigenen Platz«. Anders der Vorsitzende des Ausstellerbeirats, Dr. Hellmut Herzog von der Antriebstechnik. In der vorerwähnten VDMA-Besprechung warnte er davor, »daß ausländische Aussteller, die bisher aus Platzmangel wenig vertreten waren, sich stärker abzeichnen würden, so daß Hannover seinen Charakter als deutsches Schaufenster immer mehr verlieren würde.« Fünf Jahre später wurde der Name in »Internationale Hannover-Messe« umgetauft, aber die Widerstände blieben, auch in der weltläufigen Elektro-Industrie. Als Mitte der siebziger Jahre die Weltwirtschaft im Umbruch stand, kam aus ihren Reihen der Vorschlag, das inzwischen berühmte Warenzeichen wieder in »Deutsche Industrie-Messe« zurückzuverwandeln!

3.

HANNOVER »IN DER MITTEN«

Im Frühjahr 1956 kam ich, dem Ruf meines Freundes Ulrich Doertenbach folgend, mit meiner Familie aus Portugal zurück und übernahm die Außenwirtschaftsabteilung der Industrie- und Handelskammer Stuttgart. Die führenden Industriegruppen Baden-Württembergs waren eng mit Hannover verbunden, von Maschinenbau und Elektrotechnik bis zur Feinmechanik & Optik und den Ausstellern hochwertiger Gebrauchsgüter im Messehaus. Der stellvertretende Hauptgeschäftsführer der Kammer, Dr. Volker Göz, später Beiratsmitglied im Ausstellungs- und Messeausschuß (AUMA), und mein Kollege Roth waren überzeugte Anhänger der von Dr. Rudolf Hoffmeister im Land vertretenen Deutschen Industrie-Messe. Die Schließung des Suezkanals durch Nasser im Juli, nachdem sich die Amerikaner von der Finanzierung des Assuandamms zurückgezogen hatten, und die Kreditnöte im Brasilienklub beschäftigten unseren Exportleiterkreis. Im Spätherbst kamen der Oktoberaufstand in Ungarn, wo Sowjetgewalt das »Tor nach Westen« zuschlug, und das von Präsident Eisenhower am Tag seiner Wiederwahl gestoppte britisch-französisch-israelische Militärabenteuer gegen Ägypten. Zu Neujahr 1957 kehrte das Saarland in deutsche Obhut zurück. Am 23. März wurden in Rom die Sechser-Verträge für die Europäische Wirtschaftsgemeinschaft und Euratom unterzeichnet, nachdem die Engländer schon ein halbes Jahr zuvor ihren Vorschlag einer breiteren Europäischen Freihandelszone (EFTA) unterbreitet hatten.

Der frühere Diplomat Doertenbach hatte seit der Zollkonferenz von Torquay alle Integrationsbemühungen verfolgt und wollte als

Kammerpräsident und Textilindustrieller die Wirtschaftsführer des neben dem Ruhrgebiet stärksten Industriegebiets in der Bundesrepublik darüber informieren; außerdem war er der erste Präsident der Deutsch-Französischen Handelskammer in Paris. Vor seinem jähen Frühtod wenige Wochen nach de Gaulles Rückkehr an die Macht, die ihn tief erschreckte, hatten wir eine Diskussionsreihe veranstaltet, die in einem öffentlichen Vortrag des zum Vorsitz der EWG-Kommission in Brüssel bestimmten Bonner Staatssekretärs des Auswärtigen, Professor Dr. jur. Walter Hallstein, gipfelte. Von seinem Vertrauen auf eine Zukunftsföderation der Sechs wichen die anderen Experten merklich ab. Ein Sprecher des Quai d'Orsay widersetzte sich der Freihandelszone mit dem Argument, Frankreich habe schon genug damit zu tun, sich des Übergewichts der deutschen Industriemacht in der EWG zu erwehren. Peter Tennant, Generalsekretär des britischen Industrieverbands, der später seine Meinung noch mehrmals wechselte, lehnte die Römischen Verträge als »popish«, nach Papsttum schmeckenden Zwang, von Grund auf ab. Dr. Wilhelm Beutler, der scharfsinnige Hauptgeschäftsführer des BDI, vertrat mit Überzeugung die Erhard-Linie des Sowohl-als-Auch, weil sich die Bundesrepublik einen Alleingang mit dem protektionistischen Frankreich ohne das freihändlerische England, Skandinavien, die Schweiz und Österreich einfach nicht leisten könne.

In Frankfurt und Köln liebäugelte man mit dem Titel einer deutschen Europamesse. Anders in Hannover. Schon bei Eröffnung der Deutschen Industrie-Messe '56 hatte der Aufsichtsratsvorsitzende Kubel erklärt, die Hannover-Messe sei »das Tor nach Nord und Süd, nach Westen und nach Osten geworden«. Auf seine schnippische Bemerkung im nächsten Jahr, daß »Hannover für den Gemeinsamen Markt eher gerüstet sein wird, als andere für dessen Funktionieren notwendige Einrichtungen geschaffen sein werden«, folgte 1959 in Anwesenheit amerikanischer, englischer, finnischer und sowjetischer Prominenz der selbstbewußte Satz: »Bitte, halten Sie uns nicht für überheblich, wenn wir sagen, daß diese Hannover-Messe ja längst über den Raum der Europäischen Wirtschaftsgemeinschaft hinaus wirksam ist in der Weltwirtschaft.« Er vergaß nicht hinzuzufügen, daß unter den jetzt 782 ausländischen Ausstellern zwar Frankreich (150) an der Spitze liege, aber aus der inzwischen gebildeten »kleinen« Freihandelszone 100 Firmen mehr da seien als aus der nicht-deutschen EWG, ganz abgesehen von 116 Amerikanern und anderen Überseern.

Bundeswirtschaftsminister Erhard, Adenauers »Wahllokomotive« für die Bundestagswahlen vom September 1957, bezeichnete sich selbst als »Pate der Hannover-Messe, die nicht auf Länder zugeschnitten ist und praktisch keine Grenzen kennt«. Bei der Eröffnung der 57er Messe hielt er mit seiner Kritik am Gemeinsamen Markt der Sechs nicht zurück: »Was wir brauchen, ist die freie Welt. Es ist darum meine Hoffnung, daß die EWG möglichst schnell durch die Schaffung von Freihandelszonen ausgeweitet wird.« Seine Klage über die »intervalutare Unordnung« wurde zwar durch die 1959 endlich erreichte Konvertierbarkeit der Währungen beschwichtigt, aber »wer sich den Vertrag über den Gemeinsamen Markt ansieht, der muß deutlich erkennen, wieviel Sorge vor dem Wettbewerb und vor einer freiheitlichen Entfaltung auch im internationalen Güter- und Dienstleistungsverkehr in der Welt lebendig ist«. Er setzte vor allem auf seinen Entwurf einer gemeinsamen Konjunkturpolitik, die bekanntlich bis auf den heutigen Tag von keinem Gipfel in Sicht ist. Auch Erhards Bekenntnis zur Industrialisierung in dazu geeigneten und gewillten Entwicklungsländern, »um Kaufkraft zu produzieren«, stimmte damals schon nicht mit seinem Wunschdenken überein, »daß sie nicht etwa dazu dient, uns eine Konkurrenz heranzubilden«. In der Binnenwirtschaft redete er einer Mengenkonjunktur das Wort und warnte die Großindustrie vor einem Rückfall in preisbindende Kartelle wie um 1930.

Vollbeschäftigung und 40-Stunden-Woche

In Baden-Württemberg waren Fahrzeug- und Textilindustrie dabei, die als Wachstumssymbol gehütete Vollbeschäftigung statt aus dem knapp und teuer werdenden einheimischen Arbeitsreservoir durch Südeuropäer zu gewährleisten, den Vorboten der Türkeninvasion. Erstaunlich, obwohl durchaus im Einklang mit der internationalen Messe des technischen Fortschritts, war die schon damals einsetzende Diskussion über Rationalisierung durch Automation. 1956 sah der Präsident des Chemieverbandes und Vizepräsident des BDI, Dr. h. c. Alexander Menne, »für die Zukunft eine Lösung des Lohn- und Preisproblems nur noch über die Automation, also eine weitgehende Automatisierung aller Betriebsvorgänge«. Die Vision eines Servan-Schreiber aus den siebziger Jahren vorwegnehmend, meinte er: »Im automatisierten Betrieb der Zukunft hat auch der Arbeiter seine Kommandobrücke, denn er wird der Herr über Automaten sein und den Robotern befehlen ... Die amerikanischen Erfahrungen lehren uns, daß in der automatischen Fabrik ein Ingenieur auf nicht mehr als 20 Arbeiter entfällt, von denen jeder ein Ingenieurspezialist in Kleinformat sein wird.« Machte sich Menne im Zeichen der Vollbeschäftigung Gedanken über die Heranbildung eines qualifizierten Nachwuchses, so sah 1958 sein Kollege vom Zentralverband der Elektrotechnischen Industrie, Dr.-Ing. e. h. Heinz Thörner, die »unaufhaltsame Rationalisierung und Automatisierung der Betriebe« vor allem als breite Chance für die elektronische Steuer- und Regeltechnik.

Es war der 75jährige Bundespräsident Theodor Heuss, als er in diesem Jahr zum zweitenmal seit 1951 die Deutsche Industrie-Messe eröffnete, der in seiner Antwort auf Thörner davor warnte, »daß der sichtbare Wandel nicht zur Hybris verführe ... und man nicht der Gefangene einer Vorstellungswelt werde, die sich an dem Wort Automation berauscht«. 1959 schließlich machte sich Dr. h. c. Heinrich Jakopp, Vorstandsmitglied von Klöckner-Humboldt-Deutz, Gedanken über die Automation als »zweite soziale Revolution«: »Der Freistellungsprozeß von Arbeitskräften, eine dem technischen Fortschritt innewohnende und unmittelbare Wirkung, ist kein unabänderliches Geschick, denn die neue Technik zieht die Beweglicheren unter den Verdrängten rasch wieder an ... Wenn aber die Beschäftigungslage eines mehr oder weniger großen Teils der Wirtschaft von strukturellen Gegebenheiten auf Dauer und von Ausmaß beeinflußt wird, dann tritt die Frage auf, ob dieser Teil mit seinem Schicksal allein bleiben oder sein Ruf nach helfender Konjunkturpolitik gehört werden soll.« Den eben vollzogenen

Übergang zur 40-Stunden-Woche sah Jakopp als einen Schritt an, »auf den uns die fortschreitende Technik hinweist«. Auch zitierte er die Bundesförderung für die Zonenrandgebiete und den »Grünen Plan« für die von Abwanderung bedrohte Landwirtschaft. Daß die Massenarbeitslosigkeit von 1951 jemals wiederkommen könnte, kam auch in der abgeflachten Hochkonjunktur am Ende der fünfziger Jahre niemand in den Sinn!

Das Messejahr 1956 hatte mit der Zweitausstellung der Deutschen Landwirtschafts-Gesellschaft (DLG) (600000 Quadratmeter in Hallen und Freigelände) einen Umsatzzuwachs von 14 Prozent erbracht. Auch 1957 stand für den Herbst die 5. EMO ertragsmehrend vor der Tür. Die Messe-AG zahlte von jetzt an ihren öffentlichrechtlichen Aktionären eine regelmäßige Dividende von 4 Prozent, ein im internationalen »Messegeschehen« unerhörter Vorgang. Die Industrie-Messe des Frühjahrs fand schon in der Vorschau auf das bisher größte Investitionsvorhaben statt, nämlich die Neubauten für die Elektro-Industrie, die das architektonische Antlitz der Messe verwandelten. Aber auch inzwischen hatte sich das Bild schon wieder verändert durch den Umbau der nunmehr zweigeschossigen Halle 17 (heute 4) auf 30000 Quadratmeter Brutto-Fläche für die Büroindustrie und einen fünfstöckigen Anbau des Messehauses zur Verdoppelung des Ausstellungsraums der gehobenen Konsumgüter. Die Gesamtinvestitionen auf dem Gelände lagen jetzt bei 66 Millionen DM plus sieben Millionen DM für die Messehaus-GmbH.

Die bei der Vorjahres-Messe erreichte Ausstellerzahl von 4000 wurde 1957 um 125 übertroffen, die belegten Quadratmeter um 26000 netto. Der Maschinenbau stellte über ein Viertel (1183 deutsche Firmen und 192 ausländische) der Ausstellerschaft, die Elektro-Industrie erstmals ein weiteres Viertel (1020 deutsche und 133 ausländische Aussteller). An dritter Stelle standen die 570 Insassen des Messehauses (515 deutsche und 55 ausländische Aussteller). Die Gesamtheit der ausländischen Teilnehmerfirmen überschritt mit 507 nun 12 Prozent. Die Hälfte der Textilmaschinen, ein Fünftel der Holzbearbeitungsmaschinen und ein Viertel der Büromaschinen kamen aus dem Ausland. In der Halle »Chemie und

Kunststoffe« waren Kanada, England, Dänemark und Schweden mit 24 Prozent vertreten. Die Britische Atomenergiebehörde warb für die Verwendung radioaktiver Isotope. Auf dem Freigelände hatten unter den nunmehr 93 Firmen der Gruppe Eisen und Stahl jetzt auch der Thyssenkonzern und die Siegener AG eigene Pavillons bezogen.

Interesse aus Fernost

Die 5. Europäische Werkzeugmaschinen-Ausstellung sollte plangemäß in Paris stattfinden. Da jedoch das dortige »Nouveau Palais d'Exposition« an der Place de la Défense noch im Bau war, wurde Hannover außer der Reihe vorgezogen. Das Platzproblem für 53 000 Quadratmeter in festen Hallen wurde über Nacht gelöst durch eine neue Halle-8-Süd (heute 6) zwischen der ohnehin dem Maschinenbau zustehenden Halle-8-Nord und der von der Elektro-Industrie fest gemieteten Halle 9, die ausnahmsweise geräumt wurde. Von 943 Ausstellern waren 638 Hersteller von Werkzeugmaschinen, 305 Lieferanten von »Zubehör«, letztere hauptsächlich aus der Bundesrepublik. Unter den Werkzeugmaschinen-Fabriken aus den übrigen CECIMO-Ländern führte die Schweiz mit 65 vor Italien (54), Frankreich und England (je 30), Belgien und Österreich (je 14). Unter 100 000 Fachbesuchern kamen 20 000 von außerhalb der Bundesrepublik, verglichen mit 28 000 Auslandsbesuchern auf der Deutschen Industrie-Messe des Frühjahrs! Allerdings waren dort nicht nur zwei Sowjetdelegationen und solche aus Polen und der Tschechoslowakei, sondern vor allem »die ruckartige Zunahme der Besucher aus Übersee« angenehm aufgefallen. Auf einem Ostasien-Wirtschaftstag erschien nach Krugmanns Peking-Visite zum erstenmal eine Abordnung aus der Volksrepublik China, die ich dann auch in Stuttgart bei Daimler-Benz erlebte.

Am 29. April 1957, einen Tag nach Messe-Eröffnung, trat im Hotel Luisenhof der Aufsichtsrat der Messe-AG zusammen, dem seit dem Vorjahr als neuer Vorsitzender des ZVEI-Präsidiums Dr.-Ing. e. h. Heinz Thörner, Vorstandsmitglied der AEG, angehörte.

Der Zweck war die Absegnung der dann am 3. Mai notariell beglaubigten Gründungsakte einer »Elektro-Messehaus Hannover GmbH« zwischen der Messe-AG und der in Hannover ausstellenden Elektro-Industrie. In ihrem Namen leisteten der Hauptgeschäftsführer des Zentralverbandes der Elektrotechnischen Industrie, Dr. Hellmut Trute, eine Anzahlung auf 25 Prozent des Stammkapitals, Assessor Hans Hopf für den Messevorstand entsprechend einen Anteil von 75 Prozent. Im März 1959 übernahm der Bamberger Glühlampenfabrikant Dr. Kurt Lindner für den bei der Gründung der GmbH erst in Bildung begriffenen »Elektro-Aussteller Hannover e. V.« die 25 Prozent Anteile im Wert von 195 000 DM. Wie bei der 1952 gegründeten Messehaus GmbH definierte der Vertragstext den Zweck des Unternehmens (Errichtung bzw. Pachtung von Messehäusern sowie deren Vermietung und Verwaltung). Der Unterschied zu jener ersten GmbH mit der Messe-AG als Alleingesellschafter wurde im Ergebnisausschlußvertrag vom Dezember 1957 sichtbar, wonach »die Elektro-Messehaus GmbH ... ungeachtet ihrer rechtlichen Selbständigkeit im Innenverhältnis der Vertragspartner ausschließlich für Rechnung der Messe-AG, nach außen jedoch im eigenen Namen« handelt. Im Verwaltungsrat erhielt der Juniorpartner Ausstellerverein zwei Drittel der Sitze. Erste Geschäftsführer wurden Messe-Vorstand Pätzold und ZVEI-Hauptgeschäftsführer Dr. Trute, ersterer als »primus inter pares«.

Meinungsverschiedenheiten konnten nicht ausbleiben, wie ich selbst später in Begleitung von Vorstand Pätzold anläßlich eines Besuches bei dem inzwischen auch in den Aufsichtsrat der Messe-AG gewählten Dr. Lindner erlebte. Es ging um einen dem französischen Elektroverband vom Messe-Vorstand versprochenen Sonderanbau an Halle 13. Die Franzosen hatten sich wie andere ausländische Elektro-Aussteller an der Finanzierung des rund 20-Millionen-Vorhabens der neuen Bauten »in wesentlichem Umfang« mit beteiligt, wie Dr. Thörner bei der Messe-Eröffnung 1958 »in weltoffener Einstellung« ausdrücklich vermerkte.

Das nach einer Aussteller-Umfrage des Zentralverbandes der Elektrotechnischen Industrie auf 55 000 Quadratmeter veranschlagte Bauprogramm wuchs auf 61 000 Quadratmeter, ein Drittel mehr als die bisher von der Elektrotechnik belegte Hallenfläche. Zur Finanzierung machte Prof. Mössner im März 1958 folgende Angaben vor der Wirtschaftspresse: »Die Elektro-Messehaus GmbH muß 17,5 Millionen DM aufbringen. Davon werden 9,3 durch Vorauszahlungen von Standmieten aufgebracht, die vom dritten Jahr ab jeweils mit 10 Prozent des Betrages jährlich zurückgezahlt bzw. gegen Standmieten verrechnet werden, so daß der Messe-AG das Geld praktisch bis zu zwölf Jahren zur Verfügung steht. Dazu kommt das Kapital der EMH-GmbH mit 0,8 Millionen. Bei dem Restbetrag von sieben Millionen DM handelt es sich um Schuldanerkenntnisse der deutschen Aussteller dieser Industriegruppen, die durch die Niedersächsische Landesbank in Hannover jederzeit beliehen werden können. Die Aussteller finanzieren nicht nur die vorerwähnten 9,3 Millionen, sondern auch die Einbauten ihrer festen Stände, eine Summe, die für die drei neuen Hallen weit über zehn Millionen DM betragen dürfte.«

Eine perfekte Schau

Trotz einem ungewöhnlich harten Winterwetter wurden die drei Neubauten samt Aufzügen im Leuchtenhochhaus termingemäß zur 58er Messe bezogen. Wie eine große, nach innen offene Klammer beherrschte nun die Elektro-Messe in der Hannover-Messe den Südteil des Geländes mit dem in der Mitte aufragenden fensterlosen Leuchtenhochhaus. Die hellblauen Rhomben seiner Stahlblechverkleidung wurden zum Wahrzeichen über dem darunter durchführenden Haupteingang Süd. Vom Dachumgang sieht man über das Messegewimmel hinweg weit ins Land, von den Kuppeln und Türmen der Hauptstadt im Norden bis zu den Vorbergen des Deisters im Westen und den weißen Kalihalden im Osten. Hier richtete die Verkehrspolizei ihre Fernsehzentrale ein zur automatischen Kontrolle der Anfahrten von den Autobahnen aus Köln, Hamburg, Kassel und Berlin auf 50 Kilometer im Umkreis. Als der Kollege von der Chicagoer Messe, der lange Tom Coulter, jenseits

1958

Messe im Grünen – Das Leuchtenhaus im Hintergrund

des Messe-Schnellwegs die wiegenden Pumpen der Preußag erblickte, entfuhr es ihm: »And oil they have, too!«

War schon der Strahlenglanz der Tausende von Lampen und Beleuchtungskörpern jeglicher Art in den fünf Etagen des Leuchtenhauses ein feenhaftes Schauspiel mitten im geschäftigen Trubel der Einkäufer, so eröffnete der Blick von der Rolltreppe aus dem unteren Zwischengeschoß über die 25 000 Quadratmeter der von einem Mannesmann-Röhren-Gitterwerk frei getragenen Schwerelektrotechnik-Halle 13 (heute 11) eine einzigartige Schau moderner Perfektion. Auch hier standen – und stehen – die »mittelständischen« Spezialfirmen, Bosch im Vordergrund, neben den ganz Großen der Branche, von denen Dr. Trute in seiner Geschichte der deutschen Elektro-Industrie schrieb. Und wenn man sich fragte, wieso der Raumbedarf bei gleichbleibender Ausstellerzahl so rapide anstieg, so war die Erklärung im Amphitheater des Siemens-Standes – Thema 1958: »Nachrichtentechnik in aller Welt« – und in den tief ausgebauten Ständen von AEG und BBC nicht zu übersehen. Hier fand die Freilichtvorstellung an der Stahlstraße im Saale statt, ergänzt durch das eigene Freigelände der Elektro-Industrie vor der Halle. Entlang der Westfront in Halle 13 machten Télémécanique, Alsthom und die anderen französischen Marktführer, Englands Electric und Italiens Olivetti das Beste aus dem immer noch beschränkten Raum, bevor sie wie die deutsche Konkurrenz selbst ihre Zweit- und Drittstände an anderen Stellen des Geländes eröffneten.

Trotz des erst ein Jahr später überwundenen Konjunkturknicks bot die Messe '58 – im Jahr der Brüsseler Weltausstellung – neben der Premiere der Elektroschau im neuen Rahmen das gewohnte Bild. Der Maschinenbau, froh über die nun der Holzbearbeitung zusätzlich zu ihrer Halle 8 überlassene neue Halle-8-Süd (219 deutsche Firmen und 39 ausländische, auf 16 690 Quadratmeter brutto), zeigte zum letztenmal ein Großaufgebot von Textilmaschinen (205 deutsche Firmen und 53 aus dem Ausland), bevor diese sich endgültig auf die Beteiligung an der rotierenden internationalen Ausstellung ihrer Branche (ITMA) zurückzogen. Sie fand 1963 als große Zweitveranstaltung in Hannover statt.

Die Zahl der nicht-deutschen Aussteller war wieder um 120 auf 617 gestiegen. Den Run auf die Elektrohallen hatten allein 178 geschafft, 45 mehr als im Vorjahr. Die französische Gesamtteilnahme hatte sich mit 125 verdoppelt, die englische mit 73 Firmen fast die der Schweizer erreicht. Aus der Tschechoslowakei kamen drei Staatsbetriebe, aus Polen und Jugoslawien je einer als erste Schwalben aus der Zweiten Welt.

Die Russen kommen

Zwei Tage vor Eröffnung der Deutschen Industrie-Messe 1958 durch Bundespräsident Heuss hatten der Erste Stellvertretende Ministerpräsident der UdSSR Anastas Iwanowitsch Mikojan und Bundesaußenminister Heinrich von Brentano in Bonn den deutsch-sowjetischen Handels- und Konsularvertrag unterzeichnet. Der stellvertretende Außenminister Nikolaj Semjonow und Botschafter z.b.V. Rolf Lahr hatten in Moskau ein dreiviertel Jahr mit einer peinlich langen Unterbrechung um diese Frucht des Adenauer-Besuches gerungen. Nach der inzwischen erfolgten Heimkehr der Kriegsgefangenen war die Rückführung einer vielfach höheren Zahl seit Kriegsende verschleppter Bundesbürger der größte Stein des Anstoßes, weil die Sowjetführung hartnäckig versuchte, deren Existenz überhaupt zu leugnen. Da nun zur allgemeinen Überraschung der vierte Mann im Sowjetreich sich selbst eingeladen hatte und dem Ereignis allergrößte Bedeutung zumaß, hatte das Bonner Protokoll in letzter Minute beschlossen, ihm über Sonntag und Montag den Duisburger Rheinhafen, die Hannover-Messe und die Daimler-Benz-Werke vorzuführen. Bundeswirtschaftsminister Erhard begleitete Mikojan zum ausführlichen Gespräch im Sonderzug.

Der so erfolgreiche Hauptakteur Botschafter Lahr hat den für Messeleitung und Landesregierung gleich überraschenden Besuch auf dem dichtbevölkerten Messegelände eher mißvergnügt geschildert.[11] Es hätte auch leicht schiefgehen können. Wenn der erste Messetag auf einen Sonntag fiel, nahm man es mit der Eintrittser-

1958

Ehrengäste zur Eröffnung – *(oben von links)*
Zwischen zwei ausländischen Diplomaten BDLI-Präsident Dr. Rothe (mit Stock), Vorstand Pätzold, Oberstadtdirektor Wiechert, Bundesatomminister Prof. Balke, *(unten von links)* O. B. Holweg, Frau Holweg, Vorstand Mössner, Präsident Davezac vom Franz. Elektro-Syndikat – in der 2. Reihe Minister Diederichs, Prinz Ernst August von Hannover, Vors. des Ausstellerbeirats Stiege

laubnis nicht so genau, da das Geschäft an den Ständen ohnehin erst am Montag richtig einsetzte. Die vielen hundert Arbeiter, die allen Widrigkeiten zum Trotz den massiven Komplex der Elektrobauten rechtzeitig hatten errichten helfen, wollten ebenso wie die mit Freikarten von ihren Messegästen versehenen Zimmervermieter den freien Tag nutzen, um das stolze Werk zu bestaunen. Außerdem drängte man sich, den beliebten Bundespräsidenten ein Jahr vor Ende seiner zweiten Amtszeit noch einmal zu sehen. Als Mikojans Zug auf dem inzwischen auch für den Personenverkehr ausgebauten Messebahnhof einlief, nahm Theodor Heuss, von der Polizei wohlbehütet, vor der Rückfahrt nach Bonn gerade im Krupp-Pavillon noch eine Tasse Kaffee. Eine Begegnung der beiden wäre gegen alles Protokoll gewesen.[12] Noch ehe der Sicherheitsdienst umdisponiert war, sprach sich die Kunde von der Anwesenheit des prominenten Sowjetmenschen mit Windeseile herum, so daß er und seine Begleitung beim Einstieg in die kleinen Varta-Wägelchen für die Rundfahrt fast »gemobt« worden wären von keineswegs feindlich gesinnten Neugierigen und Presse- wie Amateurfotografen. In der »Renommierhalle« 13 sah ich den winzigen Armenier, wie er sich lachend in den AEG-Stand flüchtete, während seine und unsere Sicherheitswächter sich verzweifelt hinter ihm durchkämpften. Schließlich landete auch er auf dem Krupp-Stand, wo Erhard ihm hoch vom Gerüst eines Stahlbehälters fröhlich zuwinkte. Laut Lahr habe Mikojan nach diesem für Moskauer Verhältnisse unmöglichen Bad in der Menge erklärt: »Ich hatte gehofft, die Hannover-Messe zu besichtigen, doch ich sehe, die Messe will mich besichtigen – welch schöner Beweis des gegenseitigen Interesses.«

Dann allerdings setzt die Erinnerung unseres Botschafters völlig aus, wenn er schreibt: »Die Polizei brachte uns einzeln wieder in den Zug zurück«, und nichts weiter. In Wirklichkeit war er zugegen bei einer Abendeinladung des Aufsichtsratsvorsitzenden, jetzt wieder als aktiver Landesminister für Wirtschaft und Verkehr in der zweiten Koalitionsregierung Hellwege, die dieser ohne die in tiefer Identitätskrise steckende FDP mit CDU, DP und Kopfs SPD gebildet hatte. Dabei waren der Ministerpräsident und sein Vorgänger, dazu die Herren vom Ostausschuß der deutschen Wirtschaft, während

Erhard nach Bonn zurückgekehrt war. An diesem Abend sprach Mikojan, wie Hundhausen berichtet, Herrn Beitz die Einladung zu einem Moskaubesuch aus. Beim Essen meinte die graue Eminenz unserer Vorkriegsbotschaft drüben, Botschaftsrat a. D. Hilger, nachdenklich: »Mit dem Burschen habe ich mich schon vor mehr als 30 Jahren herumgeschlagen.« Ähnlich waren die Abseitsbemerkungen des Ostausschuß-Vorsitzenden Wolff von Amerongen über zehn Jahre Antichambrieren im Kreml und von Lahr selbst. Neben dem Ehrengast saß Ministerpräsident Hellwege, während Kopf am anderen Ende plaziert war. Mikojan schickte seinen Dolmetscher mit einem Zettel zu ihm hin. Als ich ihn nachher fragte, was der Sowjetmensch ihm denn zu sagen hatte, schmunzelte der »rote Welfe«, Mikojan habe ihm bestellen lassen, er sei auch Sozialdemokrat. Was er darauf erwidert habe, wollte ich wissen. »Ich habe ihm sagen lassen, wenn das der Fall wäre, dann wäre es höchste Zeit für mich, aus dem Verein auszutreten!« Dieser Denkzettel wurde schwerlich abgegeben. In seiner Tischrede pries Mikojan, vom Sputnikstart des Vorjahres beflügelt, die Sowjetforschung, die es so weit gebracht habe. »Die Mutter der Naturwissenschaften aber ist Deutschland«, rief er aus, an der Wirkungsstätte von Leibniz Newton und Gay-Lussac schlau vergessend.

Ein Spätheimkehrer

Parallel zur 58er Messe fand auf dem Flughafen Hannover-Langenhagen die erste »Deutsche Luftfahrtschau« in bescheidenem Rahmen statt. Veranstalter war der Bundesverband der Deutschen Luftfahrtindustrie e. V. in Zusammenarbeit mit der Messe-AG als wirtschaftlichem Träger. Der Vergleich mit dem Werkzeugmaschinen-Abkommen traf leider in finanzieller Hinsicht nicht zu. Als »Spätheimkehrer in der Wirtschaft«, wie Bundesverkehrsminister Dr. Hans-Christoph Seebohm sich bei der Messe-Eröffnung ausdrückte, hatte die Luftfahrtindustrie der Bundesrepublik keinen fliegenden Start. Neben Bodenorganisation und Flugzeugausrüstung sah man sich auf die Vorführung von Reiseflugzeugen wie die

1958

Oben: Der gutgelaunte Sowjetmensch – (am Tisch von links) Staatssekretär van Scherpenberg, Erster Stellvertretender Ministerpräsident der UdSSR Mikojan (stehend), nieders. Min. Präs. Hellwege, stellv. Sowjet-Außenminister Semjonow
Unten: Elektrohalle 13 und Leuchtenhaus

Dornier 27, die in Lizenz gebaute französische Turbo-Übungsmaschine Fouga Magister und Sportflugzeuge wie die Klemm 107 verwiesen. Das Geschäftsinteresse sollte durch die Verklammerung mit den Luftfahrtzubehör herstellenden Ausstellern auf dem Messegelände selbst erhöht werden. Die Gleichzeitigkeit beider Veranstaltungen war ein weiterer Engpaß in der Unterbringungsfrage. Diese war mangels neuer Hotelbauten trotz aller Privatbetten in der Stadt und der Einbeziehung aller Hotels in der weiteren Umgebung bis Hamburg, Bremen und Kassel noch immer schwierig. Am 1. Mai machten 30 000 flugbegeisterte Hannoveraner die Langenhagener Schau zum Volksfest. Dr. Seebohm hatte im Blick auf die Zukunft den entscheidenden Anteil Deutschlands an der technischen Entwicklung bis zu den Strahlantrieben in Erinnerung gerufen, die zielbewußt weitergeführt werde, auch im Bau von Raketenmustern. Airbus und Ariane lagen noch weit im europäischen Schöpfungsnebel.

Mit Vorrang, wenn auch mit begrenzten Mitteln, wurde die Auslandswerbung in und außerhalb Europas betrieben. Nach seiner Rückkehr ins Amt unternahm Minister Kubel eine weitere Reise durch neun Länder Süd- und Mittelamerikas. Auf einem Lateinamerika-Wirtschaftstag während der Messe '58 versicherte Ludwig Erhard den überseeischen Gästen: »Wir werden keine europäische Inzucht einschließlich der assoziierten Äquatorialgebiete Frankreichs und Belgiens treiben.« Die deutschen Unternehmer ermunterte er, jetzt in langfristige Rohstoffdispositionen einzusteigen, da die Schwäche der Rohstoffmärkte einen der Krisenherde der Welt bildeten. Nachdem Vorstand Pätzold Südafrika besucht hatte, entschloß sich Professor Mössner zu einer Reise nach Nordamerika, das er zuletzt 1938 bereist hatte. Anlaß war die Umwandlung des »German-American Trade Promotion Office« in New York zu einer Deutsch-Amerikanischen Handelskammer. Ihr Leiter, der mit der Gelassenheit eines Mynheer welterfahrene und vielgewandte Henry Abt, Vertrauensmann der Herren Menne und Beutler beim BDI, hatte als Messevertretung seit Jahr und Tag getan, was er für das Spitzenbudget von 5000 DM p. a. tun konnte, und das war nur ein Tropfen im kontinentalen Landmeer. Zweigstellen

1958

Oben: Deutsche Luftfahrtschau – Dornier DO 27, das erste wieder in Serie gebaute deutsche Sport- und Reiseflugzeug
Unten: Prinz Saddrudin Aga Khan – (rechts im Profil) Protokollchef Diebow

in Chicago und San Francisco waren Zukunftsmusik. Was das »Commerce Department« in Washington angeht, so tat die Bonner US-Botschaft das Ihrige, um seine Präsenz durch ein »Information Office« und die Veranstaltung von Sonderschauen zu garantieren. Das Schwergewicht der amerikanischen Ausstellerschaft verlagerte sich rasch auf europäische Töchter großer US-Konzerne. Abt reiste mit dem Professor nach Chicago und Los Angeles und brachte ihn mit dem cleveren Tausendsassa Gil MacKay zusammen, der am New Yorker Stock Exchange die Papiere von 100 steinreichen »Business leaders« betreute. Als er mit seiner temperamentvollen chilenischen Gemahlin 1959 das erstemal nach Hannover kam, bat Vorstand Mössner meine Frau und mich, beim Lunch dabeizusein. Gil war schwer beeindruckt und beschloß auf der Stelle, seinen Nabobs im nächsten Jahr einen ganz besonderen »trip« über das große Wasser anzubieten: Ziel – Hannover-Messe und Moskau. Daraus wurde ein »Sesam öffne dich« ohne Mehrkosten für unsere Amerika-Werbung, eines der Hauptanliegen, seit ich 1960 die Auslandsorganisation übernahm.

Aufsichtsrat mit Bonner Beteiligung

Ende Oktober 1959 verstarb, noch nicht fünfzigjährig, Hermann Heller. Sein Nachfolger als Ausstellungskommissar des Vereins Deutscher Werkzeugmaschinenfabriken (VDW), Markus von Busße, Mitinhaber der Firma Kieserling und Albrecht in Solingen, bereitete für 1960 die 2. Deutsche Werkzeugmaschinen-Ausstellung vor. An Hellers Stelle trat der Vorsitzende des VDW, Senator e. h. Dr.-Ing. Gerhard Schaudt von der Firma Schaudt-Maschinenbau in Stuttgart, in den Aufsichtsrat der Messe-AG ein. Das Amt eines stellvertretenden Vorsitzenden im Aufsichtsrat fiel Dr. Otto Fahr, Vorstand der Maschinenfabrik Werner & Pfleiderer in Stuttgart-Feuerbach, zu, der mit seinem Freund Heller seit Anfang der fünfziger Jahre die Sache des Maschinenbaus in Hannover vertreten hatte. Alfred D. Schulz, DEMAG, wurde Kubels engster Berater im Aufsichtsrat. Mit von Busße, Schaudt und dem anstelle von Hund-

1959

Oben: Geplänkel mit dem Maschinenbau – (von links) Aufsichtsratsvorsitzender Minister Kubel, Bundeswirtschaftsminister Prof. Erhard, Dr. Fahr und A. E. Schulz vom VDMA-Vorstand

Unten: Hab' ich nicht recht? – (von links) Vorstand Pätzold, nieders. Wirtschaftsminister Dipl.-Ing. Graaff und sein Kollege Dr. Leutze von Baden-Württemberg, Vorstand Mössner

hausen gewählten Krupp-Direktor Paul Keller förderte Schulz besonders die industriellen Verbindungen mit dem Ostblock. Zum ersten und einzigen Mal kam ein Mitglied der Bonner Regierung, der Bundesminister für Wissenschaftliche Forschung, Prof. Siegfried Balke, in den Aufsichtsrat.

Für die Büroindustrie kamen der Vorstand der Olympiawerke Wilhelmshaven, Joachim Wussow, und für Feinmechanik & Optik Prof. Dr. Rolf Rodenstock, der als Vorsitzender des Bayerischen Industrieverbandes auch Vizepräsident des BDI war. Die beiden Hauptaktionäre vertraten der neue Oberbürgermeister A. Holweg und Staatssekretär im Finanzministerium Dr. Paul Hüchting, Bremen vertrat der Wirtschaftssenator Hermann Wolters und Berlin der energische Dr.-Ing. e. h. Ferdinand Müller von den Siemens-Schuckert-Werken. Von der alten Mannschaft blieben außer dem Vorsitzenden Minister Alfred Kubel Oberstadtdirektor Wiechert als stellvertretender Vorsitzender neben Otto Fahr, Kammerpräsident Kuhlemann, Philip Rosenthal und Ernst Fahrig, dazu der ZVEI-Präsident Dr. Thörner.

Die Hansestadt Hamburg war als Aktionär wieder ausgeschieden. Ein Versuch Prof. Mössners, die Gemeinsamkeit zwischen Welthafen und Weltmesse zu beschwören, ließ Bürgermeister Dr. Weichmann kalt. Man hatte seine eigenen Pläne mit »Planten und Blomen« und einem großen Kongreßzentrum. In den siebziger Jahren lancierte sein Parteifreund Kubel den Plan eines norddeutschen Flächenstaates mit Hamburg als Hauptstadt. Auf einem Konsularempfang hörte ich den Erzpreußen Weichmann dazu erklären: »Da könnte man ja lieber Preußen wiederherstellen (?). Wir wollen gar keine Hauptstadt werden. Wir sind Hamburg.«

Nach der Gewalttour der Elektro-Neubauten beschränkten sich die Investitionen zur Messe '59 auf ein lange überfälliges neues Hauptrestaurant nach Gründung einer Messe-Gaststätten GmbH, an der sich die Messe-AG mit 95 Prozent und die Messehaus GmbH mit 5 Prozent beteiligten. Neben den über verschiedene Hallen verteilten eigenen oder gepachteten Restaurants und Snack-Bars machte die von dem bayrischen Gastronomen Reis aus Brüssel nach Hannover versetzte »Münchner Halle« für mehr als 4000 Gäste mit ihren zwei Blaskapellen Furore. Außer der Luftfahrtschau fanden 1958 und 1959 keine größeren Zweitveranstaltungen statt.

Der Umsatz nahm im erstgenannten Jahr noch um 16 Prozent, im laufenden nur um 5,5 Prozent zu, mit einem Reingewinn von DM 789 000. Sensationell, nämlich um 21,5 Prozent, stiegen zur Messe '59 die Einnahmen aus Eintrittsgeldern von 421 538 (1958: 347 452) inländischen und 33 123 (1958: 28 434) ausländischen Besuchern. Die Internationalisierung im Angebot erreichte die von Minister Kubel in seiner Eröffnungsrede herausgestellten 782 (= 16 Prozent) der 4623 Aussteller. Auch ohne die Textilmaschinen belegte der Maschinenbau 182 000 Quadratmeter brutto in Hallen und auf dem Freigelände (1958: 167 500). Im Freien stellten 152 deutsche und 32 ausländische Baumaschinenfirmen auf 53 170 Quadratmetern aus (1958: 135 auf 49 500 m^2) sowie 171 deutsche und 32 ausländische Vertreter von Hebe- und Fördertechnik auf 37 500 Quadratmeter (1958: 144 auf 27 800 m^2). Während die 550 Aussteller im Messehaus konstant blieben, wuchsen Eisen und Stahl von 92 auf 106 Großaussteller, Werkzeuge von 121 Firmen auf 164 (davon 44 ausländische !), Feinmechanik & Optik von 94 auf 136. Unter 1205 Elektrofirmen lag die ausländische Konkurrenz jetzt mit 206 bei 17 Prozent. Das Aufbaujahrzehnt schloß mit einer »Weltmesse« der Superlative.

Auch die 2. Luftfahrtschau in Langenhagen, die jetzt durch Flugtaxis einer Firma der Korff-Gruppe mit dem Messegelände verbunden war, zeigte deutlichen Aufwind, und die Veranstalter fingen an, ihre auf das nüchterne Geschäft konzentrierte Fachveranstaltung mit den auf Demonstration und Repräsentation eingestellten renommierten Luftparaden in Le Bourget und Farnborough zu vergleichen.

Selbstbewußte Afrikaner

Dr. Krugmann war im Begriff, einen Sitz in der Geschäftsführung der Kölner Messe anzunehmen, den ihm deren Vorsitzender Carl Ferdinand von der Heyde anbot, von 1947 bis 1953 Leiter der

Hauptabteilung Standvermietung in Hannover. Der letzte, von meinem Vorgänger während der 59er Messe organisierte Afrika-Wirtschaftstag wurde gemeinsam vom Hamburger Afrika-Verein der Wirtschaft und der vom Präsidenten des Bundestags, Dr. Eugen Gerstenmaier, ins Leben gerufenen politisch-kulturellen Afrikagesellschaft in Bonn veranstaltet.

Er hatte historische Bedeutung an der Schwelle der im Zeichen von »Uhuru« stehenden sechziger Jahre. Zum ersten- und letztenmal saßen nebeneinander neugebackene schwarzafrikanische Minister oder ranghohe Wirtschaftsbeamte aus 15 Ländern mit den Vertretern der letzten Kolonialherrschaften Belgien und Portugal, der Zentralafrikanischen Föderation beider Rhodesien mit Nyassaland, deren kurzlebige Gründung ich 1954 in Salisbury miterlebt hatte, und der auf »Apartheid« eingeschworenen Union Südafrika.

Südafrika war der einzige Abnehmer von Bedeutung deutscher Investitions- und technischer Gebrauchsgüter auf dem Nachbarkontinent und dementsprechend stärkster Lieferant (1958: Exporte aus der Bundesrepublik für 55,8 Mio. Pfund gegen Importe von Mineralien und Agrarprodukten von 36,4 Mio. Pfund, ohne Gold). In der Arbeitsgruppe der von Europäern regierten Länder im südlichen Afrika forderten Staatssekretär Kotzenberg und der Vizepräsident der Reservebank in Pretoria ebenso wie der Chairman des rhodesischen Industrieverbandes die deutschen Unternehmer zur Kapitalanlage auf. Die Leiter der Stahlgruppe ISCOR und der mit dem deutschen Kohleverflüssigungsverfahren arbeitenden SASOL-Gruppe berichteten über ihre Fortschritte zur Autonomie. Den Präsidenten der Handelskammer Luanda/Angola hatte ich selbst für den Wirtschaftstag interessiert; er warb für Kaffee, Sisal und Diamanten aus der Überseeprovinz, wo die Gulf Oil erst nach langem Zögern Salazars die Erdölkonzession für Kabinde erhalten hatte.

In der schwarzafrikanischen Arbeitsgruppe eröffnete der erste Generaldirektor der EWG-Kommission für Entwicklung und spätere deutsche Botschafter in Moskau, Dr. Hellmut Allardt, den assoziierten Staaten der Franc-Zone die Perspektiven des Europäischen Entwicklungsfonds und der Zollgemeinschaft. Das große

Nigeria, das kleine Sierra Leone und das aus dem Mau-Mau-Aufstand zur Unabhängigkeit gelangende Kenia forderten technische und kommerzielle Entwicklungshilfe.

Der Star war N'kruhmas hünenhafter Handelsminister Kojo Botsio von Ghana. Als ihn der freudig bewegte Dr. Gerstenmaier auf dem Podium der gemeinsamen Schlußsitzung in die Arme schloß, hatten der Vize-Gouverneur der Bank von Belgisch-Kongo und die Buren an meinem Tisch Mühe, sitzen zu bleiben. Der nächste Akt war die Abdankung des belgischen Patriarchalregimes im Kongo über Nacht an Neujahr 1960.

Mitte Juli 1959 fragte mich Prof. Mössner am Telefon, ob ich bereit wäre, Krugmanns Nachfolge zu übernehmen, und kam selbst nach Stuttgart, um mich aus meinem Kammervertrag loszueisen. Noch vor meinem offiziellen Eintritt in die Messeleitung flog ich an Mössners Stelle mit Vorstand Pätzold, Oberstadtdirektor Wiechert und dem Vizepräsidenten der IHK zu Hannover, Konsul Dr. Dr. E. (»Edo«) Bergmann, im Oktober über Brüssel für zehn Tage nach Moskau. Der sympathische Weißrusse Jouri Maksariew, Vorsitzender des Wissenschaftlich-Technischen Staatskomitees beim Ministerrat der UDSSR, war Ehrengast der Deutschen Industrie-Messe '59 gewesen, neben der Schwester des kranken US-Außenministers Dulles, dem Präsidenten des Board of Trade, Sir David Eccles, und dem finnischen Justizminister Hannikainen. So hatte er zum Gegenbesuch auf der permanenten Sowjetausstellung eingeladen. Der Radarfachmann Pätzold fand, daß einschließlich Elektroschall alles in Prototypen vorhanden war. Dr. Schaudt hatte kurz vorher festgestellt, daß in der berühmten Kugellagerfabrik drei Typen hergestellt wurden statt 3000 bei Kugelfischer. Zum Zehnjahresjubiläum der DDR hatte man ihr einen großen Pavillon eingeräumt. In der Vorhalle war durch Fotomontagen der lange Weg von Rosa Luxemburg und Kurt Eisner über Max Hölz und Ernst Thälmann bis zu Grotewohl-Ulbrichts deutscher Volksrepublik nachgezeichnet. In der Lomonossow-Universität, deren fast mönchische Atmosphäre mich an die Pariser »Ecole Normale« mit ihrer Tradition von 1792 erinnerte, schmückten vier Groß-Medaillons das Auditorium Maximum: Lenin unverändert mit Stalin gegenüber Marx und

Engels. Die Deutschen waren eben auch die Väter der Oktoberrevolution, und kein Sowjetmensch begriff, warum trotz Tauroggen und Rapallo unser Kernstaat im westlichen Lager stand. Im Verein Deutscher Maschinenbau-Anstalten und im Zentralverband der Elektrotechnischen Industrie wiederum hatte man seit JEIA-Tagen nie den mit der Zweiteilung Deutschlands verbundenen Verlust des Rußlandgeschäfts vor dem Krieg verwunden. Schaudt und von Busße gaben nicht auf, bis Ende der sechziger Jahre mit der Ausrüstung für die Kama- und Togliatti-Werke die Sowjetunion an die Spitze der Abnehmerliste deutscher Werkzeugmaschinen rückte. Das erste Röhrengeschäft bahnte sich nicht in Leipzig oder Moskau an, sondern Ende der sechziger Jahre auf der Hannover-Messe.

Drittes Kapitel

DIE SECHZIGER JAHRE: IM STROM DES WELTGESCHEHENS

I.

DIENER DER WIRTSCHAFT

Am 19. November 1959 flog ich zusammen mit Dr. Otto Fahr aus Stuttgart über Nürnberg nach Berlin zu einer Tagung des Aufsichtsrats der Messe-AG im Hilton. Aus der Hotellobby, wo ich im Kreis meiner künftigen Kollegen von den anderen Hauptabteilungen wartete, wurde ich in die Sitzung gerufen und vom Vorsitzenden Alfred Kubel, jetzt Landwirtschaftsminister in der letzten Koalitionsregierung von SPD-Ministerpräsident Kopf mit der FDP, folgendermaßen begrüßt: »Eigentlich wollte Sie ja Herr Professor Mössner vorstellen. Ich halte das für überflüssig. Erzählen Sie uns doch einmal selbst, wieso Sie ausgerechnet zur Messe wollten.« Da in Wirklichkeit die Messe mich wollte, merkte ich, daß Kubels Anzapfung eine seiner typischen Paraden war, um auftretenden Spannungen zu begegnen. In der Tat hatte ein Ruhrmanager bemängelt, daß man einem Mann in den Fünfzigern noch einen Pensionsvertrag geben wolle, während Vorstand Mössner natürlich meine Altersversorgung von der Kammer hatte übernehmen müssen. Mit der Bemerkung: »Mein Urgroßvater war aus Leipzig und seine Mutter aus Hannover. Wie hätte ich nicht bei der Messe landen sollen!« erzielte ich entspannende Heiterkeit, und meiner Bestallung als Hauptabteilungsleiter Ausland stand nichts mehr im Wege.

Geborener Leipziger war auch der mit seinem Chef Dr. Pröpper 1951 von dort herübergekommene Hauptabteilungsleiter »Messen und Ausstellungen«, der trotz schwerer Verwundung voll aktive Rittmeister a. D. Horst Hermann Krüger. Außer Vorstand Pätzold und dem für die Finanzabteilung verantwortlichen Bankkaufmann Georg Fuchs aus Braunschweig waren keine Niedersachsen in der Messeleitung. Dienstälteste waren der fröhliche Aachener und Wahlberliner Heinz Hammers als Werbeleiter, der Elsaß-Lothringer Assessor Hans Hopf als Justitiar und Krügers Stellvertreter, der Ostpreuße Richard Knebel, der von 1920 bis zum bitteren Ende an der Deutschen Ostmesse in Königsberg tätig gewesen war. Ein Jahr vor mir traten die ehemaligen Generalstäbler Walter Hutmacher für die Technik und Hans Gutzmann für die Gastronomie ein. Ersterer kam von der NOWEA in Düsseldorf, für die er noch den Deutschen Pavillon auf der Brüsseler Weltausstellung eingerichtet hatte, letzterer von den Blatzheim-Betrieben in Köln. Der Jüngste unter uns war der vom AUMA gekommene neue Presse- und Werbechef Leopold Merkelbach. Als Badener stempelte mich Vorstand Mössner kurzerhand zum schwäbischen Landsmann. Wir alle arbeiteten unter Hellers Parole von 1951: »Die Messe ist ein Diener der Wirtschaft.« Sein Zusatz: »… tut alles, was wir ihr sagen«, bedeutete in der Praxis den ständigen »Clinch« mit den Kunden auf drei Ebenen: Aufsichtsrat, Aussteller-Beirat und die Werbe- und Messeausschüsse der industriellen Fachverbände.

Räte und Repräsentanten

Die Hierarchie der Institutionen ergab sich aus der Vielzahl von an der industriellen Mehrbranchenmesse beteiligten Gruppen. War im Aufsichtsrat der Messe-AG die messepolitische Klammer zwischen den Aktionären Stadt und Land einerseits und Präsidenten von Spitzenverbänden andererseits geschlossen, so waren sämtliche in Frage kommenden Fachgemeinschaften in dem 1948 gegründeten Ausstellerbeirat gebündelt. In diesem »Parlament der Aussteller« saßen zu jener Zeit etwa 40 Unternehmer oder Funktionäre als Mitglieder mit ebensoviel Stellvertretern. Die beiden größten Verbände, VDMA und ZVEI, waren vertreten durch die Geschäftsführer ihres Messe-Ausschusses und elf bzw. zehn Sprecher ihrer Untergruppen. Dazu kamen nicht weniger als 18 weitere Fachschaften:

Eisen und Stahl, Chemie, EBM, F & O, Holzwirtschaft, Automaten, Bestecke und Schneidwaren, Kunststoffverarbeitung, NE-Metalle, Papier und Pappe, Metallwaren und Bürogeräte, Werkzeuge, Ziehereien und Kaltwalzwerke und die fünf Untergruppen der dekorativen Konsumgüter im Messehaus. Einige ausländische Aussteller wurden als Gäste zugelassen.

Unter dem Vorsitz des energischen Kapitäns zur See a. D. Heinrich Stiege von der Frankfurter DEGUSSA, dem der joviale Bremer Unternehmer Dr. Hans Dombrowsky und in den siebziger Jahren der engagierte Elektro-Industrielle Dipl.-Ing. Dieter Metzenauer folgten, wurden in diesem Gremium die allen gemeinsamen Probleme untereinander und mit der Messeleitung debattiert und – vorbehaltlich der Zustimmung des Aufsichtsrates – entschieden. Dazu gehörten die mehrmals leicht geänderten Termine und die optimale Dauer der Messe, wobei im Hinblick auf Auf- und Abbau die beweglichen Osterdaten und der 1. Mai zu berücksichtigen waren. Ein Werbeausschuß nahm zu den Vorschlägen unserer Werbeabteilung Stellung. Der Verkehrs- und Speditionsausschuß handelte Tarife aus. Der Kostenprüfungsausschuß wachte über das Preisniveau in Hotels und Gaststätten zur Messezeit. Friedrich Wagener vom Chemieverband erfreute sich als Geschäftsführer des Ausstellerbeirates der Messe (ABR) des Vertrauens aller Parteien.

Die direkten Wünsche der bundesdeutschen Firmen, betreffend Beteiligung, Standwahl und -größe und ausstellungstechnische Voraussetzungen, wurden im ganzen Bereich der Elektro-Messehaus GmbH durch die gemischte Geschäftsführung von ZVEI und Messe-AG bearbeitet, mit Unterstützung von seiten eines besonderen Verwaltungs-, später Aufsichtsrats. In allen nicht-elektrotechnischen Bereichen hatten die einzelnen Fachverbände das Sagen. Über sie liefen die Anträge der Firmen, ihre Zulassung und die Zuteilung der Stände. Mit beiden, Verbänden und Firmen, stand Horst Krügers Hauptabteilung »Messen und Ausstellungen« in ständiger Fühlung, entweder aus Hannover direkt oder durch die Repräsentanten der Messe-AG in den verschiedenen Bundesländern. Sie waren gleichzeitig unsere »missi dominici« bei Wirtschaftsministerien und Vorortkammern, die ihrerseits Informationsstände auf der Messe einrichteten. Die meisten bundesdeutschen Aussteller kamen aus Nordrhein-Westfalen, dem Revier von Max Schnellenkamp, und dem von Dr. Rudolf Hoffmeister betreuten Baden-Württemberg. Bayern, das vor Hessen und Niedersachsen rangierte, versah mit liebenswürdiger Diplomatie der Mainfranke Kurt Dietz. Werner A. Gunkel war zuständig für Hessen, Rheinland-Pfalz und das Saarland, John Bader für West-Berlin und die Hansestädte. Während der Messe amtierten die Repräsentanten »à la suite« der regelmäßig die Firmen besuchenden Landeswirtschaftsminister.

Jetzt: »Hannover-Messe«

Die ab 1961 unter dem neuen Namen firmierende »Hannover-Messe« bewegte sich in der ersten Hälfte der sechziger Jahre auf dem Höhenweg von 5000 bis nahe an 6000 Aussteller. Jahre keiner oder nur einer Zweitveranstaltung von Format wechselten mit solchen von zwei, ja drei ergänzenden Sonderschauen. Die Presse des In- und Auslandes überbot sich in Lobpreisungen über diesen »Markt der Welt, der alle anderen ähnlichen Veranstaltungen weit hinter sich läßt« (Ferdinand Fried in »Die Welt«). Als letzter Gongschlag vor der Eröffnung fand nach vielen Pressekonferenzen im In- und Ausland am 10. Februar 1960 das alljährliche Pressegespräch in Hannover selbst statt. Drei Stunden lang wurde unter Minister Kubels temperamentvoller Leitung debattiert, wobei die einzig relevante Frage immer wieder der Zwang zur Expansion durch Mehrbedarf an Ausstellerraum zu sein schien. Prof. Mössner kündigte die Erweiterung des Messegeländes durch Zukauf auf eine Million Quadratmeter an, wovon die Hälfte mit Ausstellungs-Hallen oder -Häusern bebaut sein werde, nicht ohne die 280 000 Quadratmeter des Konkurrenzplatzes Mailand zu erwähnen.

Sein Kollege Pätzold, der noch zwei Jahre zuvor die erreichte Größe als optimal und weitere Bauvorhaben als »kleine Fische« bezeichnet hatte, stellte den Generalbebauungsplan Nord vor, der damals schon in der Schublade gelegen hatte. In drei Jahresstufen

1961

Oben: Die Auslandsmannschaft der Messevertreter
Unten: Pressekonferenz zum Ausbau Nord – (von links) Auslandschef Clauss, Vorstand Mössner, Pressechef Merkelbach, Aufsichtsratsvorsitzender Minister Kubel, Vorstand Pätzold, Ausstellerbeiratsvorsitzender Stiege

sollten auf dem in Richtung Stadt vorverlegten Gelände drei Maschinenhallen, eine Chemiehalle, ein neues Messehaus für Schmuck, Silberwaren und Uhren, ein zunächst vierstöckiges und später auf neun Stockwerke hochzuziehendes Verwaltungsgebäude mit einem getrennten Vorstandspavillon daneben errichtet werden, dazu außerhalb des Zaunes ein neuer Messe-Bahnhof und andere Verkehrsverbesserungen.

Die Fragen der Journalisten nach der Finanzierung beantwortete wiederum Vorstand Mössner. Nachdem man bisher »sehr konstruktive Investitionen« von zehn Millionen DM im Jahresdurchschnitt durchgeführt habe, seien die für die Neubauten benötigten 20 bis 30 Millionen DM bei der heutigen Kreditwürdigkeit der Messe-AG und ihrer Kapitalbasis kein allzu großes Problem. 4,5 Millionen DM Abschreibungen in den letzten Jahren würden mit eingesetzt. Über die Vorleistungen an Ausstellermieten wollte er nichts sagen, damit die Betroffenen nicht aus der Presse erführen, was sie aufzubringen hätten. Vom Vorsitzenden dazu ermuntert, deutete Mössner eine demnächst erfolgende Erhöhung des Stammkapitals an, um das Verhältnis zwischen Eigen- und Fremdmitteln angemessen zu erhalten. Die Messe-AG habe ein hohes Sicherheitsmoment in Stabilität und Nachfrage, weil sie nicht mit *einem* speziellen Markt – und sei es der Volkswagenmarkt – verheiratet sei, sondern »mit praktisch 4800 Industriemärkten« (!). »Wenn bei uns einer fortgeht, ist der nächste Aussteller schon da.« In Wirklichkeit waren die Großfirmen der ehemaligen IG-Farben vor Jahren ausgestiegen und nur Bayer und Hoechst nach langen Bemühungen wiedergekommen.

Dafür gab es Neuzugänge an der Stahlstraße durch Röchling von der wieder deutsch gewordenen Saar, Wuppermann, Böhlerstahl und als erstem Ausländer die Vereinigten Österreichischen Eisen- und Stahlwerke (Vöest).

In den Aufsichtsrat der Messe-AG trat 1960 der FDP-Wirtschaftsminister des Landes und Waggonfabrikant Dipl.-Ing. Carlo Graaff ein, der für sich und seine Nachfolger während der Ära Kubel vergebens die ungeschriebene These verfocht, der Vorsitz stehe »ex officio« dem Wirtschaftsminister zu. Als nach der politischen

Wende in Niedersachsen von 1976 zweimal so verfahren wurde, meinte Alfred Kubel aus dem »off« nicht ohne parteipolitisches Bedauern: »Eigentlich wäre es an der Zeit, daß wieder einmal (seit 1951!) die Stadt zum Zug käme.« Für den DGB kam Hermann Grote anstelle von Albin Carl, für Bremen Wirtschaftssenator Karl Eggers. 1962 traten der SPD-Staatssekretär der Finanzen Dr. Siegfried Heinke, der Vorsitzende der landeseigenen »Niedersachsen GmbH« Richard Skiba und von der Ausstellerschaft zwei Elektro-Industrielle hinzu: Dr. Kurt Lindner vom ZVEI-Präsidium in Ablösung von Dr. Thörner und aus dem Siemens-Vorstand Dr. Gerhard Tacke, der in den siebziger Jahren sein Gewicht messepolitisch zur Geltung brachte. Die Büroindustrie vertrat der Generaldirektor der Olympia-Werke Wilhelmshaven, Wilhelm Brok. Nachdem im nächsten Jahr Clemens von Velsen von der Kali-Chemie als neuer Kammerpräsident in den Aufsichtsrat gewählt worden war, schieden 1964 zwei Männer der ersten Stunde aus. Karl Wiechert machte seinem Amtsnachfolger Oberstadtdirektor Martin Neuffer Platz. An die Stelle des verstorbenen Ernst Fahrig trat der Vorsitzende des Betriebsrats Heinrich Hahne. CDU-Ratsherr Heinz-Detleff Drape löste Dr. Matthiesen ab. Den Vorsitz im Ausstellerbeirat übernahm der Bremer Fabrikant Dr. Hans Dombrowsky nach dem Chemiekaufmann Heinrich Stiege.

Stolze Zahlen

Die Geschäftsberichte während dieser mit dem Bauprogramm Nord belasteten, aber ertragreichen Zeit zeigen folgende Bilanzen: 1960 eine Umsatzerhöhung um 23 Prozent auf 35,6 Millionen DM, worin die Messe selbst mit 10 Prozent und die Werkzeugmaschinen-Ausstellung mit 13 Prozent zu Buche schlugen. Für die erste Baustufe im Nordgelände wurden 14,3 Millionen DM investiert, zwei Drittel davon aus Eigenvermögen, der Rest mit Bankkrediten. Das Kapital wurde um 5,5 Millionen auf 24 260 000 DM aufgestockt. 1961 stand ohne Zweitveranstaltung eine Umsatzerhöhung von 10,9 Prozent einem Mehraufwand von 14,2 Prozent gegenüber. Für die zweite Baustufe mit der neuen Chemiehalle und dem Umbau einer Halle in ein »Internationales Zentrum«, mit einem Kongreßsaal im Oberstock anstelle der abgerissenen Exportbörse, wurden 21,12 Millionen DM investiert. Dabei fielen auch eine Erweiterung der Fernsprechzentrale und ein zweites Stockwerk der Halle für Bürowirtschaft an. Eine zweite Grundschuld von zehn Millionen DM wurde aufgenommen zur Abtragung der 10-Jahres-Raten der ersten vom Geländekauf her. Das folgende Jahr erbrachte eine Umsatzsteigerung von 12 Prozent, an der die Luftfahrtschau und kleinere Veranstaltungen immerhin mit 4 Prozent beteiligt waren. Das Betriebsergebnis war allerdings leicht negativ wegen Komplettierung ertragloser Anlagen, auch bei den Töchtern Messehaus und Gaststätten. Bei wiederum elf Millionen DM Investitionen verschob sich das Verhältnis von Fremd- zu Eigenmitteln auf zwei zu eins, was nach Mössners Urteil »noch der Deckungsstockfähigkeit entsprach«. In den beiden nächsten Jahren ergaben sich mit der ITMA '63, mit Luftfahrtschau, DLG-Ausstellung und wiederum einer Werkzeugmaschinen-Ausstellung 1964 Umsätze von 4,75 bzw. 51,8 Millionen DM für den Konzern aus Messe-AG und den drei GmbHs. Allerdings stiegen auch die Aufwendungen entsprechend. Löhne und Gehälter ohne den Vorstand betrugen einschließlich Sozialleistungen nach einer Tariferhöhung sechs Millionen DM, wobei die Messe-AG mit einem Stamm von 350, je zur Hälfte Lohn- und Gehaltsempfänger, arbeitete. Das Hilfspersonal für die Messezeit und Zweitveranstaltungen ging freilich in die Tausend. Die jährlichen Abschreibungen betrugen im Durchschnitt 7,5 Millionen DM. 1964 wurde das Kapital auf 25,5 Millionen DM aufgestockt. Es blieb bei der vierprozentigen Dividende.

Die Gesamtzahl der Aussteller auf der Hannover-Messe stieg von 4773 in 1960 kontinuierlich auf 5840 in 1964. Während die deutsche Beteiligung sich von 4000 Firmen schon ab 1963 bei knapp 4500 stabilisierte, wuchs die Konkurrenz aus EWG wie EFTA und aus den USA sprunghaft von 840 auf 1380, gleich 23,6 Prozent der Zahl von 1964. Vorstand Pätzold hatte meiner Auslandsabteilung aufgegeben, diesen Durchschnitt auf 30 Prozent bringen zu helfen. In den beiden größten Gruppen wurde dies tatsächlich in vier Jahren erreicht: im Maschinenbau von 21 auf 31 Prozent mit 454 Auslandsfirmen, in der Elektro-Industrie von 24 auf 29,5 Prozent mit 292. Diese echte Internationalisierung des Angebots blieb auch dann bestehen, wenn die erst in der FKM-Statistik ab 1966 getrennt aufgeführten, von anderen Ausstellern mitvertretenen Firmen abgezogen wurden. Sie betrugen auf deutscher Seite etwa nur 100 im Jahr, auf ausländischer bis zur Hälfte der englischen und je ein Drittel der französischen und italienischen Anmeldungen, d. h. zusammen etwa 130. Nur bei den Gruppenschauen des US-Commerce Department für kleinere Neulinge im Überseeexport wurden bis zu 150 Firmen von anderen vertreten. Dafür zählten die vor allem in der Datenverarbeitung und Bürotechnik gewichtig auftretenden deutschen Töchter amerikanischer Großfirmen natürlich als Inlandsaussteller.

Die Bremsen knirschen

Bei jenem Vormessegespräch 1960 hatte der langjährige Vorsitzende des Ausstellerbeirates mit deutlichem Unbehagen auf den Einwand eines Journalisten reagiert, ob denn »der Kragen nicht eines Tages zu groß werden könnte«. Darauf Stiege: »Wenn an sich klar ist, daß man jetzt allmählich von der Expansion zur Intensivierung übergehen will, kann man doch nicht von heute auf morgen sagen: Jetzt ist Stop! Auch die Expansion hat natürlich einen gewissen Bremsweg.« Vier Jahre später knirschten die Bremsen. Die vermietete Nettofläche war bis zur Messe '64 von 300 000 auf 392 000 Quadratmeter geklettert. Von der Bruttofläche in Hallen, die durch Neubauten von 285 000 Quadratmeter auf 371 000 gebracht worden war, belegten die beiden Giganten Maschinenbau (120 000 m^2 brutto ohne Büromaschinen) und Elektro-Industrie (104 000) zusammen 60 Prozent, während sich die rapide expandierende Büro-Industrie (Büromaschinen allein 20 000 m^2 brutto), die beiden Messehäuser (50 000), Chemie (20 000), F & O und Werkzeuge (je 8000) und der Rest beengt fühlten. In das von 162 000 Quadratmeter brutto auf 210 000 erweiterte Freigelände teilten sich Fördermittel, Baugeräte und die Dauerpavillons von Eisen und Stahl. Die Transformatoren hatten ihr neues Freigelände (18 000 m² brutto) vor der größten Elektro-Halle.

Die Elektro-Industrie blieb zunächst in ihrem Großmarkt der Elektro-Messehaus GmbH, obwohl Zweitstände in der Bürotechnik schon auftauchten und das Thema der Stunde, Elektronik, drängte. Wie aber kam es, daß der Platzbedarf des vielgestaltigen Maschinenbaus in vier Jahren von 200 000 Quadratmeter brutto auf 260 000 hochgeschnellt war? Die Ausstellerzahl des Maschinenbaus einschließlich der Ausländer war von 1400 »nur« auf 1768 gestiegen (ohne Büromaschinen). Aber nicht nur die Baumaschinen hatten ihre Firmenzahl verdoppelt (331, davon 79 meist französische Konkurrenten) und belegten fast den doppelten Raum im Freigelände (116 000 m² brutto) mit ihren immer sperrigeren Geräten. (Die Fördertechnik hatte mit weniger Ausstellern ihren Bedarf auf 27 000 Quadratmeter brutto im Freigelände und 6000 Quadratmeter unter Dach reduziert.) Die seit dem frühen Ausscheiden der Werkzeugmaschinen bei weitem stärkste Untergruppe Holzbearbeitungsmaschinen (305 Hersteller, davon 94 ausländische) hatte ihre Hallenfläche auf 34 000 Quadratmeter brutto fast verdoppelt, ebenso die Maschinen zur Bearbeitung von Gummi und plastischen Massen – der Renner jener Jahre – auf 11 800 (133, davon 21 ausländische Firmen) und die Hydraulik auf 7200 Quadratmeter brutto (112, davon 39 ausländische). Die autogene Schweißtechnik hatte sich mit 7200 (68, davon 23 ausländische Aussteller) sogar mehr als verdoppelt. Trotz eines Rückgangs bei Pumpen und Verdichtern (6600 m² brutto für 80, davon 10 ausländische Firmen) und mehr oder weniger stabilen Verhältnissen bei den übrigen Untergruppen ergab sich seit 1960 ein Mehrbedarf von fast 50 000 Quadratmeter brutto im Vergleich zu dem Zuwachs von 31 000 Quadratmeter brutto durch die neuen Hallen 16 A–C (heute 19–21). Kein Wunder, daß die bisher nur zwischen Verbrennungskraftmaschinen und Dampf-Wasser-Atomkraft praktizierte Alternierung nun nach zähem Ringen zwischen VDMA und Messeleitung rasch um sich griff. 1965 pausierten die Untergruppen Industrieöfen, Öl- und Gasfeuerung, lufttechnische und Trocknungsanlagen und Kältemaschinen (zusammen 19 600 m² brutto), um 1966 im Rahmen einer Gruppenschau »Wär-

1961

Oben: Zwei Senioren – Arthur Tressens/Paris (links), Morikawa San/Tokio (rechts)
Unten: Freund Gil Mc Kay/New York (rechts) »with friends«

me–Kälte–Luft« wiederzukehren. Dafür blieben jetzt die Holzbearbeitungsmaschinen (34 000 m^2 brutto) fern und kamen 1967 alternierend mit drei anderen Untergruppen wieder. Damit begann ein neuer Abschnitt der Messegeschichte in Hannover.

Daß in der Mitte der sechziger Jahre ausländische Hersteller ein Viertel, bei Maschinenbau und Elektrotechnik sogar ein Drittel der Ausstellerschaft ausmachten, war neben industriellen Querverbindungen zur Bundesrepublik und dem starken Interesse der Handelsräte bei den Bonner Botschaften von EWG- wie EFTA-Mitgliedsstaaten und den USA nicht zuletzt dem langjährigen eifrigen Bemühen der Messevertreter draußen zu verdanken. In seiner Eröffnungsrede 1958 hatte Bundespräsident Heuss anerkennend erwähnt, daß es vor Gründung der Bundesrepublik und vor der Einrichtung deutscher diplomatischer Missionen »Vertreter der hannoverschen Messe im Ausland gab, die eine Situation abtasten mußten, Beziehungen suchten und fanden. Sie waren damals ganz offenbar die Pioniere eines nicht verwegenen, aber doch gewagten Unternehmens.« In der Tat waren bei meinem Dienstantritt gerade die im nichtkommunistischen Europa und in Nordamerika tätigen Auslandsvertretungen (insgesamt waren es 71) noch mit Männern der ersten und zweiten Stunde besetzt. Inzwischen wurde ihre Werbung um Einkäufer eingeholt, ja sogar durch die Vermittlung und Betreuung qualifizierter Aussteller aus dem jeweiligen Land noch überholt.

Das liebenswerte Original unter diesen »Veteranen«, zu denen ich aus meiner portugiesischen Zeit ja selbst gehörte, war der behäbige Stockfranzose »Papa« Tressens aus Bordeaux. Er hatte auf der ersten Exportmesse seine Dienste angeboten und beriet von seinem durch die Messe-AG finanzierten winzigen Handelsbüro am Pariser Parc Monceau aus schließlich ein Dutzend führender Industrieverbände in Sachen Hannover. Er galt als unbestrittene Autorität. Außer »Ich liebe dich« hatte er kaum ein Wort Deutsch gelernt. Ebenfalls seit 1947 dabei waren der Schweizer Locher mit seinen Kuoni-Sonderzügen und sein Gegenpart für Aussteller, der alte und neue Syndikus der Handelskammer Deutschland–Schweiz, Dr. von Napolski, seine Kammerkollegen Commendatore

Dr. Kutzleb in Mailand und Dr. Marius in Den Haag, der Wiener Reisebürobesitzer Naschitz, der dänische Textilkaufmann Uldall und das Transportunternehmen Fink in Rio de Janeiro. Dazu stießen sehr früh Tressens' ebenso sympathisches Pendant bei Schenkers Ltd. in London, der diskrete Österreicher Roland, der schon erwähnte Weltmann Henry Abt in New York, der quicklebendige ehemalige Honvéd-Offizier Alex Grossmann in Montreal, die Auslanddeutschen Purkhold in Stockholm und das mit Kubels befreundete Ehepaar Otto in Helsinki am Rand des Ostblocks, um nur diese zu nennen. Zu meiner Zeit kam Freund Morikawa in Tokio mit seiner »Japan Management Association« hinzu, früher Mitsubishi-Vertreter in Berlin. So verschieden auch in Person und Position, waren sie alle als gute Geschäftsdiplomaten effiziente Zubringer von Ausstellern und darüber hinaus – wie der charmante Wiener Geza von Mukarowski in Nord- und Westafrika und die anderen Überseer auch – von prominenten und kompetenten Besuchern.

Aufmarsch der Franzosen

In getrennten Konferenzen während der Messe 1962 stellten sich die französischen Partner von ZVEI und VDMA der internationalen Presse vor. Das »Syndicat de la Construction Électrique« war zehn Jahre zuvor der Vorreiter gewesen und empfing die Gäste in seinem eigenen Sitzungsraum, einem Ausbau der Halle 11. Präsident Henri Davezac bezog sich wie sein Kollege François Peugeot von der »Fédération des Industries Mécaniques et Transformatrices de Métaux« auf die stimulierenden Anfangswirkungen des Gemeinsamen Marktes, in dem Frankreich und die Bundesrepublik gegenseitig die besten Abnehmer und Lieferanten geworden waren. Die Ausfuhr französischer Elektro-Geräte nach Deutschland habe um 72 Prozent zugenommen, die deutsche nach Frankreich um 66 Prozent, allerdings von einem wesentlich höheren Ausgangsniveau. Im Andenken an den seinerzeitigen ZVEI-Geschäftsführer Baron von Raumer, mit dem er vor 30 Jahren in Freundschaft zusammengearbeitet habe, beschwor Davezac die jetzt intensivierte Arbeitsgemeinschaft der Industrieverbände, deren Ausdehnung »auf das ganze Europa« er ersehne.

Der Werkzeugmaschinenfabrikant Peugeot schlug den gleichen Ton an. Freimütig gab er zu, daß seine Maschinenbauer, noch vor Jahren »anderen Horizonten zugewandt und mit dem eigenen Wiederaufbau beschäftigt«, erst spät das Muß ihrer Beteiligung an der Investitionsgüter-Messe Hannover erkannt hätten. Immerhin hatten die Mitglieder seines Verbandes (1962: 85, 1964: 92) die französischen Elektrotechniker (1962 wie 64: 77) überrundet. Der Aufmarsch der Marktführer beider Seiten wurde von den beiden Verbandsgeschäftsführern organisiert, dem ehemaligen Presseoffizier in Indochina Michel Frois beim Syndicat und dem kriegsversehrten Flieger Raymond Aubert bei der Fédération. Als Enttäuschung erwies sich noch auf der Messe '63 der Versuch der französischen Atomenergiebehörde und des entsprechenden Fachverbandes, das Interesse der Kraftwerksunion von Siemens und von AEG für ihre Entwicklungen zu wecken. Außer in Büroindustrie (1964: 25) und Werkzeugen (26) brillierten die Franzosen auch mit den Konsumgütern Porzellan und Keramik (14) und Glas (15). Die Gesamtzahl französischer Aussteller auf der 64er Messe betrug 280 im weiten Vorsprung vor England (185) und den USA (177).

Im Kielwasser der französischen Konkurrenz kam auch die englische Elektro-Industrie nach Hannover. Im Gegensatz zu der Wirtschaftsbehörde in Frankreich, die hauptsächlich die risikoreiche Teilnahme an Übersee- und Ostblockmessen unterstützte, kümmerte sich das »Board of Trade« finanziell und organisatorisch um eine Gruppenschau auch kleinerer Elektro-Firmen. Das hatte allerdings den Nachteil, daß auf der Ausstellerliste (47 in 1964) mehr als ein Drittel nur von anderen vertreten waren. Stärker war die echte Beteiligung im Maschinenbau (1964: 66 Firmen), vor allem in der Holzbearbeitungsbranche. Interessiert war man auch am Markt für Werkzeuge, Metallwaren und Porzellan. Als 1964 der Vorsitzende des »British Export Council for Europe«, Sir William McFadzean, eingeladen wurde, bei Eröffnung der Messe für alle ausländischen Aussteller zu sprechen, gipfelten seine Komplimente in dem Zitat aus einer englischen Zeitung: »Hier, wo ein Mann aus

Paraguay mit einer englischen Firma in deutscher Sprache über einen holländischen Vertreter Geschäfte tätigt, ist das Symbol eines nach außen blickenden Europas.«

Wie schwer die Funktion der in England wie in der Schweiz nicht vorhandenen internationalen Messen als Markt für Drittländer den Briten einging, hatte ich im Jahr zuvor beim Rundgang mit dem blutjungen Staatsminister im Handelsministerium, Sir Keith Joseph, erlebt. Nach der damals in Mode gekommenen forschen Kennedy-Manier fragte er am Stand eines Plattenherstellers: »How much (did you sell) on the German market?« und war verblüfft über die Antwort: »Nothing. I just talked to my man in Riad.« Es dauerte auch lange, bis große Firmen drüben ihre Standleitungen ermächtigten, Übersee-Interessenten Preise zu nennen, die sonst der Vertreter an Ort und Stelle aushandelte. Dafür erklärte mir der freundliche Mister Simms, der als Gast im Ausstellerbeirat saß, wenn er eine neue Maschine entwickelt habe, halte er sie bis zur Vorführung in Hannover geheim. Wenn seine heimischen Kunden sie dann neben der internationalen Konkurrenz für gleichrangig befänden, kauften sie als gute Patrioten das britische Produkt.

Kennedys Export drive

Das »Commerce Department« in Washington und die »American Chamber of Commerce« von Mr. Paul Baudler in Frankfurt nahmen Präsident Kennedys »Export drive« als Verpflichtung auf, bisher nur auf dem Binnenmarkt tätige mittlere und Kleinbetriebe mit subventionierten Gruppenschauen auch auf europäische Fachmessen zu schicken. Widersprach schon ihre Praxis rotierender Gruppen mit jeweils einmaliger Präsenz der Faustregel, daß erst beim drittenmal am selben Ort Geschäfte zu erwarten sind, so war Hannover mit seiner Kombination von Fachmessen bei Ablehnung nationaler Pavillons für amerikanische Begriffe eine Quadratur des Zirkels. Da zudem, wie schon erwähnt, von solchen Eintagsfliegen auf der Ausstellerliste viele nur durch andere mitvertreten waren, sagte die gemeldete Zahl (1964: 177) wenig aus. Denn es waren auch hochkarätige Spezialfirmen wie etwa »Texas Instruments« darunter, die auf eigene Kosten eine höchst erfolgreiche Marktoffensive betrieben. Neben Maschinenbau und Elektrotechnik waren Büroindustrie und Feinmechanik und Optik bevorzugte Anlaufstellen. Die deutschen Töchter von Remington Rand, IBM und National Cash Register waren sowieso in der Bürohalle fest verankert. Im weiteren Verlauf der sechziger Jahre führten dann die Bestrebungen des sehr dynamischen Botschafters McGhee und Mr. Baudlers, mit der Gründung der Münchner »Electronica« Hannover auf diesem entscheidenden Feld der Neuen Technik auszumanövrieren, zu erheblichen Komplikationen.

Problemlos bis auf den ständigen Wunsch nach mehr Raum war die mit der Messe natürlich gewachsene Beteiligung der sieben anderen Länder in der Spitzengruppe: Schweiz (1964: 146 Aussteller), Österreich (140), Niederlande (103), Italien (85), Schweden (81), Dänemark (49) und Belgien (41). Auf den Nachkriegs-Exportmessen waren Schweden und die Schweiz, Dänemark, Holland und Belgien als Kaufinteressenten deutscher industrieller Erzeugnisse aufgetreten. Damals scheiterten die von diesen Ländern angestrebten Gegenlieferungen an der mangelnden deutschen Kaufkraft und dem Tabu der JEIA gegen Fertigwaren-Importe. Nach Gründung der Bundesrepublik erleichterte Erhards Einfuhrliberalisierung den industriellen Gegenverkehr, der sich rasch in Hannover bemerkbar machte. Die »Messe neuen Stils«, wie sie sich vor allem den Herstellern von Investitionsgütern anbot, war etwas grundsätzlich Neues und anderes als die traditionellen Handelsmessen in Wien, Mailand, Brüssel, Utrecht und Stockholm.

Als Eröffnungsredner für die ausländischen Aussteller der 63er Messe erklärte Kommerzialrat Ing. Georg Jäger, Kurator der Bundeskammer der gewerblichen Wirtschaft Wien, Hannover sei »wie kaum ein anderes Wirtschaftszentrum geeignet, das Denken im großen Raum, das uns Europäern erst in den letzten Jahren geläufig geworden ist, zu wecken und zu beflügeln«. Auch kleine Länder könnten »hier ihre Kräfte in rationeller Weise einsetzen und den Vorteil in Anspruch nehmen, sich mitten in der Fachschau der Welt zu befinden«. Österreich und die Schweiz waren in Maschinenbau und Elektrotechnik führend vertreten. Die VÖEST errichtete 1962 den ersten ausländischen Pavillon auf der Stahlstraße, ehe Polen dazukam. Eine Besonderheit waren die österreichischen Werkzeugmacher, ebenso wie der von Jäger alljährlich veranstaltete Handwerkertag seiner Landsleute auf der Hannover-Messe.

Die Niederlande, Italien, Schweden, Dänemark und Belgien waren mit ihren Marktführern in Maschinenbau und Elektrotechnik präsent, die drei erstgenannten Länder auch mit zunehmender Intensität in der neuen Bürotechnik. Den Skandinaviern kam der Standort Hannover besonders gelegen, für Dänemark als Probebühne seiner Teilumwandlung von einem Agrarland in einen modernen Industriestaat, für das abgelegene Schweden als mitteleuropäisches Schaufenster seiner großen Spezialfirmen. Diesen beiden EFTA-Mitgliedern, zusammen mit Norwegen, Finnland und sogar Island, war denn auch der »Nordische Wirtschaftstag« 1960 gewidmet, als erste von vier repräsentativen Veranstaltungen einer Kooperation vor Ort zwischen Industrieverbänden und Handelsministern. Zentralfigur war Ludwig Erhard, bevor mit seiner späten Adenauer-Nachfolge als glückloser »Volkskanzler« auch sein internationaler Stern verblaßte. Hierüber wird gesondert zu berichten sein, ebenso wie über den erst in der zweiten Hälfte der sechziger Jahre akut werdenden Sonderfall der Beteiligungen aus »Mitteldeutschland« und dem übrigen Ostblock. Auch Japan (1964: 15 Aussteller) trat dann erst mit massiver Konzentration auf die elektronischen Bereiche in die Arena.

Hubschrauber und Senkrechtstarter

Unter den Zweitveranstaltungen fand die Deutsche Luftfahrtschau, für die sich die Fliegerei-Enthusiasten Pätzold und Hutmacher »nebenbei« besonders einsetzten, 1960 und 1962 zur gleichen Zeit wie die Messe und 1964 zwecks Entlastung der Unterbringung für die beiderseitigen Besucherspitzen zwei Tage vorher beginnend statt. Der Zweijahresturnus mit Le Bourget, in den sich Hannover-Langenhagen einschob, stellte das Aufholen der wiedererstandenen deutschen Werke in Produktion und Forschung wie auch die internationale Beteiligung eindrucksvoll ins Licht. Zeigten noch 1960 170 Aussteller Geräte und Modelle in einer dicht gefüllten Halle von 4000 Quadratmeter brutto und standen 50 Flugzeuge auf dem 60 000 Quadratmeter großen betonierten Tarmac, so waren es zwei Jahre später 237 Firmen in zwei Hallen auf verdoppelter Fläche. 1964 waren es sogar 289 in drei Hallen mit 12 000 Quadratmetern. Im erweiterten Freigelände am Rand des Flughafens standen und starteten 1962 zu Probeflügen 124 Maschinen, darunter Sikorski-Hubschrauber neben solchen deutscher Herstellung und der für die Bundeswehr in Lizenz gebaute Lockheed Starfighter. Die geschäftlichen Schwerpunkte der Ausstellung waren Strahltriebwerke und das Neueste in elektronischer und anderer Ausrüstung für Flugzeug und Bodendienst einerseits, Reiseflugzeuge vom Typ Dornier, Cessna, Piper andererseits. Der spätere französische Projektführer für den Airbus, die SNECMA[13], war ebenso beteiligt wie die Motorenhersteller Napier und Rolls Royce.

Die Sensationen 1964 waren der deutsche Senkrechtstarter VJ 101, der aussah wie ein Sägefisch, und der dickbauchige deutsch-französische Transall-Transporter. Drinnen stand schon das Olympus-Triebwerk für den projektierten englisch-französischen Überschall-Meteor »Concorde«, während auf dem Flugfeld Lufthansa und PANAM ihre Serienjets vom Typ Boeing oder DC 8 vorstellten. Modelle von Mondfähren, Trägerraketen und Satelliten zeichneten den Weg der NASA in den Weltraum vor. Daneben stand eine europäische Trägerrakete, deren dritte Stufe deutsche Werkarbeit sein würde. Sputnik und seine Kinder waren erst 1966 im Sowjetpavillon zu besichtigen.

Numerische Steuerung

Die 2. nationale Werkzeugmaschinen-Ausstellung im September 1960 wurde von Markus von Busße ausgerichtet. Zur Eröffnung hielt Max Knorr von den Fortuna-Werken in Stuttgart-Bad Cannstatt als derzeitiger Präsident des VDMA eine Standpauke über den Werkzeugmaschinenbau als Lastträger der Rationalisierungswut seiner Abnehmer, die mir als Zeugnis auf der Schwelle der nicht nur geliebten Neuen Technik unvergeßlich blieb. Noch liege die Zeit nicht weit zurück, in der Werkzeugmaschinen nach Katalog bestellt, vom Kunden selbst aufgestellt und mit etwa notwendigen Sonderausrüstungen versehen wurden. Heute jedoch sei diese Schlüsselindustrie in ihren eigenen Möglichkeiten zur Rationalisierung gehemmt durch weitgehende Abhängigkeit von Sonderwünschen der Abnehmer und den wachsenden Aufträgen für »denkende« Maschinen. Bei kleinen Stückzahlen im Vergleich zu dem auch für Sondermaschinen größten amerikanischen Markt sei man zum Unterhalt ausgedehnter Konstruktionsabteilungen und eigener elektrotechnischer Büros gezwungen, so daß auf weniger als drei Arbeiter ein Ingenieur komme und bei sinkender Arbeitszeit die Auslieferung bis zu 80 Prozent hinter dem Auftragseingang zurückbleibe.

Als größte europäische Hersteller mit einer seit der 1. Werkzeugmaschinen-Ausstellung 1955 um ein Drittel auf einen Wert von 2,3 Milliarden DM gestiegenen Produktion gerieten die 377 deutschen Aussteller mit ihren Lieferfristen ins Hintertreffen gegenüber der Schweiz (33 Aussteller), Frankreich (13), England (10) und Österreich (10), von den konventionellen italienischen Maschinen (21) abgesehen.

Auf der 3. nationalen Werkzeugmaschinen-Ausstellung 1964 erfolgte der offene Durchbruch zur numerischen Steuerung (N.C.)[14]. Im spanabhebenden Bereich waren vollautomatische Maschinen mit flexibler Umstellbarkeit und ihre Verkettung zu ganzen Transferstraßen Trumpf. Gegenüber 420 deutschen Herstellern hatte die Zahl der ausländischen Konkurrenten stark zugenommen: Schweiz (47), Italien (38), Frankreich (23), England (17). Die deutsche Industrie hatte bei noch immer verzögerten Lieferfristen den technischen Fortschritt voll integriert und ihre Produktion auf drei Milliarden DM gehoben. Davon ging die Hälfte in den Export, dem »two way trade« im Werkzeugmaschinen-Geschäft entsprechend vornehmlich in die Länder der europäischen Konkurrenz, nach Frankreich (195 Mio. DM), England (122 Mio.) und in die

Schweiz (105 Mio.). Die Einfuhr fremder Werkzeugmaschinen in die Bundesrepublik war seit 1960 bei 300 Millionen DM jährlich stehengeblieben, davon 79 Millionen DM aus der Schweiz und 68 Millionen DM aus den USA (deutscher Export dorthin 1964: 61 Mio. DM). Beachtliche Kunden waren Japan (90 Mio.), das 1970 dann mit N.C.-Maschinen in Hannover erschien, und Indien (61 Mio.). Daß unsere Ausfuhr nach der Sowjetunion (1964: 30 Mio.) sich ab Ende der sechziger Jahre mehr als verzehnfachen sollte, steht auf einem anderen Blatt.

Der Textilkönig

Die von den Werkzeugmaschinen-Herstellern und Zubehörlieferanten belegten Hallenflächen (1960: 44 800 m^2 brutto, 1964 genau 10 000 m^2 mehr) wurden durch die einzige Zweit-Großveranstaltung des Jahres 1963 überboten. Die 4. Internationale Textilmaschinen-Ausstellung (ITMA) im September benötigte für ihre 828 Aussteller zum Teil größter Maschinenkomplexe 64 500 Quadratmeter brutto in zwölf Hallen. Das war für ein Drittel mehr Firmen fast der doppelte Raum jener 3. ITMA in Mailand vor vier Jahren, an deren Vorabend die Textilmaschinen aus der Deutschen Industrie-Messe ausgezogen waren. Eine Superschau aufwendigster Rationalisierungstechnik aus Europa und Nordamerika für eine Basisindustrie, die weite Teile ihres Absatzes wohl oder übel an Niedriglohnländer in der Dritten Welt verlor. Veranstalter war das »Europäische Komitee für Textilmaterial«, dessen sechs bedeutendste Mitgliedsländer 75 Prozent des 3,8 Milliarden DM betragenden Welthandelsumsatzes in Textilmaschinen lieferten. Generalbevollmächtigter der 4. ITMA war der Reutlinger Strickmaschinenfabrikant Dr. Eberhard Stoll, dessen Branche im Endergebnis am besten abschnitt. Die deutsche Textilmaschinen-Industrie aller Sektoren exportierte 1962 70 Prozent ihrer Produktion (im Vergleich dazu: Werkzeugmaschinen 50 Prozent). In der Mitte des vorigen Jahrhunderts hatte Manchester seine mechanischen Webstühle in die unterentwickelten Länder Indien, Argentinien und Deutschland verkauft.

361 deutsche Aussteller wetteiferten mit 142 italienischen, je 70 aus England, der Schweiz und Frankreich, 25 belgischen und 13 holländischen aus dem Komiteebereich, aber auch mit 39 aus den USA um die Palme des Fortschritts. Man konnte wohl sagen, »um jeden Preis«. Da wurden elektrisch gesteuerte Maschinengruppen als »automatische Spinnereien« in Betrieb vorgeführt. Noch klapperten die weitgehend automatisierten Webstühle, aber schon war der »schützenlose« Typ im Kommen. Körperformgerechte Strickmaschinen waren zu bewundern. Auch das besonders diffizile Gebiet der Ausrüstung (Appretur) wurde mit Programmkarten automatisiert. Schrittmacher der meisten Neukonstruktionen waren Chemie- und synthetische Fasern. Viel war die Rede vom Zwang zur Investition arbeitssparender Maschinen mit erhöhter Produktivität für die deutsche und übrige europäische Textilindustrie, die bei steigenden Rohstoffpreisen ihr Nullwachstum vielfach nur durch Erhöhung der Endpreise kaschierte. Als Einkäufer für eine der größten deutschen Webereien stand mein Bruder neidisch vor einer unerschwinglichen automatischen Spulerei aus der Schweiz. Gekauft hat sie ein an Arbeitsbeschaffung uninteressierter Textilkönig aus Kolumbien. Unter 90 000 ITMA-Besuchern wurden 40 000 Ausländer mit Dauerkarten gezählt, darunter zahlreiche Delegationen aus Entwicklungsländern.

Im bis dahin einmaligen Jahr 1964 mit vier großen Sonderveranstaltungen überschwemmte dreieinhalb Wochen nach Schluß von Messe und Luftfahrtschau die »Internationale Landwirtschaftsschau« buchstäblich alle verfügbaren Hallen und das Freigelände bis über den Rand hinaus (500 000 m^2 brutto). Es war unter einem zeitgemäßen neuen Namen die 48. Wanderausstellung der Deutschen Landwirtschafts-Gesellschaft, die älteste ihrer Art, gegründet 1887 von dem Volkswirt Max Eyth in dem damals seiner ländlichen Umwelt noch unmittelbar bewußten Frankfurt am Main. Nach einem Gastspiel 1962 auf der Münchner Theresienwiese kam die DLG schon zum fünftenmal auf das Hannoveraner Gelände im Herzen der norddeutschen Acker- und Viehwirtschaft. Karl Jetter von der FAZ hatte darauf aufmerksam gemacht, daß der deutsche Bauer im Zeichen des katastrophalen Landarbeitermangels für Maschinen und Schlepper jährlich 2,7 Milliarden DM ausgebe. Allerdings waren die Maschinenhersteller nur die Hälfte von 1000 deutschen und 250 Ausstellern aus Westeuropa und Dänemark. Eine Woche dauerte die Schau unter dem Protektorat des Bundespräsidenten und früheren Landwirtschaftsministers Heinrich Lübke. 620 000 Besucher aus Land und Stadt, darunter 30 000 aus Nachbarländern und Übersee von Abessinien bis Uruguay, besichtigten Trecker und (Voll-)Erntemaschinen, Silos, Musterhöfe, Melkapparate und Lehrschauen. Hauptanziehungspunkt waren die Zuchttiere und ihre Siegerparaden im großen Ring. Am letzten Tag, als eine Kavalkade niedersächsischer Jagdreiter den Zug der prämiierten »schlanken« Eber und starken Bullen beschloß, protzte zur allgemeinen Belustigung ein saumseliger Rüde aus vollem Lauf mitten vor der Ehrentribüne ab.

2.

KOOPERATION VOR ORT

Die vier Wirtschaftstage auf der Hannover-Messe in der ersten Hälfte der sechziger Jahre waren eine Fortsetzung der von meinem Vorgänger eingeführten Praxis. Sie dienten dem Dialog zwischen der deutschen und ausländischen ausstellenden Industrie einerseits und den für Außenwirtschaft zuständigen Amtsträgern andererseits. In dieser Kooperation vor Ort wurden die Leitthemen: Europäische Integration, Atlantische Gemeinschaft und das Nord-Süd-Gefälle in »messekonformer« Sachlichkeit angegangen. Der Tenor war, daß die Wirtschaft nicht Magd der Politik sein und ihrerseits nicht mit politischen Schlagworten argumentieren solle. Die Veranstaltung gruppierte sich jeweils um Bundeswirtschaftsminister Prof. Erhard, zu dem ich über seinen Referenten Dankmar Seibt Zutritt auch in kritischen Augenblicken hatte. Der Aufsichtsratsvorsitzende war durchaus zu haben für diese Ergänzung der Eröffnungsreden durch fundierte Forumsgespräche. Weniger begeistert war der Ausstellerbeirat, weil er eine Ablenkung der schon durch mehrere Fachtagungen während der Messe beanspruchten Unternehmer von ihren Ständen beargwöhnte.

Jene Feststellung Minister Kubels, daß zur Messe '59 mehr ausländische Firmen aus der (kleinen) Europäischen Freihandelszone gekommen waren als aus der EWG der Sechs, hatte eine besondere Note in bezug auf die nordischen Länder. Nicht nur, daß zur 60er Messe 66 Aussteller aus Schweden, 23 aus Dänemark, acht aus Norwegen und sechs (statt im Vorjahr einer) aus dem keiner der beiden Gruppen angehörenden Finnland gemeldet waren. Diese kleinen Staaten mit zusammen 20 Millionen Einwohnern einschließlich Islands nahmen mit fünf Milliarden DM 13 Prozent des deutschen Exportwertes ab, ebensoviel wie die USA und mehr als Frankreich und Italien zusammen, davon Schweden allein die Hälfte. Außer mit Dänemark war die meistens mit Holz, Papiermasse, Erz und Strom bestrittene Handelsbilanz nirgendwo ausgeglichen. Der deshalb gefaßte Vorstandsbeschluß, sich mit einem »Nordischen Wirtschaftstag« auf der Hannover-Messe 1960 zum erstenmal einem unmittelbar benachbarten Raum zuzuwenden, bekam erhöhte Dringlichkeit durch den Vorschlag der Brüsseler Kommission, die zweite Stufe zur Senkung der EWG-Binnenzölle vorzuziehen. Eine diskriminierende Wirkung des Außenzolltarifs der Sechs auf den Handel mit dem übrigen Europa, so meinte AUMA-Präsident und BDI-Vizepräsident Alexander Menne in seiner Eröffnungsrede zur Messe, drohe zu einer Verlegung traditioneller Handelsströme zu führen. Erhard sagte zu, daß die Bundesregierung auf vorherigen Verhandlungen mit den EFTA-Staaten bestehen werde.

Am nächsten Morgen begann der »Nordische Wirtschaftstag« mit 600 Teilnehmern, davon 200 aus den angesprochenen Ländern. Neben dem Bundeswirtschaftsminister und Minister Kubel saßen außer dem DIHT-Präsidenten Alwin Münchmeyer als Diskussionsleiter der dänische Finanzminister Prof. Philip, der norwegische Handelsminister Skaug, der schwedische Minister Nordlander in Vertretung des nach einem Rundgang über die Messe vorzeitig abgerufenen Handelsministers Gunnar Lange, der finnische Finanzminister Lehtosalo und der isländische Handelsminister Prof. Gislason. Sie waren der persönlichen Einladung gefolgt, die Prof. Mössner in Stockholm und Oslo, Herr Pätzold und ich in Helsinki, Reykjavik und Kopenhagen ausgesprochen hatten. »Dagens Nyeter« hatte der Hannover-Messe im vorhinein den Ehrentitel »Mauerbrecher zwischen EWG und EFTA« verliehen.

Sprecher vor den zuhörenden Ministern und beiderseitigen Botschaftern und dem Stellvertretenden Generalsekretär der OEEC waren zunächst die Wortführer der nordischen Industrieverbände, die für ihre industriellen Erzeugnisse vermehrten Absatz in der

1961

Alfried Krupp empfängt Kennedys Handelsminister Luther Hodges (links), Aufsichtsratsvorsitzender Kubel (rechts)

Bundesrepublik suchten. Eindrucksvoll waren nicht nur die deutsch-dänische Verflechtung im Elektrobereich, die finnischen und norwegischen Spezialmaschinen und Geräte, sondern vor allem die weitgehende technische Integrierung der schwedischen mit der deutschen Industrie. Im anschließenden Podiumsgespräch verlangten Dr. Lindner vom Zentralverband der Elektrotechnischen Industrie, der bremische Wirtschaftssenator Harmssen und nochmals Dr. Menne vernünftige Kompromisse mit der EFTA als Vorbedingung für die zweite Stufe der EWG-Zollunion. Prof. Rodenstock dagegen sah die deutschen Exporterfolge in den Hochzolländern Großbritannien und USA als Beweis dafür, daß Zölle und Diskontpolitik heutzutage viel von ihrer teilenden oder verbindenden Wirksamkeit verloren hätten. Die hypothetische Frage Präsident Münchmeyers nach einem Kollektivbeitritt der EWG in die EFTA wurde von Erhard als etwas bestätigt, an das er auch schon gedacht habe. Hausherr Kubel beglückwünschte sich zu den hier erarbeiteten Grundlagen für die Fortsetzung der offiziellen Verhandlungen.

»Imperialistenknecht«

Ermutigt durch den Erfolg im Nachbarbereich wagte sich der Vorstand an das transatlantische Projekt eines »Nordamerika-Wirtschaftstages« zur Hannover-Messe 1961. Zwei Momente waren auslösend. Gil McKay hatte zur Messe '60 tatsächlich seine einflußreichen Klienten aus der amerikanischen Geschäftswelt herübergebracht, mit ihren Damen 140 Personen. Sie waren beeindruckt und sagten uns jede Unterstützung drüben zu. Außerdem fuhr Prof. Mössner im Sommer nochmals mit der »United States« über den großen Teich, um anstelle Prof. Erhards auf Einladung der »Chicago Association of Commerce & Industry« bei einer Welt-Marketing-Konferenz zu sprechen. Seine Ausführungen über die neuartige Werbung für Investitionsgüter durch internationalen Wettbewerb auf der kombinierten Mehrfachmesse machten Aufsehen und wurden in den Klubs von Gils Freunden in New York, Cleveland, Los Angeles und San Francisco wiederholt. Im Herbst war ein neuer Messe-Farbfilm der Bavaria fertig, bei dessen Abnahme in Geiselgasteig Gil mich beraten hatte. Leider ließ ich mich von seiner Begeisterung für die Einblendung der Blaskapelle in der Münchner Halle verführen, was zwar den Erfolg bei meiner anschließenden Vortragsreise drüben von Küste zu Küste noch steigerte, aber einem europäischen und lateinamerikanischen Fachpublikum eher unmotiviert vorkam.

Während Vorstand Mössner gleichzeitig in Paris und Vorstand Pätzold auf der »Deutschen Industrie-Ausstellung« in Teheran den neuen Film zeigten, flog ich zum erstenmal im zeitraffenden »Jet« hinüber. New York und die Schwesterstädte fand ich wenig verändert seit einer journalistischen Vorkriegsreise, wo ich die jetzt in ein paar Wochen durchflogenen 30 000 Kilometer in sechs Monaten mit dem Wagen gefahren war. Amerikas Katapultierung in die Weltmacht hatte eben auf anderen Kontinenten das Unterste zuoberst gekehrt. Im Glaspalast der Vereinten Nationen sah ich zu, wie ein maßloser Chruschtschow den nachher in den Kongo-Wirren seinem Missionseifer zum Opfer gefallenen Generalsekretär Hammarskjöld als »Imperialistenknecht« beschimpfte. Auf der ganzen Reise durch 21 amerikanische und vier kanadische Zentren begleitete mich Nixons verbissener Wahlkampf gegen die Götterlieblinge Jack und Jackie, bis ich in Seattle seine Niederlage im Fernsehstudio miterlebte.

Ein Hauptzweck meiner von Henry Abt, Gil Mc Kay und in Kanada von Alex Großmann organisierten Tour war die Einladung zum Nordamerika-Tag. Ihr folgten 158 Teilnehmer aus den Vereinigten Staaten und 19 aus Kanada neben 493 aus der Bundesrepublik und Nachbarländern. Darunter waren Präsidenten, Chairmen und General Manager großer und größter amerikanischer Firmen, aber auch kleine Industrielle einer Gruppe, die das US-Commerce Department im Anschluß an einen von Botschafter Prof. Grewe in Washington gegebenen Empfang auf den Weg gebracht hatte. Dazu der gesamte konsularische und handelspolitische Stab der beiden Länder. Dem kanadischen Botschafter war die Rolle als dritter Ehrengast neben dem Bundeswirtschaftsminister und Kennedys Handelsminister Luther H. Hodges zugefallen. Am Tag meines

Rückfluges aus New York nach einer letzten Veranstaltung auf der »Foreign Trade Week« im Waldorf Astoria hatte in der Zeitung gestanden, daß der mir von einer Stuttgarter Werbevorstellung bekannte Gouverneur des Staates North Carolina als möglicher »Secretary of Commerce« genannt werde. Mein Glückwunschtelegramm mit Einladung lag richtig. Hodges selbst, der 1950/51 die Marshall-Hilfe für die Bundesrepublik betreut hatte, begrüßte seinen Altersgenossen Erhard als »der einzige Mann aus dem vorigen Jahrhundert in Kennedys Kindergarten«.

DM-Aufwertung

Die Ausgangspositionen zehn Jahre hernach schienen geradezu auf den Kopf gestellt. Erhards obligate Rede zur Messe-Eröffnung 1961 war ein einziges Plädoyer für die in aller Heimlichkeit am 5. März erfolgte Aufwertung der Deutschen Mark um 5 Prozent. Ein Rekordüberschuß der Handelsbilanz 1960 von 1,265 Milliarden Dollar hatte die Gold- und Devisenvorräte der Bundesbank auf über acht Milliarden Dollar (32 Mrd. DM) anschwellen lassen. Emphatisch verwahrte sich der Bundeswirtschaftsminister gegen den Verdacht eines Vertrauensbruchs an der Exportindustrie mit dem Versprechen, »niemals noch einmal das gleiche zu tun«. Der auf dem Gipfel angelangten deutschen Hochkonjunktur mit Vollbeschäftigung stand in den Vereinigten Staaten und Kanada zu dieser Zeit eine Rezession mit entsprechender Arbeitslosigkeit gegenüber, die im Industriestaat Michigan über 14 Prozent erreichte. Zwar ergab die Weltausfuhr der USA mit 20 Milliarden Dollar, davon 6,5 nach Europa, noch immer einen Überschuß von fünf Milliarden DM. Aber der demokratische Präsident wollte dem »Buy American«-Ruf zu Hause zuvorkommen durch einen »Export drive« über den traditionellen Ausfuhranteil von 4 bis 5 Prozent am Sozialprodukt hinaus. Der zusätzliche Auftrag von Hodges war es, angesichts 5,35 Milliarden Dollar amerikanischer Direktinvestitionen in Europa die europäische Industrie zum arbeitsschaffenden Gegen-Engagement in den Staaten aufzufordern.

1961

Oben: Nordamerika-Tag – (von links) Generalkonsul von Lupin, US-Handelsminister Hodges, Bundeswirtschaftsminister Erhard, Frau Kubel
Unten: Zwei Wundermänner – Erhard mit VW-Chef Prof. Nordhoff, Werbeleiter Hammers (Mitte)

Unter den bescheidenen 58 Millionen Dollar deutscher Anlagen in den USA (neben 85 Mio. im rohstoffschweren Kanada) lag das Volkswagenwerk an der Spitze. Prof. Nordhoff dankte den Amerikanern für die freie Konkurrenz, der er weiter gutes Gedeihen im »Two way Trade« wünschte.

Unter diesem Stichwort ergab sich tatsächlich weitgehende Gemeinsamkeit der handelspolitischen Forderungen und geschäftstechnischen Anregungen in den »Panels« über »Wettbewerb und Partnerschaft im industriellen Bereich« und »Handelsverkehr Europa–Nordamerika«. So konnte Erhard in seinem Schlußwort »den kühnen Sprung zu einer Atlantischen Gemeinschaft« über EWG und EFTA hinaus wagen. Gerade waren die Vereinigten Staaten der von ihnen seinerzeit ins Leben gerufenen OEEC Westeuropas und Kanadas selbst beigetreten. Ihre Umwandlung in eine »Organisation für wirtschaftliche Zusammenarbeit und Entwicklung« (OECD) begründete deren Generalsekretär Prof. Thorkil Kristensen im Anschluß an den Bericht der dritten Arbeitsgruppe »Gemeinsame Hilfe für Entwicklungsländer«. Der Mauerbau in Berlin am 13. August 1961 und die von Adenauer erleichtert hingenommene Zurückhaltung der Westalliierten erschütterten die Wirtschaft in der Bundesrepublik weniger als der Zusammenbruch der Borgward-Automobilwerke in Bremen. Denn das war ein Warnzeichen dafür, wie dünn die Decke der Expansion ausgezogen war. Die Septemberwahlen zum Bundestag kosteten die CDU/CSU ihre schon legendäre absolute Mehrheit, und der erste Bundeskanzler, der Erhard als Nachfolger ablehnte, konnte mit dem Koalitionspartner FDP nur noch eine letzte Regierung auf Zeit bilden.

De Gaulle hatte den Generalsputsch in Algier mit einer Hakenschwenkung von der »Algérie Française« zu einem »Algerien der Algerier« abgefangen. Schon im Frühjahr hatte sich Kennedy in Wien mit Chruschtschow ohne Ergebnis getroffen. Die deutsche Exportindustrie für Investitionsgüter zeigte sich interessiert am neuen Kurs des amerikanischen Präsidenten zu einer »Allianz für den Fortschritt« mit Lateinamerika, die im August auf einer Konferenz der Organisation Amerikanischer Staaten am uruguayischen Atlantikstrand in einer progressistischen »Carta de Punta del Este« beschworen wurde.

Die Stunde schien gekommen für einen 4. »Lateinamerika-Wirtschaftstag« zur Messe '62. Er wurde wieder mit dem Ibero-Amerika-Verein in Hamburg, aber dieses Mal auch mit den Bonner Handelsdiplomaten aus den Mitgliedsländern der »Lateinamerikanischen Freihandelszone« (ALALC) und des »Zentralamerikanischen Gemeinsamen Marktes« (MCCA) systematisch vorbereitet. Als dann allerdings Erhard am letzten Apriltag 1962 die Zusammenkunft von 100 prominenten Wirtschaftspolitikern und Experten von drüben mit 300 deutschen Unternehmern und Beamten von EWG und OECD mit der wohlwollenden Parole eröffnete, sie stehe »unter einem guten Stern«, war er der einzige Optimist im Saal.

Auf meiner Werbereise durch Süd- und Mittelamerika nach Mexiko im letzten Quartal 1961, wo ich die hannoversche »Feria« oder »Feira« in beiden Sprachen vorstellte, hatte ich eine wirtschafts- und sozialpolitische Hochspannung erlebt, die selbst dem sonst so kühlen Übersee-Banker Münchmeyer die (natürlich rasch wieder vergessene) Unmutsäußerung entlockte: »Keinen Centavo mehr in diesen verdammten Kontinent!« Galoppierende Inflation und Bankstreik in Rio, ein prohibitives Kapitalkontrollgesetz in der Mache in Brasilia, dessen großzügiger Gründer Jocelino Kubitschek durch den radikalen Vargas-Jünger Goulart abgelöst war. Der vielgewandte Finanzminister Delfim Neto war vorerst als Botschafter nach Washington ausgewichen, wo ich ihn auf der Rückreise vergeblich aus seiner Reserve locken wollte. Botschafter in den USA wurde nach dem Sturz des liberalen Staatspräsidenten Frondizi durch das Militär auch der junge argentinische Wirtschaftsminister schweizerischer Herkunft Roberto Alemann. (Beide Männer, Neto und Alemann, saßen wieder und noch auf ihren heimischen Schleudersitzen im Falkland-Konflikt von 1982!) In Chile, das noch unter den Folgen des Erdbebens von 1960 litt und nur vom Kupferexport gefährlich lebte, gewann ich den Mann von morgen, den ehemaligen argentinischen Finanzminister kroatischer Abstammung Prof. Rául Prebisch. Auf dem Sprung vom Wirtschafts- und Sozialausschuß der UNO für Lateinamerika in Santiago nach Washington als Leiter des

Interamerikanischen Planungsinstitutes, avancierte er rasch weiter zum Promotor und Generalsekretär der 1. Welthandelskonferenz in Genf 1964. Er, Alemann und der umsichtige mexikanische Staatssekretär für Industrie und Handel Lic. García Reynoso wurden die Vedetten unseres Wirtschaftstages.

»Maßhalten«

Als Kollege Krüger und ich am Morgen des Eröffnungssonntags der 62er Messe den Bundeswirtschaftsminister aus unserem Gästehaus abholten, erwähnte jemand die Meldung eines Sonntagsblattes, wonach Volkswagen ab morgen die Preise erhöhen werde. Erhard bekam einen Wutanfall. Nachher sagte er am Ende seiner Philippika gegen »die Wohlstandsgesellschaft, die nicht bereit ist, irgendwo ein Opfer zu bringen«, in bezug auf eine vorhergegangene Absprache mit der Automobilindustrie: »Wenn Treu und Glauben noch menschliche Werte bleiben sollen, muß ich füglich darauf vertrauen, daß die Entscheidung in dem von mir gewünschten Sinne erfolgt.« Nordhoff verzichtete nicht auf den Preisaufschlag.

Die Freude unseres Aufsichtsratsvorsitzenden über die neue Chemiehalle, in die nun auch die BASF mit eingezogen war, und die fast futuristischen Ausführungen ihres Vorsitzenden und Präsidenten des Chemieverbandes, Prof. Wurster, über den rasanten Marsch der industriellen Forschung »auf das, was noch nie da war und dem wir noch nie begegnet sind«, kontrastierten scharf mit Erhards Abrechnung über die akute Gefährdung seines Ordnungsprinzips der sozialen Marktwirtschaft durch ausufernde Technokratie und Gruppenegoismus. Die Bundesrepublik stehe an zweiter Stelle im Welthandel, und unsere Volkswirtschaft sei mit 580000 offenen Stellen bei 570000 Fremdarbeitern voll ausgelastet.

Aber »eine gewisse Malaise über unserem Land« sei wohl »Konsequenz einer vielleicht schon allzu perfektionistischen, ins Kollektivistische hineinreichenden Sozialordnung«. Nachdem »wir aus einem rauchenden Trümmerhaufen in so kurzer Zeit den Anschluß an die Spitze Europas gefunden haben, haben wir völlig die Konte-

1962

Oben: Nehru empfängt Messe-Vorstand Pätzold
Unten: Wird sie nicht zu groß? – (von links) Vizepräsident der IHK zu Hannover Dr. Anders, AUMA-Geschäftsführer Skischally, IHK-Geschäftsführer Hädicke, Vorstand Pätzold, IHK-Hauptgeschäftsführer Dr. Fricke

nance verloren« mit Zuwachswünschen von 10 Prozent in Umsatz und Einkommen. »Wir stehen in vielen Industriezweigen mit dem Rücken an der Wand ... Je mehr die internationale Konkurrenz spielt, desto geringer sind die Chancen und Möglichkeiten, höheren Kosten in den Preisen Ausdruck zu geben.« – Auf der DEMAG-Pressekonferenz am Vortag hatte Alfred E. Schulz in gewohnter Unverblümtheit die rasche Steigerung des Maschinenimports unterstrichen, obwohl er mit 2,75 Milliarden DM neben 11,2 Milliarden DM VDMA-Exporterlösen stand. Bei Finanzierung langfristiger Aufträge seien die Amerikaner im Vorteil gegenüber einer deutschen Selbstbehaltsprämie von 20 Prozent. Nach dem englisch-französischen Beispiel in ihren ehemaligen Kolonien verlangte er liefergebundene Entwicklungshilfe und lehnte einen vorzeitigen deutschen allgemeinen Zollabbau ab, beides konträr zu Erhards Außenwirtschaftspolitik.

Am nächsten Tag, bei der Hauptsitzung des Lateinamerika-Wirtschaftstags in unserem ebenfalls neuen Kongreßsaal, sah sich der von seinen Landsleuten enttäuschte Professor seinem planwirtschaftlichen Antipoden in Gestalt Professor Prebischs gegenüber. Selbst ein leidenschaftlicher Dynamiker neben dem müde gewordenen Mentor des Maßhaltens, behandelte Rául Prebisch »Die dynamische Rolle der Industrialisierung« im Rahmen einer unumgänglichen Wandlung der Wirtschafts- und Sozialstrukturen Lateinamerikas, das nicht länger die anachronistische Rolle eines reinen Rohstofflieferanten spielen werde. Die neue amerikanische Regierung habe mit einem entschlossenen Kurswechsel endlich eine klare Antwort auf eine unablässige Herausforderung gegeben. Doch die grundlegenden Reformen könnten nicht von außen, sondern nur als Ergebnis großer Volksbewegungen hin zur Demokratie kommen. »Für uns ist die Planung das geeignete Mittel, der lateinamerikanischen Privatinitiative jene dynamische Kraft zu verleihen, die sie noch nicht besitzt. Nur durch Eingriff des Staates kann das unzeitgemäße System des Grundbesitzes abgeändert und das Steuersystem umgebaut werden. Und nur so wird in Lateinamerika nach und nach der Gemeinsame Markt zu schaffen sein ... Wir können nicht das Spiegelbild der kapitalistischen Entwicklung der Industriestaaten nachzeichnen, die einen so hohen Lebensstandard, und dazu mit einem so ausgeprägten sozialen Sinn, erreicht haben.«

Der Liberale Alemann konnte nur das Fehlen der gewerblichen Tradition Europas und des industriellen Fortschrittsdrangs der Yankees im nachkolonialen Lateinamerika bestätigen. Wenn er auch Staatsplanung in der verarbeitenden Industrie verwarf und volkswirtschaftliche Planungsprojektionen in eine stets ungewisse Zukunft ablehnte, bejahte er eine aktive Rolle des Staates im Industrialisierungsprozeß, vor allem aber dessen Sorgepflicht für eine gesunde Währung. Die zwangsläufige Verstaatlichung der alten ausländischen Konzessionen in Energie, Transport und Nachrichtenwesen habe leider meist zu schlechterer Versorgung geführt, weshalb hier Investitionsplanungen mit internationaler technischer Hilfe vordringlich seien. Die derzeitige Inflationsplage zeige, daß privates Kapital meist kurzfristig mit entsprechender Verschuldung in Konsumindustrien angelegt werde, während für die kapitalistische Basisindustrie die Mittel fehlten. Nur mit einem erst allmählich erwachenden Unternehmergeist, der die Regierungseingriffe in ihre Schranken verweisen könne, werde es Lateinamerika gelingen, »den Sprung in die Neuzeit zu vollziehen, den der gesamte Westen erwartet«.

Im weiteren Verlauf des Vormittags berichteten der Mexikaner García Reynoso über die Neuorientierung des Handels innerhalb der lateinamerikanischen Handelsorganisation ALALC und der Vorsitzende des Wirtschaftsausschusses im brasilianischen Abgeordnetenhaus, Professor Daniel Faraco, über internationale Zusammenarbeit im industriellen Aufbau. Durch ihn gelang es nachher, dem gefürchteten Kapitalkontrollgesetz die investitionsfeindlichen Zähne auszubrechen. Darin allein sah Peter von Siemens schon einen Erfolg dieses Wirtschaftstages der Kontraste und versicherte mir, daß keineswegs »ein großer Aufwand schmählich ward vertan«.

Nach Auftritten der Vertreter der neuen Interamerikanischen Entwicklungsbank (BID) in Washington und der OECD kam dann am Nachmittag der Bundeswirtschaftsminister zu Wort. Er gab zu, daß Lateinamerika zwischen den Fronten der rückständigen Entwicklungsländer und der voll entwickelten Welt seine Industrialisierungsprobleme ganz kurzfristig lösen müsse, wobei es die Chance habe, bei aller Gefahr für den einzelnen Menschen und die soziologische Struktur sofort die modernste Technik anzuwenden. Mit Alemann sei er der Meinung, daß die staatliche Planung sich auf die großen Aspekte beschränken sollte. Der Staat als Unternehmer führe zu Großbetrieben der Funktionäre, statt auf breitester Grundlage durch kleine und mittlere Unternehmen Kaufkraft zu produzieren. Dann aber geißelte er »die moderne Erbsünde, fehlendes Kapital durch Inflation ersetzen zu wollen«, mit dem lehrhaften Zusatz: »Wir Deutsche haben Erfahrung mit der Inflation, die Kaufkraft abzieht und als Kapital verwendet.« Am Ende führte er die teilweise turbulenten Zustände in halbentwickelten Wirtschaftsräumen auf vorschnelle Erwartungen der Massen und entsprechend heftige soziale Reaktionen mit gefährlichen politischen Auswirkungen zurück. Die Gäste waren nicht erbaut. In den Arbeitssitzungen am nächsten Tag platzte ihnen der Kragen. Der BID-Chilene Alfonso Miquel, der den verhinderten Präsidenten der Entwicklungsbank, Filipe Herrera, vertrat, verbat sich »Ratschläge aus dem Kindergarten« (ein in alle Kultursprachen aufgenommenes deutsches Wort!). »Lateinamerika kann nur in Sprüngen wachsen (por saltos). Wenn man uns dann mit Worten aus dem vorigen Jahrhundert kommt, können wir uns nicht verstehen.« Und der gelobte Alemann pflichtete ihm bei: »Wir sind sehr sensibel und mögen es gar nicht, wenn man uns fortwährend unter die Nase reibt: Macht keine Inflation! Das wissen wir selber.«

Trotz allem gingen die deutschen industriellen Investitionen in Bergbau, Automobilbau und Fernmeldetechnik, die damals mit einer Milliarde DM ein Drittel unserer Auslandsanlagen ausmachten, weiter bis zu den Staatsverträgen über Atomkraftwerke und die Ausrüstung des Superstaudammes von Itaipu. 1982 landeten das Ölland Mexiko und Brasilien an der Spitze der Weltverschuldung.

1962

Lateinamerika-Tag – Der »Pate« mit DIHT-Präsident Münchmeyer, Alfred Schulz, DEMAG (Mitte)

Daß die brüske Enttäuschung hochgespannter wirtschaftspolitischer Erwartungen einer ganz auf diese eingestellten internationalen Veranstaltung zum durchschlagenden Erfolg verhelfen kann, erfuhren wir mit dem »Europa-Wirtschaftstag« anläßlich der Hannover-Messe 1963. Im zweiten Halbjahr 1962 liefen im Brüsseler EWG-Rat langwierige, aber vielversprechende Verhandlungen über den Beitritt Großbritanniens und der nicht an verbriefte Neutralität gebundenen anderen EFTA-Länder. Es war die einhellige Meinung der deutschen Industrie, daß die englische Konkurrenz und der englische ebenso wie der skandinavische Markt vor der zweiten Senkung der EWG-Binnenzölle in die erweiterte Gemeinschaft gehörten, um einer Verlagerung der Handelsströme zuvorzukommen. Die Bereitschaft der Regierung Macmillan zur Annahme der Römischen Verträge unter bestimmten Garantien für die englischen Einfuhren aus dem Commonwealth wurde daher allgemein begrüßt. Eine »welcome«-Veranstaltung auf der seinerzeit als britische »command performance« gestarteten Hannover-Messe war um so natürlicher, als gerade in Großbritannien unsere »biggest industrial show on earth«, wie sie der schottische Handelsrat der Bonner Botschaft, J. M. A. Marjoribanks, in aller Öffentlichkeit genannt hatte, besonders bewundert wurde.

Nachdem die Leiter der Londoner »Olympia Exhibition« sich gerade bei Vorstand Pätzold messetechnischen Rat geholt hatten, wurden Prof. Mössner und ich zusammen mit dem Handelsrat der deutschen Botschaft, K. H. Berlet und Mr. Leeper, Inhaber der damals noch anglisierten Schenkers Co. Ltd., unserer Vertretung, von dem Besitzer der »Times«, Lord Astor, zum Lunch gebeten. Anschließend verschaffte er mir Eingang zur Besuchergalerie im Unterhaus, wo gerade der Chefunterhändler, Lordsiegelbewahrer Edward Heath, seinen Brüsseler Halbzeitbericht vortrug, ohne die schon erreichten Konzessionen wirklich preisgeben zu können. Hemmungslos beschimpfte ihn der Oppositionsführer Harold Wilson als Verräter am souveränen Parlament und am Commonwealth unter wildem »Shame, shame, resign, resign!«-Geschrei der aufge-

1963

Freigelände mit Messebahnhof

sprungenen Labour-Hinterbänkler. Unbeirrt setzten wir die Aufbereitung der statistischen Unterlagen über Handelsverkehr und industrielle Zusammenarbeit in »OECD-Europa« fort, wie wir es als vorläufigen Oberbegriff über EWG und EFTA nannten.

Die Bombe platzte, als Charles de Gaulle, nunmehr plebiszitärer Herrscher der Fünften Republik, am 14. Januar 1963 das »trojanische Pferd« Großbritannien von der europäischen Schwelle wies, weil er sich über das atomare Einvernehmen zwischen Kennedy und Mcmillan auf den Bahamas geärgert hatte. Am Abend nach dem Abbruch der Brüsseler Verhandlungen kam Sonderbotschafter Lahr zu einem Vortrag der »Atlantischen Gesellschaft« nach Hannover. Auf meine Frage »Was tun?« antwortete er: »Weitermachen«, obwohl der 86jährige Konrad Adenauer inzwischen gegen den Rat seines Außenministers und des Pariser Botschafters Blankenhorn den ihm in Rambouillet von de Gaulle präsentierten deutsch-französischen Vertrag unterzeichnet hatte. Seibt brachte mich zu Vizekanzler Erhard. Der eingeschworene »Atlantiker« bestätigte nicht nur seine Schirmherrschaft über den fristgemäß stattfindenden Europa-Tag, sondern lud persönlich Edward Heath, den uns schon bekannten OECD-Generalsekretär Prof. Thorkil Kristensen und seine eigenen Kollegen aus dem europäischen OECD-Bereich dazu ein. Bis auf den jungen französischen Wirtschaftsminister Valéry Giscard d'Estaing, der seinen jüngeren Bruder Olivier schickte, und den auf eine Föderation der Sechs eingestellten italienischen Finanzminister Emilio Colombo sagten alle zu: der Österreicher Dr. Fritz Bock, der Belgier Maurice Brasseur, der außerhalb stehende Spanier Dr. Gregorio Lopez Bravo, der Türke Prof. Muhlis Ete, der Ire John Lynch, der Däne Prof. Kjeld Philip, der Portugiese Luis Teixeira Pinto, der Holländer Drs. Jan Willem de Pous und der als Vorkämpfer für Handelsfreiheit bestbekannte Schweizer Bundesrat Hans Schaffner.

1963

Oben: Bundespräsident Lübke und Gattin mit dem indischen Minister für Stahl- und Schweißtechnik Subramanjam auf dem Krupp-Stand – B. Beitz (Mitte)
Unten: Der Sowjetbotschafter – Exzellenz A. Smirnow mit Peter von Siemens (rechts) und Prof. Mössner

Der Wirtschaftstag war dieses Mal erst fünf Tage nach Messebeginn angesetzt. Die Eröffnung der 63er Messe durch Bundespräsident Heinrich Lübke, bei der Erhard nicht dabei war, wurde in letzter Minute gefährdet, weil der streitbare Sauerländer erfahren hatte, daß Alfred E. Schulz einen Wirtschaftsfunktionär aus »Mitteldeutschland« nach Hannover eingeladen hatte. Die Peinlichkeit der durch Anruf von Staatssekretär Westrick bei Mössner erzwungenen Wiederausladung des Gastes aus der DDR erhöhte sich, als Lübke mit Gattin Wilhelmine beim Empfang in der Stadthalle vor versammeltem Konsularkorps beiden Herren des Messevorstandes eine Rüge erteilte. Seine Eröffnungsrede begann mit einer sonst streng verpönten Attacke auf die Leipziger Messe als »Inbegriff der kommunistischen Wirtschaftsordnung« und auf den »Traum Lenins und Chruschtschows«, die Vereinigten Staaten überholen zu wollen. Seine Anspielung auf die Sozialpartner in der Bundesrepublik, »die zur Zeit wieder vor Lohnkämpfen stehen«, bezog sich auf die Drohung mit dem ersten Metallarbeiterstreik, der am zweiten Messetag in Baden-Württemberg auch ausbrach. Zwar konnte unter Einwirkung des Bundeswirtschaftsministers die von den Unternehmern angekündigte Aussperrung vermieden und der Streik beigelegt werden, ehe er auf Nordrhein-Westfalen übergriff, wo Daimler-Benz schon seine Stahlaufträge storniert hatte. Die Verunsicherung von Ausstellern und Kunden über die deutschen Lieferfristen auf der zum Käufermarkt gewordenen Messe wirkte sich zugunsten vor allem der französischen und englischen Konkurrenz aus, so daß Hannover seine Funktion als Regulator des internationalen Wettbewerbs prompt erfüllte.

Als Sprecher der deutschen Industrie bei der Eröffnung ging ZVEI-Präsident Dr. Peter von Siemens aus von der auf 50000 Quadratmeter brutto erweiterten Halle für Büromaschinen und elektronische Datentechnik. Diese greife direkt über auf die Nachrichtentechnik und andere Elektro-Zweige. Vom Absinken des Ausfuhrüberschusses gegenüber den EFTA-Ländern, »auf den wir einfach angewiesen sind«, kam er auf den auch vom Bundespräsi-

1963

Oben: Europa-Tag – »Historischer Handschlag« mit Lord-Siegelbewahrer Edward Heath
Unten: Ein Parkett von OECD-Wirtschaftsministern

denten nachher unterstrichenen Umschwung zu sprechen, daß der auf 100 Milliarden DM bezifferte Außenhandelsumsatz größtenteils auf Importsteigerung zurückging bei einem seit dem Vorjahr halbierten deutschen Überschuß von 3,5 Milliarden DM. »Anhaltendes Nachlassen der Ausfuhrexpansion, nicht zuletzt durch die drastischen Importbeschränkungen der fortgeschrittenen Entwicklungsländer in Südamerika, Asien und Afrika, bei verstärktem Importdruck und steigenden Devisenanforderungen kennzeichnen unsere derzeitige Situation.« In der Hoffnung auf Überwindung der Brüsseler Blockade und auf Zollkonzessionen zwischen EWG und EFTA im Vorgriff auf die durch Kennedys »Trade Expansion Act« eingeleitete GATT-Runde schloß der ZVEI-Präsident mit dem Hinweis auf den Europa-Wirtschaftstag, der durch die Mitwirkung von Edward Heath einen weltweiten Akzent erhalte.

In der Tat war dann das »Shakehands« zwischen Heath und Erhard vor unserem Kongreßgebäude ein von allen Medien wiedergegebener Auftakt zu Kubels Begrüßung »ohne jegliche Scheu vor dem in Europa herrschenden politischen Klima«. Die Abwesenheit der EWG-Kommission unterstrich die Spannung. Unter den 500 Teilnehmern befanden sich die führenden deutschen und zahlreiche andere Männer der Industrie. Erhard eröffnete die Vormittagsaussprache zum Thema »Der industrielle Großmarkt Europa« mit dem Bemerken, hier sei »das Europa repräsentiert, das ich meine«, und hieß seine »alten Kollegen« willkommen auf der Hannover-Messe, die »den Geist der Weite und der Freiheit atmet«. Als Vizepräsident des französischen Elektro-Syndikats sprach der ehemalige Generalsekretär der OEEC, René Sergent, von der noch unzulänglichen Koordinierung der EWG-Binnenzölle und den nicht-tarifären Handelshemmnissen. Ihm folgte der Präsident der dänischen Arbeitgeber, Dr. Svend Heineke. In dem von ihm geschaffenen Verbindungsorgan der europäischen metallverarbeitenden Industrie (ORGALIME) kooperierten Maschinenbau und Elektrotechnik aus EWG und EFTA, welch letztere von Anfang an nur als Übergang zur westeuropäischen Gesamtlösung gebildet worden sei. Wenn diese jetzt in eine ungewisse Zukunft verschoben würde, werde die Planung der beiderseitigen Investitionsgüterindustrien durch-

1967

CONSTRUCTA II – Stählerner Traum

kreuzt mit negativer Wirkung auch auf die Konkurrenzfähigkeit in der übrigen Welt. Dann verlas Dr. Trute den Beitrag des erkrankten Dr. Lindner. Die Profilierung der EWG zeige sich darin, daß sie zwei Drittel des industriellen Warenaustauschs zwischen den 18 OECD-Staaten erbringe, und davon 60 Prozent auf dem Binnenmarkt der Sechs, während die EFTA-Gruppe von einem Drittel Anteil am europäischen Warenaustausch nur 12 Prozent unter sich tätige. Wie Peter von Siemens sah auch Dr. Lindner in Kennedys Vorschlag einer linearen Halbierung der Zölle in fünf Jahresraten ein Mittel, den Graben zwischen dem internen Zollabbau in den beiden europäischen Gruppen nicht zu vertiefen. Die Diskussion eröffnete der Textil- und Elektro-Industrielle Mr. Edward Glendinning als Sprecher des 1960 gegründeten »British Export Council for Europe«. Heute gingen 40 Prozent aller britischen Ausfuhren nach Westeuropa, 8 Prozent mehr als vor zwei Jahren, und zwar die Hälfte davon über die Zollschranken hinweg in die EWG-Staaten. Nach dem Brüsseler Stop habe sein Rat den englischen Industriellen empfohlen, sich noch stärker den Chancen auf dem Kontinent zuzuwenden: »Denn hartes Verkaufen und rechtzeitiges Liefern zum richtigen Preis ist wichtiger als alle Zollüberlegungen.« England sei aber auch der größte Importeur kontinentaleuropäischer Industrieprodukte.

Botschafter Sven Dahlmann als Vorsitzender der schwedischen Industrievereinigung verwahrte sich gegen jede Spekulation auf Schwächung der EWG, die für ganz Europa ein furchtbarer Rückschlag wäre. Schweden sei zu weitgehender Assoziierung mit der EWG bereit, beginnend mit der Harmonisierung von Gesetzen und mit technischer Standardisierung. Alfred E. Schulz warnte vor der Gefahr einer Verdrängung von traditionellen Märkten. Der deutsche Maschinenbau konzentriere sich überwiegend auf sieben Staaten, besonders in Europa, und habe mit Sorge einen Rückgang von 14 Prozent in der Ausfuhr nach den EFTA-Ländern vermerkt. Auch er wandte sich gegen dirigistische Planung auf lange Sicht statt vordringlicher Harmonisierung wettbewerbsverzerrender Faktoren. Vor der Mittagspause überraschte Landwirtschaftsminister Kubel mit der Bemerkung, die europäischen Agrarpolitiker seien auf ihrem Gebiet schon weiter als ihre Kollegen im industriellen Bereich. Er meinte allerdings nicht den französischen Protektionismus, sondern die Landreformpläne seines holländischen Parteifreundes, des Vizepräsidenten der EWG-Kommission Mansholt, die er unter Heranziehung niedersächsischer Krongüter nach Kräften unterstützte.

Das diplomatische Parkett im offiziellen Teil mit dem englischen Europaminister und seinem Bonner Botschafter Frank Roberts in der ersten Reihe neben Erhard war so eindeutig, daß der Vizekanzler nachher seine Schlußrede nicht nur mit dem Gruß an Heath begann, »der Sie in unserem Land als ein großer Europäer gelten«, sondern auch mit dem Wunsch, daß die bedauerte Abwesenheit des französischen Wirtschaftsministers nicht zu falschen politischen Akzenten führen möge. Der niedersächsische Wirtschaftsminister Carlo Graaff bezeichnete Hannover als »das vorübergehende Ausweichquartier der OECD«, ehe er Prof. Kristensen als erstem das Wort erteilte. Dieser warnte davor, die anderen Weltteile zu vergessen, und nannte in diesem Zusammenhang nicht nur die bevorstehende GATT-Runde, sondern auch die ebenfalls in Genf anstehende erste »Konferenz der Vereinten Nationen für Handel und Entwicklung«. Sein Zukunftstraum war eine Arbeitsteilung der nichtkommunistischen Welt auch im Anbau der jeweils klimatisch und durch die Böden begünstigten landwirtschaftlichen Erzeugnisse.

Ein Rütlischwur

Edward Heath sprach, ausgehend von der Gründung der Hannover-Messe als dem »frühesten und höchst befriedigenden Beispiel britisch-deutscher Zusammenarbeit«, die Deutschen als Englands drittgrößten Kunden nach den USA und Australien direkt an. Großbritannien und die Bundesrepublik seien mit 9 bzw. 10,7 Prozent fast gleich stark am Welthandel (ohne die Sowjetunion) beteiligt, was in seinem Land 14 Prozent des Bruttosozialproduktes ausmache und auf deutscher Seite 16 Prozent. England müsse aber auch berücksichtigen, daß nahezu 40 Prozent des Welthandels in Pfund

Sterling abgewickelt werde. »Wenn wir es zulassen, daß der Handel zwischen EWG und EFTA fehlgeleitet wird, versündigen wir uns an der Aufrechterhaltung einer hohen Wachstumsrate in unseren Ländern.« In Brüssel sei klargeworden, daß die meisten ein nach außen gerichtetes Europa wollten, aber das Hindernis »war die Auswirkung eines politischen Willens, der auf eine völlig andere Vision abzielt«. Das Gebot der Stunde sei nun der deutsche Vorschlag multilateraler Konsultationen. (Starker, langanhaltender Beifall.) Nachdem der Versammlungsleiter die Absage von Minister Colombo und die Verhinderung in letzter Stunde seiner belgischen und holländischen Kollegen bedauert hatte, legte Francos junger Industrieminister Dr. Lopez Bravo für sein Land, das »eine Einbeziehung in die neutrale und formlose Masse der Drittländer nicht hinnimmt«, ein Bekenntnis zum Weg aus der totalen Isolierung in die moderne Wirtschaftsgemeinschaft ab.

Dann zog der Schirmherr seine Bilanz. Die Zeit des Bilateralismus sei vorüber. Auch »den deutsch-französischen Vertrag darf man nicht als ein bilaterales Abkommen im Sinne einer Isolierung oder einer Blockbildung innerhalb Europas betrachten«. Erhard ließ noch einmal die Stationen der Integration Revue passieren vom Marshallplan über die OEEC zur EWG, die sich wegen ihrer stärkeren inneren Geschlossenheit als attraktiver erwiesen habe als eine große europäische Freihandelszone. Daß Englands Sprung über den eigenen Schatten abgebremst worden sei, dürfe uns nicht entmutigen. »Was sich zum Beispiel heute hier niedergeschlagen hat, ist schon eine starke bewegende Kraft, die wieder zu Europa hinführt.« Programmierung und Planifikation lehne er ab, aber der Weg zurück in den nationalen Isolationismus während der Weltwirtschaftskrise der dreißiger Jahre sei Gott sei Dank auch nicht mehr offen. Übernationale Konjunkturpolitik im Stil seines Kollegen Müller-Armack sei das Gebot von morgen und die Kennedy-Runde »eine Tat, die bis in die Wurzeln der amerikanischen Politik und Geschäftswelt hineinreicht«. Die jetzt von Premierminister Pompidou einseitig dekretierte Vorwegnahme der zweiten EWG-Zollsenkung für Frankreich sei noch keine Lösung und der Außentarif der Gemeinschaft jedenfalls zu hoch. Auch könne man nicht afrikanische Gebiete assoziieren und Englands besondere Bindungen an den Commonwealth negieren. Der stärkeren Integration im EWG-Raum stehe eine Desintegration außerhalb gegenüber, die das deutsche Gleichgewicht in den drei Dritteln – EWG – EFTA – übrige Welt – erheblich ins Schwanken bringe. Wer da meine, eine politische Gestalt Europas werde aus der Wirtschaftsgemeinschaft ganz von selbst entstehen, wie vermeintlich seinerzeit die deutsche Einigung aus dem Zollverein, der verkenne das entscheidende Motiv des damaligen deutschen Bewußtseins, dem ein entsprechendes europäisches Bewußtsein erst noch folgen müsse.

Berthold Beitz war der erste unter vielen, die der Messeleitung zu diesem Tag gratulierten. Für mich persönlich hatte er zur Folge, daß der Aufsichtsratsvorsitzende dreieinhalb Jahre später sein Placet zu meiner Entsendung nach Brüssel als Generaldelegierter der Hannover-Messe gab. Dort wartete ich sechs Jahre, bis der konservative Premierminister Heath zwischen zwei insularen Labourregierungen Englands Beitritt unterzeichnete. Weitere sieben Jahre hatte ich dann Zeit, das Ideal der erweiterten Gemeinschaft an der Wirklichkeit einer neuen allgemeinen Wirtschaftskrise zu messen.

Auf die Euphorie des Deutschlandbesuchs von J. F. Kennedy im Juni 1963 mit seiner sensationellen Berlin-Erklärung folgte der weltweite Schock seiner Ermordung in Dallas am 22. November. Mitte Oktober hatte Konrad Adenauer widerwillig dem »Volkskanzler« Ludwig Erhard Platz gemacht. Unsere Auslandswerbung war nach wie vor auch auf Mittel- und Ostasien ausgerichtet. 1962 war Vorstand Pätzold in Indien von Nehru empfangen worden. Im Januar 64 ging ich auf die Reise um die Welt, beginnend mit Singapur, das Krugmann 1956 zuletzt besucht hatte, und der malayischen Hauptstadt Kuala Lumpur. Indonesien war »out of bounds« wegen des Konfliktzustandes zwischen den beiden Ländern. In Hongkong lud mich die kommunistische Chinesische Handelskammer zu einer Schildkrötensuppe ein, die der für Westeuropa zuständige Genosse mit der Bemerkung würzte: »Bei euch gibt's die nur im Buckingham Palace. Die übrigen begnügen sich mit mock turtle.« Zum erstenmal in Japan, meldete ich das Zögern vor der Einfuhrliberalisierung als Vorbedingung zum Eintritt in die

OECD, den Aufstieg junger Industrie-Manager neben den alten Großfirmen und eine Sättigung des Binnenmarktes mit elektrischen und elektronischen Geräten bei entsprechend vermehrtem Druck auf die Außenmärkte. Die »Jetro« war schon in unserem Internationalen Zentrum tätig. Als erste japanische Maschinenbaufirma stellte von nun an die Tojo-Kugellagerfabrik auf der Hannover-Messe aus.

Bei einer Herbstreise 1964 nach den USA besuchte ich die großen Versandhäuser in San Francisco, Chicago und New York, um für die modischen Konsumgüter in unseren Messehäusern zu werben. Die Managerin von »Montgomery Ward«, geborene Wienerin, befragte beim Lunch die Herren vom Vorstand der Deutsch-Amerikanischen Handelskammer, Zweigstelle Chicago, über ihre Meinung zur bevorstehenden Präsidentenwahl Johnson gegen Goldwater. Als man meinte, der letztere sei ein ehrenwerter Mann, gab die Dame schnippisch zurück: »Wenn das alles ist, was ihr an ihm findet, wäre mir lieber, das Land würde von einem Spitzbuben regiert, wenn er nur tüchtig ist.« Watergate lag noch im weiten Feld.

Besuch aus Genf

In Genf lief in den Wochen vor der Hannover-Messe 1964 die erste Welthandelskonferenz mit den Entwicklungsländern an. Ministerialrat Seibt, jetzt im Bundeskanzleramt, hatte die Idee, die nichtkommunistischen Mitglieder des Lenkungsausschusses für die Kontinente Asien, Lateinamerika, Australien und Afrika zur Messe-Eröffnung durch Erhard einzuladen, nachdem sie in Genf nur den farblosen Bundeswirtschaftsminister Schmücker zu hören bekamen. Als ich in den Sitzungssaal wollte, um den natürlich unabkömmlichen Generalsekretär Prebisch wenigstens zu sprechen, machte ein Beamter der deutschen Delegation zuerst Schwierigkeiten, weil ja dann auch das UFI-Vorstandsmitglied Schmeißer von der Leipziger Messe hineingelassen würde! Ein Redner nach dem anderen trat ans Pult und betete Prebischs These vom Daseinskampf der peripheren gegen die zentralen Zonen der Weltwirtschaft nach. (Tschou En-lai nannte es den Krieg des Landes gegen die Stadt.) 27 Delegierte nahmen unsere Einladung an, mit einer Chartermaschine der »Swissair« am sitzungsfreien Sonntag nach Hannover und zurück zu fliegen. Ihr Sprecher war der hochintelligente und gar nicht arrogante damalige indische High Commissioner in London, T. Swaminathan, später Botschafter in Brüssel und Staatssekretär für Wirtschaft in Neu-Delhi.

Seibt gelang es nicht, Erhards Aufmerksamkeit auf die Delegation zu lenken. Um den Bundeskanzler noch in letzter Minute zu informieren, schleuste er mich höchst unzulässigerweise in die Sitzung des »CDU-Wirtschaftsrats« ein, die am Vorabend ganz in der Nähe des Messegeländes stattfand. Auch hier gelang es nicht, an Erhard heranzukommen. Dafür erlebte ich, wie der neben mir sitzende Henschel-Vorstand Aurel Görgen ans Telefon gerufen wurde, um draußen wegen eines dubiosen Geschäfts mit Hispano-Suiza-Panzern verhaftet zu werden.

Am nächsten Morgen ging es schief. Nachdem sich der deutsche Handelsüberschuß im ersten Quartal 1964 mit 2,4 Milliarden DM gegenüber der Vergleichsperiode des Vorjahres mehr als verdreifacht hatte, herrschte Boomstimmung, während Frankreich und Italien mit der Inflation laborierten. Zwar hatte Minister Kubel bei der Begrüßung die in der ersten Reihe sitzenden vier aus Genf unter ausdrücklicher Erwähnung Prebischs begrüßt und hinzugefügt, daß wir der UNCTAD wegen dieses Mal auf einen Wirtschaftstag verzichtet hätten. Auch der wenig messefreundliche BDI-Präsident Fritz Berg, der zum ersten und einzigen Mal für die deutschen Aussteller sprach, wandte sich der »so bedeutenden Gruppe überseeischer Delegierter von der Genfer Konferenz« zu, aber wie! Es hieße dort, alle Staaten sollten zur Planwirtschaft übergehen, um zu verhindern, daß die reichen Industrieländer immer reicher und die armen Entwicklungsländer immer ärmer würden. »Äußerungen, die Klassenkampf-Charakter tragen, erweisen dem Gedanken der Entwicklungshilfe einen Bärendienst. Planwirtschaftliche Klischeeparolen schrecken das Wichtigste ab, was die Entwicklungsländer dringend brauchen: Kapital ... Wir geben solche Ratschläge nicht vom hohen Roß herunter.« Vom Punkt Null habe man angefangen und die Hilfe unserer amerikanischen Freunde in kurzer Zeit zurückerstattet. »Heute fahren zweieinhalb Millionen deutsche Arbeiter ihre eigenen Wagen.«

Ministerialdirektor Hans-Georg Sachs vom Auswärtigen Amt und uns wurde schwach. Da im Unterschied zu den Wirtschaftstagen die Eröffnungsreden vor mehr als 1000 Ausstellern damals noch nicht übersetzt wurden, flüsterten hinter Swaminathan und seinen drei Kollegen sitzende Dolmetscher ihnen englisch ins Ohr. Nun war die Reihe am Bundeskanzler und approbierten Wirtschaftswundermann. Er warnte vor einer »koordinierten Inflation« in Brüssel, vor einem blinden Wachstumsfetischismus und vor dem Ruf nach Arbeitszeitverkürzung in der Bundesrepublik bei einer Million Fremdarbeiter und 650000 offenen Stellen. Die Kennedy-Runde begrüßend, fuhr er fort: »Wird nicht auf der Welthandelskonferenz furchtbar viel zum Fenster hinaus geredet? Die Vorstellung, daß man von der Freiheit abgehen könnte und daß durch dirigistische Maßnahmen und Manipulationen eine größere Gleichförmigkeit herbeigeführt würde, ist völlig falsch. Inflation schafft nicht mehr Güter, sondern bloß Ungerechtigkeiten und soziale Spannungen.«

Swaminathan und die anderen außer dem Australier wollten abreisen, ohne die Messe überhaupt anzusehen. Sie blieben dann doch und wurden dem Bundeskanzler beim Mittagsempfang vorgestellt. Alfred E. Schulz rettete auf dem DEMAG-Stand die Situation mit der Darlegung, daß die großen Anlagen der fortgeschrittenen Technik in den Entwicklungsländern ja sinnlos wären ohne das Vertrauen in den Aufstieg der Dritten Welt. Beim Abschied vor der Abfahrt zum Flugplatz sagte Alfred Kubel unter Beifall, es stehe ihm nicht zu, Äußerungen von Bundesseite zu kommentieren, aber die Hannover-Messe stehe jedenfalls in der Nord-Süd-Problematik auf beiden Seiten der Barriere.

Es war Ludwig Erhards zwölftes und bis auf einen improvisierten Kurzbesuch 1966 letztes Auftreten auf seiner geliebten Messe.

3.

DER SOG DER NEUEN TECHNIK

»Unsere Wirtschaft ist durchtrainiert und in Hochform.« Also sprach ihr selbstzufriedener Trainer, Bundeswirtschaftsminister Prof. Dr. Karl Schiller, zur Eröffnung der Hannover-Messe 1969, der er schon im Vorjahr »eine Höhenwanderung ohne Hitzschlag und Ermüdung« prophezeit hatte. Der Akzent liege auf der Investition, d. h. auf der Zukunft. Man glaubte den Erhard der fünfziger Jahre wieder zu hören: »Hier in Hannover treffen sich nüchterne Leute, Leute mit unternehmerischen Plänen, deren Zeithorizont das Morgen und deren Raumhorizont die Welt ist. Gesellschaftliche Sicherheit ist heute nur in der ökonomischen Dynamik, im technologischen Fortschritt und im laufenden Strukturwandel zu erreichen.« Mit dieser Parole ging der Erfinder der konzertierten Aktion zwischen den Sozialpartnern und dem Staat in erklärter Übereinstimmung mit dem »Realisten und Optimisten« Fritz Berg den siebziger Jahren entgegen, ein halbes Jahr vor dem »Machtwechsel« in Bonn.

Dahinter lagen vier bewegte Jahre. Als auf der 65er Messe Dr. Menne sich wunderte, weshalb die Regierung Erhard sich Sorgen um das wirtschaftliche Gleichgewicht mache bei einem Sozialprodukt von 412 Milliarden DM, einem Export von 65 Milliarden und einem Import von 59 Milliarden, gab der Präsident der EWG-Kommission, Prof. Walter Hallstein, als Eröffnungsredner zu bedenken, daß die deutsche Zahlungsbilanz im Begriff sei, erstmals ins Defizit zu geraten. Er selbst zog sich dann bei dem ersten Versuch, zur übernationalen Föderation vorzustoßen, die persönliche Feindschaft de Gaulles zu. Die französische »Politik des leeren Stuhls« in Brüssel wurde im Sommer 1966 durch einen lahmen Kompromiß beendet, der schließlich zu Hallsteins Ablösung durch den gefügigeren belgischen Advokaten Jean Rey führte.

Ein neuer englischer Beitrittsantrag scheiterte. In der Bundesrepublik entstand im gleichen Jahr aus einer preistreibenden Verbraucherhausse und Investitionsbaisse bei einseitiger Exportsteigerung ein Konjunkturtief mit 670 000 Arbeitslosen. Eine Deckungslücke im Bundeshaushalt von vier bis sieben Milliarden DM wurde im Bundesrat für verfassungswidrig erklärt. Im Einverständnis mit Bundespräsident Lübke, den die SPD zur zweiten Amtsperiode mitgewählt hatte, wurde Erhards kleine Koalition mit der FDP im Dezember 1966 überraschend abgelöst durch das Zusammengehen der seit Beginn der Bundesrepublik getrennt marschierenden beiden großen Volksparteien unter Kurt-Georg Kiesinger mit Willy Brandt als Vizekanzler und Außenminister.

Bei seinem Debut auf der Messe '67, »der Messe auf der Talsohle mit antizipiertem Wiederaufstieg«, hatte Karl Schiller die Wendung über Nacht gepriesen, »von der politischen Führungskrise und den zerrütteten Verhältnissen der öffentlichen Hand« zu seiner Teamarbeit als Wirtschaftsminister mit dem Bundesfinanzminister Franz Josef Strauß. Diesem falle die undankbare »Herkulesarbeit« der Haushaltskürzungen bis zu Renten und Kindergeld zu, während er selbst das »prometheische Feuer« in Gestalt von 2,5 Milliarden DM Mehrinvestitionen des Bundes der Industrie darreichte, um ihr auch »auf der Nullinie des Wachstums die Wettbewerbsfähigkeit im weltwirtschaftlichen Konkurrenzkampf zu erhalten«. Die Kennedy-Schlußrunde gelangte noch im selben Monat mit tragbaren europäisch-amerikanischen Kompromissen endlich ins Ziel. Gleich darauf kam es in West-Berlin zur ersten Studentendemonstration gegen den mit deutschen Anlagebaufirmen eng verbundenen Schah.

Es war typisch für den sozialen Spürsinn des Mannes der realistischen Kombination von Marktwirtschaft und Globalsteuerung – »so viel Wettbewerb wie möglich, so viel Planung wie nötig« –, wenn Schiller sich bei Eröffnung der Messe '68 nicht nur beglückwünschte, weil »der Treibsatz der konjunkturpolitischen Maßnahmen von 1967 gezündet hat«. In höchst unorthodoxer Weise sprach er die versammelten Unternehmer an auf »aggressive Kräfte der jungen Generation, die an die Tore unserer Zitadelle pochen ... Wir haben in den fünfziger und den frühen sechziger Jahren große Aufbauleistungen vollbracht. Wir haben Werte geschaffen, die unser politisches Denken bestimmen. Für die neue Generation sind diese Werte nicht ohne weiteres akzeptabel.« Der Unternehmer habe in unserer marktwirtschaftlichen Ordnung eine Schlüsselfunktion. Wir müßten den Übergang von der naiven zur aufgeklärten Marktwirtschaft vollziehen. »Dafür können allerdings die Unternehmer verlangen, daß es auch in Zukunft klare Verantwortlichkeiten gibt, die deutlich denjenigen betreffen, der das Risiko seiner Existenz in die Waagschale wirft.« Der Sozialdemokrat Schiller sprach sich für Modernisierung der Betriebsverfassung und Beteiligung der Arbeiter am künftigen Vermögenszuwachs aus, aber »bloße Umverteilungsschemata wären Gift für den technischen Fortschritt und das wirtschaftliche Wachstum«.

Sowenig wie sein »Freund Debré«, de Gaulles Wirtschaftsminister, mit dem er sich zum ersten Treffen des Deutsch-Französischen Wirtschaftsausschusses in Bonn verabredet hatte, konnte Karl Schiller an jenem 27. April 1968 den Pariser Studentenaufstand des 8. Mai voraussehen, wo das nach Adenauer letzte politische Vaterbild von »selbsternannten Anführern aggressiver Jugend« irreparabel lädiert wurde. Freilich bewährte sich damals auch in den Renault-Werken, was er in der eingangs erwähnten Rede von 1969 zu diesem Thema noch nachtrug: »Der industrielle Arbeitsprozeß ist sicherlich der stabile Kern in unserer unruhigen Gesellschaft.«

Krisensymptome und neue Rekorde

Die Messe kam in der zweiten Hälfte der sechziger Jahre erstaunlich gut über die Runden. Der Konjunkturabschwächung im Sommer *nach* der 66er Messe folgte im nächsten Frühjahr der »Wiederaufstieg aus der Talsohle« (Schiller). Zwei Jahre später brachte die

Messe '69 einen Besucherrekord von 620 000 deutschen (statt in den Vorjahren zwischen 470 000 und 500 000) und 59 000 ausländischen Interessenten (statt durchschnittlich 45 000). Dieser Zustrom und die Ausstellerschlußberichte über »die beste Messe seit vielen Jahren mit einem Umfang an Direktgeschäften, wie er sonst für hochtechnisierte Güter nicht üblich ist«, gingen zum großen Teil darauf zurück, daß »auch Lieferungen wegen einer erwarteten Aufwertung der Deutschen Mark vorzeitig disponiert wurden«. Der Bundeswirtschaftsminister drang auf die von Erhard abgeschworene zweite Aufwertung, die aber dann doch noch nicht kam. Die Ausstellerzahlen gingen von 1965 auf 1966 um 600 zurück und stabilisierten sich von da an bei 5300; ebenso stabil blieb der Ausländeranteil von 1000 (= nahe bei 20 Prozent). Die vermietete Nettofläche[15] mit einem um 17 Prozent angehobenen Standmietenpreis blieb ebenfalls gleich bei plus/minus 400 000 Quadratmeter, außer zur 69er Messe mit 418 000 Quadratmeter netto. Der Brutto-Ausstellungsraum war seit 1965 wiederum um 60 000 Quadratmeter in Hallen und Messehäusern erweitert worden auf 668 000 Quadratmeter einschließlich Freigelände.

Wenn der Konzernumsatz von 45 Millionen DM im Jahre 1965 (ohne Zweitveranstaltungen) in den beiden Folgejahren erheblich zunahm, so war die zusätzliche Nutzung des Geländes und seiner Infrastruktur daran wesentlich beteiligt. 1966 (Umsatz 51 Mio.) fanden außer der Deutschen Luftfahrtschau eine spektakuläre »Internationale Polizeiausstellung« und eine »Hotel- und Gaststättenschau« statt. Im Jahr darauf (Umsatz 62,7 Mio.) wurde die messeeigene Baufachmesse »CONSTRUCTA II« erfolgreich gestartet, und die 10. EMO belegte wieder alle verfügbaren Hallen. 1968 fiel der Umsatz mit 43,5 Millionen DM trotz Luftfahrtschau und der unrentablen Lehrmittelschau »Didacta« erheblich, zum Teil infolge einer vierprozentigen Verbilligung der Standmieten nach der Ablösung der Umsatzsteuer durch die Mehrwertsteuer, um sich durch die Rekordmesse 1969 wieder zu erholen (52,6 Mio.).

Hinter dieser glatten Fassade vollzog sich im Sog der Neuen Technik eine Umstellung großen Stils auf die exzeptionellen Bedürfnisse einiger Wachstumsbranchen, in einem Fall im harten

Wettbewerb mit dem Messeplatz München. Seit 1965 war in den Begrüßungsansprachen des jetzt wieder ins Finanzressort übergewechselten Aufsichtsratsvorsitzenden die Rede von den »ganz erheblichen Zuwachsraten aller modernen technischen Verfahren: Verarbeitung von Kunststoffen, Oberflächen-Technik, Elektronik, Holzbearbeitungsmaschinen« (1967). »Die Stichworte Atomtechnik, Meß- und Regeltechnik, Pneumatik, Hydraulik und Datenverarbeitung mögen genügen dafür, in welchem Umfang die Neue Technik über alle bisherigen Einzelbereiche hinweggreift und neue Anwendungsbereiche erschließt« (1968). Ein paar Wochen später sprach Minister Kubel vor Industriekaufleuten über die »erneut verstärkten, besonders großen Chancen auch auf der Hannover-Messe für die technischen Wachstumsbranchen wie die Chemie, die Elektroindustrie, die Büroindustrie, hier vor allem die elektronische Datenverarbeitung, und verschiedene Gebiete des Maschinenbaus. Das empfinden wir als Verpflichtung . . ., auf unserem Messeplatz immer moderne und ausreichende Voraussetzungen gerade für diese Wirtschaftszweige zu schaffen.« Im Klartext bedeuteten diese Hinweise Neu-Investitionen von 88 Millionen DM, die natürlich über entsprechende Mietgarantieverträge vorfinanziert wurden. Außerdem wurden sieben Millionen DM in die Aufstockung des Verwaltungsgebäudes und vier Millionen in den Ausbau der Telefonzentrale auf 211 Amtsleitungen investiert. Dem 1965 eröffneten Interconti-Hotel der PANAM mit 600 Betten, an dem sich später die Lufthansa mit 24,9 Prozent beteiligte, gab die Messe-AG eine Rückbürgschaft von sechs Millionen DM. Die Anzahl der Stammbelegschaft auf dem Messegelände hatte sich seit 1960 um knapp 100 auf 385 im Jahre 1969 erhöht.

In den Aufsichtsrat trat der niedersächsische CDU-Wirtschaftsminister Karl Möller ein, als Dr. Georg Diederichs, Ministerpräsident seit Kopfs Tod im Jahr 1962, seine dritte Koalition 1965 ohne die FDP gebildet hatte, ein Vorspiel für den Szenenwechsel zur Großen Koalition auf Bundesebene. Aufgrund des Aktiengesetzes von 1965 wurde der Aufsichtsrat auf 21 Mitglieder begrenzt. Dabei schieden die Vertreter der Industrie- und Handelskammer zu Hannover und des Landes Bremen aus. Anstelle des Krupp-Direktors

Paul Keller kam der Vorstandsvorsitzende der Beratungsstelle für Stahlverwendung in Düsseldorf, Dipl.-Ing. G. Theodor Wuppermann. Mit dem Ableben von Dr. Otto Fahr verlor die Messe-AG den Mann, der ab 1951 im Aufsichtsrat die Interessen des Maschinenbaus im zielstrebigen Ausgleich mit der Expansion der Mehrbranchenmesse vertreten hatte. Sein Nachfolger als stellvertretender Vorsitzender von Ausstellerseite wurde Dr. Kurt Lindner (ZVEI). Für den VDMA trat Dr. jur. Hans Reuther, geschäftsführender Gesellschafter der Bopp & Reuther GmbH, Mannheim-Waldhof, in den Aufsichtsrat ein. Entsprechend den steigenden Investitionen wurde das Stammkapital in den Jahren 1966 um 2,5 Millionen DM, 1967 um zwei Millionen, 1968 um vier und 1969 schließlich um fünf auf 39 Millionen DM erhöht. Im Geschäftsbericht für das letzte Jahr sprach der Vorstand von einer »gegenüber den hohen Investitionen geringen Kapitalerhöhung«.

Alternierung im Maschinenbau

Mitte Juni 1965 hatte Dr. Hans Reuther als langjähriger Vorsitzender des VDMA-Werbeausschusses in Frankfurt einen übergeordneten »Ausschuß für Messepolitik« eröffnet, der schon seit einem Jahr beschlossen war, um »mit den letztlich verantwortlichen Repräsentanten der Ausstellergruppen des Maschinenbaus« das weitere Vorgehen insbesondere in bezug auf die Hannover-Messe zu klären. Er gab sich selbst überrascht, daß nun die Messeleitung »nach der guten Erfahrung« mit dem ersten Gruppentausch auf der Messe '65 (Pausieren von Wärme–Kälte–Luft in Abwechslung mit den Holzbearbeitungsmaschinen) ihn auf weitere Alternierungsmöglichkeiten angesprochen habe. Der Nachfolger Dr. Bleicks als Leiter der Werbe- und Messeabteilung des VDMA, Dr. Erich Fischer, der seine keineswegs leichten Bemühungen beim Messevorstand und dem Kollegen Krüger nun belohnt sah, legte den Plan vor, ab 1967 außer der Luft- und Klimatechnik in ungeraden Jahren auch Antriebstechnik, Kunststoffmaschinen, Schweißtechnik und Kraftmaschinen aussetzen zu lassen. In den geraden Jahren würden dann außer den schon 1966 pausierenden Holzbearbeitungsmaschinen und der Gruppe Dampf–Wasser–Atom ab 1968 auch Armaturen, Hydraulik, Pneumatik, Pumpen, Waagen und die unter Dach ausstellenden Firmen der Fördertechnik fernbleiben. Dagegen sollten Baumaschinen, Fördertechnik im Freigelände und natürlich Büromaschinen und Datentechnik als »Gruppen mit Abnehmern in vielen Branchen« nach wie vor alljährlich ausstellen, »um die Gesamtposition in Hannover nicht zu gefährden«. Bemerkenswert war, daß Dr. Fischer die Vorteile des Alternierens: Abbau der Wartelisten und Verbreiterung des Angebots, mit dem Zusatz vortrug, »Hannover noch mehr als bisher zu internationalisieren«. In der lebhaften Diskussion überwog die Zustimmung bei den angesprochenen Gruppen.

Obwohl die Alternierung 1966 noch nicht vollständig durchgeführt werden konnte, bekräftigte auf der vorangehenden zweiten Sitzung des »Ausschusses für Messepolitik« Vorstand Pätzold als Gast den »schweren Entschluß der Messeleitung«, und Prof. Mössner konnte die nunmehrige Einbindung auch des Maschinenbaus in Zehnjahresverträge oder mindestens acht Jahre mit zwei Jahren Option (Preis 110 bis 120 DM pro Quadratmeter) widerspruchslos vortragen. Nach der 67er Messe teilte Dr. Reuther dann unter Zustimmung Horst Krügers mit, daß der neue Turnus zum beiderseitigen Vorteil gelungen sei. Nicht nur war die vom Maschinenbau belegte Gesamtfläche mit 170 000 Quadratmeter netto (etwa zwei Drittel des entsprechenden Brutto-Ausstellungsraums) konstant geblieben, sondern jetzt kamen die Wachstumsgruppen deutlich zum Zug; Antriebselemente plus 80 Prozent Nettofläche, Kunststoff- und gummiverarbeitende Maschinen, Pumpen und Verdichter, Hydraulik und Pneumatik je plus 60 Prozent, Armaturen plus 25 Prozent und die in der Hallenbelegung größte Gruppe Holzbearbeitungsmaschinen plus 59 Prozent, ohne jedoch voll befriedigt zu sein. Hier kündigte sich eine Wiederholung des Alleingangs der Werkzeugmaschinen an und zwar in der 1975 eingeführten Fachausstellung »Ligna«, die alle zwei Jahre auf der Hannover-Messe stattfand. Die Ausstellerzahlen des Maschinenbaus von 1967 bis 1969 blieben stationär bei 1420 bis 1470, gleich welche von den beiden Gruppen alternierte. Dasselbe galt vom Anteil ausländischer Firmen im Ganzen (plus/minus 300), wobei er in der Holzverarbeitung unverändert hoch blieb (1969: 157 unter 410 Firmen). Als Sprecher der ausländischen Aussteller bei Eröffnung der 69-Messe sagte der Engländer Peter Brookman, Präsident des Europäischen Messe-Ausschusses der Holzbearbeitungs-Maschinen (EUMABOIS): »Jeder, der sich in Westeuropa mit dieser Branche befaßt, ist hier in irgendeiner Form vertreten.« Er vergaß Finnen, Schweden und Kanadier.

Abgesehen von der umfangreichen Informationsarbeit im Ausland, um enttäuschte Fachbesucher in den Freijahren der sie interessierenden Gruppen auf ein Mindestmaß zu beschränken, war die Anpassung der bestehenden Hallenfläche an die neue Aufteilung nicht allzu kostspielig. Die größte Investition war der Umbau der alten Maschinenhalle 3 zur tief fundierten und bekranten Schwerguthalle (10 400 m^2 brutto), dazu ein Vorbau für Prüfmaschinen vor der Halle der Kunststoffmaschinen.

Die Münchner Herausforderung

Jedesmal wenn Dr. Alexander Menne in Hannover sprach, hielt er es für seine Pflicht als AUMA-Präsident, ein paar Sätze über die Gefahren der Messezersplitterung in der Bundesrepublik zu verlieren. Als er jedoch bei der Eröffnung der 65er Messe die Themen Messekonzentration und Messeordnung wieder anschnitt, horchte man plötzlich auf. »Auf keinen Fall sollten bei uns vom Ausland bestimmte Messen aufgezogen werden. Derartige Fachmessen entsprechen weder den Gepflogenheiten der übrigen Industrieländer noch unserer jahrhundertealten deutschen Messetradition.« Jeder wußte, um was es hier ging. In München, dessen Messeleitung gern Nord-Süd-Probleme mit Hannover hochspielte, war über den Zentralverband der Elektrotechnischen Industrie hinweg eine Fachmesse »Electronica« aufgemacht worden. Sie ging auf Initiative der Amerikanischen Handelskammer in Deutschland zurück, mit offener Unterstützung des US-Botschafters George MacGhee.

Kurz nach Mennes »Entgleisung« ließ er den Technischen Messevorstand und gleichzeitigen Geschäftsführer der Elektro-Messehaus GmbH zu sich nach Mehlem bitten. In Pätzolds Begleitung erlebte ich eine vehemente Zurechtweisung des AUMA-Präsidenten und kategorische Ablehnung unseres Einspruchs gegen das Münchner Unternehmen. Amerikanische Spezialfirmen kämen nicht zum Zug gegenüber der »deutschnationalen« Messepolitik in Hannover. Als Schrittmacher im stürmischen Vormarsch der Elektronik würden sie in München der deutschen Konkurrenz den richtigen Weg erst zeigen.

Nun war es natürlich keineswegs so, daß das Thema Elektronik von großen und kleineren Mitgliedsfirmen im Fachverband Schwachstromtechnische Bauelemente vernachlässigt worden wäre. Aber die amerikanischen und japanischen Nur-Elektroniker kamen bei uns in ein »full house« dieses je nach Anwendungsbereich über fast alle Elektro-Hallen verteilten Angebots der Neuen Technik. Trotz Widerspruchs des AUMA war die »Electronica« 1964 gestartet worden mit 100 deutschen und 40 amerikanischen oder japanischen Ausstellern auf 4000 Quadratmeter und konnte zwei Jahre später alle drei Zahlen verdoppeln. Bei uns wurde drei Jahre lang die Halle Rundfunk-, Fernseh- und Phonotechnik, einem Hauptinteressenten für Transistoren, durch provisorische Anbauten für die beiden elektronischen Untergruppen Meßtechnik und Bauelemente Stück um Stück erweitert, um nicht zu sagen angeflickt. Elektronik war auch zu finden in der Elektrogeräte-Halle daneben, im Zwischengeschoß des Leuchtenhauses und natürlich im Gesamtangebot der Großfirmen in der größten Elektro-Halle. 1968 gab dann der Maschinenbau im Zug der Alternierung die alte Halle 1 für den Überhang der Elektro-Messehaus GmbH frei, ohne daß für die elektronischen Meßgeräte und Bauelemente zunächst mehr herauskam als eine weitere Verzettelung der Stände.

Ein Vorteil war auch in diesem Fall der Charakter Hannovers als industrielle Mehrfachmesse. Auf der 68er Messe befragt, lehnten 500 deutsche einschlägige Firmen eine neue Spezialmesse (sprich Electronica) ab, weil sie neben ihrer internationalen Fachmesse, dem Pariser »Salon International des Composants Electroniques«,

Hannover als »Zwischenmarkt von Ausstellern und Anwendern« brauchten. Denn inzwischen hatte sich die Elektronik mit der Entwicklung der Halbleiter-Bauelemente und integrierten Schaltungen von den Elektro-Medien immer schneller in die Bürotechnik und die numerische Steuerung im Maschinenbau ausgedehnt. Bei der vorrangigen Bedeutung der Information für die Anwender spielten die jedes Jahr eingebauten elektronischen Fachtagungen des Vereins Deutscher Elektrotechniker (VDE) eine große Rolle. Die deutschen Hersteller, die zu drei Vierteln für den Binnenmarkt und zu 90 Prozent für den Kunden Industrie arbeiteten, standen unter dem Druck der amerikanischen Importe und litten bei der immer rapideren Minimierung der elektro-mechanischen Bauelemente unter Facharbeitermangel.

Im »Jahr der großen Investitionen« – Umbau der Schwermaschinenhalle und, wovon gleich die Rede sein wird, Bau einer Riesenhalle für die ausufernde Bürotechnik – wurde nach Schluß der Hannover-Messe '69 mit dem Abreißen der Halle 1 begonnen. An ihre Stelle wurde zur 70er Messe eine dreigeschossige Halle 12 als Gegenstück zu der großen Halle 11 der Elektro-Technik gebaut, verbunden mit dieser durch Übergänge und einen Zwischentrakt. Das erlaubte endlich eine Aufarbeitung der ausländischen Warteliste, vor allem der British Electrical and Allied Manufacturing Association (BEAMA). Das neue »Elektronik-Zentrum« selbst, ausgestattet mit Rolltreppen und jedem Komfort einschließlich eines »Restaurant Français«, bot einen Bruttoraum von 30 000 Quadratmeter. Im Erdgeschoß fanden die elektronischen Meßgeräte und die Automationstechnik Platz. In den beiden Obergeschossen befanden sich Schaltkreise, andere Bauelemente und Baugruppen neben speziellen Werkstoffen. Die Nettofläche von 20 000 Quadratmeter in den drei Etagen wurde voll vermietet. Unter 600 Ausstellern waren 158 Hersteller von aktiven, passiven und elektromechanischen Bauelementen, davon 40 ausländische und 39 von diesen zusätzlich vertretene Firmen. 180 Aussteller gehörten zur Meßtechnik einschließlich 42 ausländischen mit 96 zusätzlich vertretenen. Freilich verzeichnete im gleichen Jahr 1970 die »Electronica« 525 deutsche und 239 ausländische Aussteller auf 24 500 Quadrat-

1969

»Bowler hats« – (von links) britischer Botschaftsrat Marjoribanks, Generalkonsul Hennessy, EWG-Generaldirektor Dr. Seeliger

meter Nettofläche. Die Nord-Süd-Spaltung im gleichen Fachangebot zwischen Hannover und München war komplett.

Freund MacGhee hatte schon zur Messe 1967 wieder Frieden mit uns geschlossen. Bei Überreichung einer Ehrenkunde des Commerce-Departments an Prof. Mössner erklärte er die Hannover-Messe zu »einer der größten Erfolgsgeschichten der Gegenwart«.

Nach 1969 ergab sich noch eine einschneidende Veränderung im Bereich der Elektro-Messehaus GmbH. Obwohl der Zentralverband der Elektrotechnischen Industrie seinerzeit die 1971 international werdende Berliner Funkausstellung und Regionalausstellungen als zusätzlich zur Präsenz in Hannover bezeichnet hatte, schied der Fachverband Rundfunk und Fernsehen aus. Eine Regionalmesse als Publikumsschau, wie sie gerade auf dem Stuttgarter Killesberg erfolgreich abgelaufen war, konnte auf der industriellen Mehrbranchenmesse Hannover nicht geboten werden. Die Phonotechnik allerdings blieb, und der freiwerdende Raum wurde von Galvanotechnik, Wickelmaschinen, Siebdruckmaschinen, Löttechnik und Imprägnierungsanlagen sofort belegt.

In unserer Messewerbung wurde die Büroindustrie gern als drittgrößte geschlossene Gruppe auf dem Gelände bezeichnet. In der Tat war schon auf den ersten Exportmessen Bürobedarf jeder Art mit Erfolg angeboten worden. 1951 übersiedelten dann Möbel, Organisationsmittel und Zeichenbedarf von der Mustermesse auf die Technische Messe zu den Büromaschinen, mit denen zusammen sie zunächst zwei Leichtbauhallen voll belegten. 1957 wurde dieser vom Groß- und Dauerabnehmer Büro zusammengehaltenen Zweckgemeinschaft aus grundverschiedenen Fachbereichen eine eigene zweigeschossige repräsentative Halle (30 000 m^2 brutto) neben dem Messehaus der dekorativen Konsumgüter errichtet. Durch zweimaligen Ausbau 1959 (auf 33 000 m^2) und 1963 (auf 50 000 m^2) wurde sie zur größten Halle auf dem Gelände und stand als weithin sichtbarer Längsbau am Beginn der Ostallee. Damit nicht genug, mußte 1967 der in- und ausländische Andrang zu diesem »Internationalen Büro-Centrum« durch einen wenig schönen provisorischen Quadratbau (3500 m^2) der Haupthalle gegenüber aufgefangen werden.

Zum Wachstumsmodell ersten Ranges wurde die heterogene Büroindustrie durch den von Amerika ausgehenden Einbruch der elektrotechnischen Datenverarbeitung in die trotz Schreib-, Rechen- und Kopiermaschinen doch noch eher konservative Welt des europäischen »Comptoirs«. So ergaben sich hier mannigfache Spannungen zwischen Möbel und Maschine, Europa und Amerika, Gegenwart und Zukunft. Wie auch in der Elektronik, marschierte die deutsche Technik einmal nicht an der Spitze des Fortschritts, sondern mußte auf ihrem »domestic market« wie im Export mit der internationalen Konkurrenz und vor allem mit den europäischen Töchtern amerikanischer Großfirmen gleichziehen. In den Mittelpunkt, auch von der Standfläche her gesehen, rückte das »elektronische Gehirn«. In Gestalt der Groß-Computer brauchte es noch Mitte der sechziger Jahre sehr viel Platz, bevor die Hersteller sich mit Rücksicht auf die Menge mittelständischer Abnehmer »nach unten orientierten« und mit Hilfe der neuesten Bauelemente darangingen, aus großen Anlagen kleinere abzuleiten. Bei durchschnittlich 50 ausländischen Ausstellern von Büromaschinen und fünfmal soviel deutschen standen IBM-Deutschland neben Nixdorf und anderen.

Von der Datenverarbeitung griff das elektronisch bedingte Wachstum über auf Rechen- und Buchhaltungsautomaten und auf die Reprographie. Die Japaner überschwemmten den Markt mit ihren Tischrechnern (wie in der Halle der Unterhaltungs- und Kommunikationsbranche mit ihren Kassetten). Das Zentraldiktat-System und optische Geräte zur Simulierung von Betriebsvorgängen für die Planung wurden entwickelt. Die Chemie bot Mikrofilme für die Registratur und Magnetbänder für die automatische Kontenführung neben ihren Kunststoff-Folien. Selbst der elektronikfreie Möbelbau gestaltete mit *seinen* »Bausteinen« mobile Arbeitsplätze im Büro. Etwas an die Wand gedrückt, gab es nach wie vor die Reißbretter und Reißzeuge für die technischen Zeichner. Ein braver Mann aus London kam jedes Jahr auf seinen winzigen Stand. Er zählte auf Nostalgie einheimischer Geschäftsleute in den ehemaligen Kolonien Ihrer Majestät mit Kontobüchern aus dem vorigen Jahrhundert, schön gebunden und mit altväterlichen Sinnsprüchen garniert.

Einem konstanten Bedarf von 20000 Quadratmetern Nettofläche für die Büromaschinen und 10000 mehr in den übrigen Bereichen der Büroindustrie standen im Dauerboom dringende Neuansprüche von in- und ausländischen Herstellern gegenüber. Es mußte etwas geschehen. Was und wie, darin waren sich die Fachgemeinschaft Büromaschinen und Datentechnik im VDMA, die Möbelfirmen und Hersteller von Organisationsmitteln keineswegs einig. Hinter den Kulissen wurden der Messeleitung massive Aussteigeangebote der Schwestermesse Frankfurt präsentiert. Im Frühherbst 1968 legten unter Vorsitz des zähen Unterhändlers Eckart Hehn, Vorsitzender des VDMA-Büromaschinen-Fachausschusses, die beiden Vorstände Mössner und Pätzold dem Messe-Ausschuß verschiedene Möglichkeiten mit ihren finanziellen Auswirkungen vor. Darunter war auch der Vorschlag, alle Teile der Büroindustrie in einer noch größeren Halle zusammenzufassen. Anfang Dezember gab Hehn der Messe-AG die verbindliche Entscheidung seiner Fachgemeinschaft zur Kenntnis, keine gesonderte Fachmesse zu gründen.

Unter dieser Voraussetzung schloß der Aufsichtsrat in zwei Sitzungen vom 12. Dezember 1968 und 14. Februar 1969 dem »Jahr der großen Investitionen« die Tür auf mit der Genehmigung von 82,8 Millionen DM, davon 24 Millionen für die vorerwähnte Elektronik-Halle der Elektro-Messehaus GmbH und 58,8 Millionen DM für die Messe-AG mit dem Hauptobjekt einer »eingeschossigen aufgeständerten Halle ‹CEBIT› (steht für: Centrum für Büro- und Informations-Technik) mit einer Gesamtfläche von 82000 Quadratmeter brutto (Kosten 45,5 Mio. DM)«. Unter CEBIT fanden Parkplätze für 2000 Aussteller-PKW Platz, und auf dem flachen Dach – groß wie zwölf Fußballfelder – konnten 750 wabenförmige Pavillons für Besprechungs- und/oder Übernachtungszwecke erstellt und vermietet werden. Die 50000 Quadratmeter Nettofläche wurden vom Messe-Ausschuß Büroindustrie je zur Hälfte Altausstellern mit Erweiterungsmöglichkeiten vorbehalten bzw. den

Neuausstellern des In- und Auslandes auf der Warteliste zugesprochen. Die Standmiete für die Fünjahresverträge betrug 120 DM pro Quadratmeter (bisher 95). In die alte Bürohalle rückte ab 1970 die ebenfalls florierende Werkzeugindustrie nach. Vor der Presse erläuterte Prof. Mössner die übliche Finanzierung durch Eigenmittel, Abschreibungen, vorfinanzierte Abschreibungen und langfristige Darlehen. (Dem Aufsichtsrat selbst allerdings hatte er wegen der außergewöhnlich hohen Zinssätze keine Festkreditaufnahme, sondern Zwischenfinanzierungen auf Kontokorrent vorgeschlagen.) Den Journalisten rief der Aufsichtsratsvorsitzende und derzeitige Finanzminister des Landes Niedersachsen zu: »Und das alles ohne öffentliche Subventionen irgendwelcher Art!«

Airbus und Neues Bauen

Die Luft- und Raumfahrttechnik jener Jahre war erst recht Wachstumsindustrie in Sprüngen, und es nimmt nicht wunder, daß der Bundesverband der Deutschen Luft- und Raumfahrtindustrie (BDLI) am Ende seiner Schau 1968 den Fachbesuchern aus aller Welt ein stolzgeschwelltes Wiedersehen in zwei Jahren auf unserem »Forum der Neuen Technik« zurief. 1966 hatte die Deutsche Luftfahrtschau (DLS) sich zwischen Le Bourget und Farnborough, das Vorstand Pätzold und Kollege Hutmacher regelmäßig besuchten, noch nicht durchgesetzt. Trotz einer Ansprache von Bundespräsident Lübke am Vorabend seiner Rede auf der Messe selbst wurde in der Presse das alte Argument der Abgelegenheit Hannovers wieder aufgegriffen mit dem Seitenblick auf die Kunden in Uniform von der Bonner Hardthöhe. Der neue BDLI-Präsident Prof. Dr.-Ing. Karl Thalau klang nicht sehr überzeugend mit der Beteuerung, daß »zu Abwanderungsspekulationen (nach Düsseldorf?) keine Eile und kein direkter Anlaß« vorliege. Dabei kamen zwei Drittel der 170 Herstellerfirmen aus England, den USA, Frankreich und anderen Industriestaaten, und die Entwicklung von einer Informations- und Repräsentationsschau zum echten Verkauf war nicht zu übersehen.

1968, als Karl Schiller der DLS ebenfalls seine Reverenz erwies, war die Stimmung umgeschlagen. Mit dem »Airbus«-Projekt schaltete sich die deutsche Industrie bereits als »Partner von international vergleichbarem Rang« in Verabredungen zur europäischen Kooperation ein. Neben dem Senkrechtstarter der Bundeswehr und der amerikanischen Apollokapsel als Sensationen war bei gleichbleibender Ausstellerzahl der internationale Wettbewerb in Geräten, Motoren und Anlagen – besonders auch in der Satelliten- und sonstigen Raumfahrttechnik – um so eindrucksvoller in der »businesslike«-Atmosphäre der DLS. Sie entsprach dem Klima auf der Hannover-Messe.

1965 trat die Messe-AG selbst als Initiator und alleiniger Träger einer Zweitveranstaltung auf. Im Zug der vorbildlichen Wiederaufbauplanung des Stadtbaurats von Hannover, Prof. Rudolf Hillebrecht, hatte 1951 eine einmalige Bauausstellung stattgefunden und zu einer modernen Siedlung mit Fußgängerzone und Grünflächen im Zentrum der Stadt den Anstoß gegeben. Jetzt wurde unter dem Namen »CONSTRUCTA II« eine umfassende Baufach-Ausstellung mit internationaler Beteiligung konzipiert. Als Koordinator für die Mitwirkung einschlägiger Behörden, Institute und Verbände wurde der Luxemburger Architekt Bob Frommes gefunden, Direktor der Gesellschaft für sozialen Wohnungsbau in seiner Heimat und gleichermaßen in deutschen und französischen Fachkreisen zu Hause. Das hochgesteckte Ziel war »ein lückenloser Überblick über den technischen Stand des Sektors Bauwesen«.

Als »Wegweiser für das rationale Bauen« zeigte die im Januar 1967 erstmals abgehaltene »CONSTRUCTA II« Baustoffe, Bauelemente, Bauarten und Baukonstruktionen in sechs Hallen rings um das Internationale Zentrum auf dem Gelände. Die Winterzeit war bewußt gewählt; Baumaschinen und Geräte blieben von vornherein ausgeschlossen. Ein Vorstoß aus München, nun die dortige BAUMA jährlich abzuhalten, wurde von der Messeleitung Hannover scharf zurückgewiesen, mit der doppelten Argumentation, daß erstens auf der CONSTRUCTA II keine Maschinen und zweitens die Baumaschinen seit Anbeginn auf der Hannover-Messe verankert seien. Die funktionelle Gliederung der Ausstellungsobjekte erfolgte in den fünf Gruppen Rohbau, Ausbau (größter Teilbereich), Haustechnik,

Küchentechnik, Fertig- und Montagebau. Trotz der die Bauwirtschaft wie immer besonders hart treffenden Konjunktur »in der Talsohle« mieteten 600 Aussteller 32 500 Quadratmeter Nettofläche. Bis auf 94, die aus dem europäischen Nachbarraum einschließlich Polen und der Tschechoslowakei kamen, waren es deutsche Firmen aus Industrie und Handwerk, die mit neuen Materialien und Methoden ins Geschäft zu kommen hofften. Der Besuch übertraf mit 110 000 in neun Tagen die Erwartungen, zumal bei einer Umfrage fast 70 Prozent als Fachleute ermittelt wurden. Das Vordringen der vorfabrizierten Fertigteile war deutlich, das Interesse an den neu entwickelten Fertighäusern erfolgversprechend.

Bob Frommes ließ es bei den technischen und kommerziellen Aspekten nicht bewenden. In Gemeinschaft mit Prof. Hillebrecht und dem Direktor des Instituts für Bauforschung in Hannover, Prof. Dr. Wolfgang Triebel, nutzte er seine internationalen Beziehungen, um das Generalthema »Bauen und Wohnen« auf hohem Niveau erörtern zu lassen. Über »Philosophie und Realität des Wohnungs- und Städtebaus« sprachen im vollbesetzten Kongreßsaal neben Hillebrecht der damals »en vogue« befindliche französische Futurologe Prof. Fourastié, Direktor Vietor von der Neuen Heimat, der Planungsexperte Prof. Ritzel aus San Francisco und Direktor Fokkinga vom Rotterdamer »Europoort«, dem meistbewunderten Groß-Bauvorhaben jener Zeit. Am nächsten Tag wurde das Thema »Mensch und Wohnung« von zwei Soziologen behandelt, der New Yorkerin Jane Jacobs vom Gesichtspunkt amerikanischer Fehlschläge und Perspektiven und dem Heidelberger Prof. Alexander Mitscherlich aus seiner bundesdeutschen Sicht.

Im September 1967, noch mitten im Konjunkturtief der Bundesrepublik, richtete Generalkommissar Markus von Busße die 10. Europäische Werkzeugmaschinen-Ausstellung aus. Der Verein Deutscher Werkzeugmaschinenfabriken hatte mit seinem langdiskutierten Vorschlag im Europäischen Komitee (CECIMO), vom zweijährigen auf einen Vierjahresturnus überzugehen, durch sein Angebot halb gewonnen, die Eröffnung der dritten EMO-Runde 1967 in Hannover abzuhalten, gefolgt von der fünften deutschen Ausstellung mit internationaler Beteiligung drei Jahre später. Was

Buße sorgfältig geheimhielt, war die Absicht, 1970 unter dem unverbindlichen Namen »Internationale Hannover-Ausstellung« (IHA) den europäischen Rahmen der Zwölf durch weltweite Einladung der amerikanischen, japanischen und sonstigen Konkurrenz zu sprengen.

Dieses Mal waren die CECIMO-Mitglieder noch unter sich. Von den neun Milliarden Schweizer Franken ihrer Gesamtproduktion, 37 Prozent der Weltproduktion, entfielen 3,5 Milliarden DM auf die deutschen mittelständischen Firmen mit ihren 112 300 Beschäftigten. Von den 93 000 Quadratmetern netto auf der 10. EMO für 1368 Aussteller von Werkzeugmaschinen und Zubehör (Präzisionswerkzeuge, Spannzeuge und elektronische Meßzeuge) waren drei Hallen mit 20 000 Quadratmetern von letzteren belegt. 10 000 Maschinen im Gesamtgewicht von 22 000 Tonnen wurden in Betrieb vorgeführt, was für die schwersten Stücke tiefe Fundamentierungen und für besondere Höchstleistungen eigene Transformatoren bedingte. Zu 743 deutschen Teilnehmern kamen 625 aus den anderen CECIMO-Ländern, wobei das immer noch EWG-ferne England mit 100 Firmen eher schwach, Italien dafür überstark vertreten war.

Anstelle des ursprünglich von seinem schwäbischen Landsmann und VDW-Vorsitzenden Dr. Schaudt eingeladenen Bundeskanzlers Kurt-Georg Kiesinger nahm Bundesfinanzminister Dr. Franz Josef Strauß die Eröffnung vor. Anders als sein Pendant Karl Schiller auf der Frühjahrsmesse enthielt er sich einer Prognose über das Tempo des konjunkturellen Wiederaufstiegs. Um so deutlicher sprach der schwedische Präsident des CECIMO-Ausstellungsausschusses, Fabrikant Lennart de la Cour, von der Hoffnung auf Belebung der westdeutschen Investitionen und der Bedeutung des deutschen Marktes für die gesamte europäische Industrie. Dr. Schaudt beschrieb die Erhöhung der Produktivität in der Automobilindustrie durch neue Fertigungseinrichtungen und die großen Anstrengungen der Werkzeugmaschinen-Industrie und der Kybernetik für die Raumfahrt. In der Tat zeigte die Ausstellung, daß Automatisierung auch bei Kleinserien möglich geworden war. Neue Schneidstoffe verdoppelten die Ausbringung der Werkstücke durch gesteigerte Schnittgeschwindigkeiten. Dasselbe geschah beim Schleifen. Schon liefen in der Bundesrepublik 600 elektronisch gesteuerte (N.C.)-Maschinen mit einer besonderen Programmierungssprache.

Unter 160000 Besuchern in zehn Tagen kamen 30000 aus dem nächsten und fernsten Ausland, darunter zwei Delegationen des japanischen Werkzeugmaschinenverbandes mit 73 Fachleuten. Die deutsche Ausfuhr 1966 im Wert von 1,9 Milliarden DM (bei 350 Mio. Einfuhrwert) war in die europäischen Nachbarländer, aber auch nach den USA (167 Mio.), Indien (73 Mio.), Japan und die Volksrepublik China (je 40 Mio.) gegangen. Der Absatz in der Sowjetunion, deren Stellvertretender Außenhandelsminister Smeljakow die 10. Europäische Werkzeugmaschinen-Ausstellung besuchte, war mit 25 Millionen DM geringer als in der Tschechoslowakei mit ihren Skoda-Werken (30). Zwei Jahre später verdreifachte er sich, und ab 1969 setzte sich Moskau im Zuge der PKW-Projekte für die Moskwitsch- und Togliatti-Werke, denen Anfang der siebziger Jahre das Kama-LKW-Projekt folgte, mit 335,6 Millionen DM an die Spitze der Abnehmer deutscher Werkzeugmaschinen in der Welt.

Partner aus dem Ostblock

Damit sind wir bei einem Wachstumsphänomen anderer Art in der zweiten Hälfte der sechziger Jahre, dem spektakulären Auftreten des Ostblocks auf der Hannover-Messe. Stahl heißt im Russischen «Stal» und Kohle «Ägol». Die Zaren holten mit ihren deutschen Prinzessinnen deutsche Handwerker, Werkmeister, Ingenieure und Fabrikanten ins Land. Unter dem Rapallo-Vertrag, den der Reichs-Außenminister der Weimarer Republik und AEG-Chef Dr. Walther Rathenau 1922 mit der gerade konstituierten Föderation der Sozialistischen Sowjetrepubliken aushandelte, lieferten seine Firma und andere, vornehmlich aus dem Maschinenbau, die Ausrüstung für moderne Industriebetriebe und die großen Energieprojekte Stalins. Nach Hitlers Krieg, als sich die deutsch-russischen Wirtschaftsbeziehungen auf den Abtransport des Maschinenparks aus der sowjetisch besetzten Zone beschränkten, war sich die westdeutsche metallverarbeitende Industrie darüber klar, daß sie mit der Teilung des Reiches auch ihren traditionellen Markt in ganz Ostmittel- und Osteuropa zu verlieren drohte, dem nachherigen Bereich des »Rates für gegenseitige Wirtschaftshilfe« (COMECON) der sozialistischen Staatshandelsländer mit Ausnahme Jugoslawiens.

Noch wollte man nicht an das Unvermeidliche glauben. In der Neugründungssitzung des VDMA-Werbeausschusses Ende September 1947 benotete Dr. Bleick zwar die erste Exportmesse in Hannover als »beachtliche Leistung«, empfahl aber gleichzeitig, sich auch an der Leipziger Messe zu beteiligen, »die ihre Bedeutung für den Osthandel behalten und bei Wegfall der Zonengrenzen ihre Stellung als einzige deutsche Großmesse und technische Messe zurückgewinnen wird«. Als dann zu Neujahr 1948 die Sowjets sich aus dem Alliierten Kontrollrat zurückzogen und der Eiserne Vorhang niederging, blieb zwar die traditionelle Anwesenheit von am Interzonen- und Osthandel interessierten Firmen an der Leipziger Messer erhalten, die sogar von Industrie- und Handelskammern in der Bundesrepublik vertreten wurde. Die Ergebnisse waren aber bescheiden, und Anfang der sechziger Jahre entdeckte der Ostausschuß der deutschen Wirtschaft die wachsende Bedeutung der Posener Messe und der Brünner Maschinenbau-Ausstellung auch für Kontakte mit der Führungsmacht im COMECON. Hinwieder setzte sich nach Unterzeichnung des deutsch-sowjetischen Handelsvertrages durch Mikojan 1958 das Moskauer Interesse an der Hannover-Messe fort in Gestalt regelmäßiger Delegationen und der Beteiligung an unserem Internationalen Zentrum.

Als die Sondierungen von Sonderbotschafter Lahr in Polen, Ungarn, Rumänien und Bulgarien zur Einrichtung gegenseitiger Handelsmissionen 1964 Erfolg hatten und Bundeskanzler Erhard trotz oder wegen des neuen sowjetischen Freundschafts- und Beistandsabkommens mit der DDR Chruschtschow durch dessen Schwiegersohn Adschubej nach Bonn einlud, brach das Eis. Nicht nur Jugoslawien, mit dem die diplomatischen Beziehungen noch nicht wiederaufgenommen waren, erhöhte zur Hannover-Messe

'65 seine bisher kleine Beteiligung auf 31 Hersteller von Maschinen, Kabeln und Baustoffen. Direktor Edward Czarnecki von der polnischen Außenhandelskammer verkaufte während der Messe das ganze Angebot seiner 20 Firmen an Maschinen und Elektrogeräten. Erstmals trat die Sowjetunion als Aussteller auf, wenn auch indirekt. Ihr westdeutscher Generalvertreter baute im Freigelände einen 30 Tonnen schweren Elektrobagger und einen Muldenkipper mit 27 Tonnen Tragkraft auf. Auf demselben Stand hospitierten auch vier Fördergeräte-Hersteller aus der DDR. Außerdem eröffnete die Moskauer »Licensintorg« ein Büro zum planmäßigen Austausch industrieller Lizenzen.

Bei dem Empfang des Ostausschusses während der 66er Messe in der Industrie- und Handelskammer für eine Delegation sowjetischer Ingenieure und Techniker unter Leitung des Stellvertretenden Ministers für Gerätebau und Automation sagte Botschafter Smirnow, von Hannover seien sie »noch nie enttäuscht« worden. Die beiden schweren Ausstellungsstücke standen noch im Freigelände. Polen hatte jetzt einen eigenen Pavillon hinter der Stahlstraße zur Ausstellung des Anlagen- und Schwermaschinenbaus. In Ostberlin konnte Kollege Krüger zum erstenmal mit einem Sonderbeauftragten des DDR-Ministeriums für innerdeutschen Handel und Außenhandel Direktgespräche führen. Das Ergebnis auf der 67er Messe war die Beteiligung von 35 volkseigenen Betrieben mit Schwerpunkt im Maschinenbau. Der Eisenbahn-Drehkran von 125 Tonnen Tragkraft wurde am Eingang zum Freigelände plaziert, wo auch Baumaschinen von drüben ausgestellt wurden. In den Maschinenhallen war Platz im Zug der Alternierung entstanden. So konnten DDR-Betriebe Chemieanlagen und Schwermaschinen, Prüfmaschinen und Erzeugnisse der »Jenoptik« ausstellen. Nur das Meißner Porzellan überwand erst ein Jahr später den Widerstand in der westdeutschen Konkurrenz.

Vier Jahre nach der Rüge des Bundespräsidenten saßen unter den Ehrengästen zur Messe-Eröffnung 1967 der zuständige DDR-Minister Horst Sölle und sein Stellvertreter Heinz Behrend, als Minister Kubel die »Verdreifachung des mitteldeutschen Angebots« unterstrich und meinte, die Staatshandelsländer suchten und fänden hier die engere Zusammenarbeit mit den westlichen Industrien zu ihrer Eigenentwicklung und den Absatz marktgängiger Industriewaren zur Ergänzung des traditionellen Agrarexports. Bundeswirtschaftsminister Schiller erwähnte die neuen Zahlungs- und Liefergarantien des Bundes für längerfristige Geschäfte mit Investitionsgütern im innerdeutschen Bereich und rief aus: »Wir sagen ein offenes und klares Ja zu der kommerziellen Begegnung zwischen den beiden Teilen Deutschlands hier in Hannover.« Zwei Jahre später, als sich die DDR-Beteiligung auf 53 Betriebe erweitert hatte, meinte Karl Schiller, die Bundesregierung habe nun Zug um Zug alle Hindernisse für den innerdeutschen Handel ausgeräumt und warte immer noch auf viele Antworten. Beim anschließenden Rundgang traf er auf dem Stand der bundeseigenen Salzgitterwerke mit dem Sowjetminister für Schwermaschinenbau, Patolitschew, zusammen. Die beiden haben das erste deutsch-sowjetische Röhrengeschäft ins Rollen gebracht.

4.

TREFFPUNKT ZUKUNFT

1967 kam mit dem Titel »Treffpunkt Zukunft« ein neuer Farbfilm heraus, der von der »Windrose«-Hamburg gedreht wurde und die Hannover-Messe leicht ins Futuristische projizierte. In einem Hangar der Boeing-Werke hatte sich Peter von Zahn auf eine Tragfläche eines titangepanzerten Überschall-Airliners postiert, um das Hohelied der unbegrenzten Technik anzustimmen. Leider wurde der Prototyp des Jumbo-Nachfolgers mit Schwenkflügeln nie in Serie gebaut. Das ebenfalls vorgeführte Atomkraftwerk von Lingen blieb mit einigen anderen allein auf bundesdeutscher Flur, während das Nachbarland der atomaren »force de frappe« sich unter de Gaulles Nachfolgern konsequent auch auf friedliche Nutzung der Kernenergie einstellte. Die Fachtagungen während der Messe, wo sich etwa die Postingenieure über Kommunikation per Satellit unterrichteten, machten Hannover mehr und mehr zum »Umschlagplatz zwischen technischem Gedankengut und wissenschaftlichen Forschungsergebnissen«, wie sich Professor Mössner als neu ernannter Ehrensenator der Technischen Universität 1969 ausdrückte.

»Internationale Zusammenarbeit in der Neuen Technik« (International co-operation in advanced technology) war das Thema eines überfachlichen Gesprächs zwischen Fachleuten während der 66er Messe. Der Initiator war Prof. Dr.-Ing. Siegfried Balke, Präsident des Bundes Deutscher Arbeitgeber, Vorsitzender des Verbandes technisch-wissenschaftlicher Vereine und Mitglied des Bundestags. Unter Adenauer war er der erste Bundesminister für wissenschaftliche Forschung gewesen. Es sollte ein amerikanisch-europäischer

Meinungsaustausch auf hoher Ebene werden. Auf einer neuen Werbereise in den Staaten unter dem Stichwort »Das amerikanische Geschäft auf der Hannover-Messe« gelang es mir in Washington, den Gesprächspartner in dem Unterstaatssekretär für Wissenschaft und Technologie des Handelsministeriums, Dr. J. Herbert Hollomon zu finden, den man von der Forschungsabteilung der General Electric auf diesen frisch geschaffenen Posten geholt hatte. Zur Konfrontierung der aktuellen Forschungsprobleme mit den Voraussetzungen ihrer praktischen Anwendung waren außerdem bereit der Managing Director von Bristol Siddeley Engines Ltd., Ratsmitglied des CBI Hugh C. Conway, und einer der Großen in der deutschen Industrie, Prof. Dr.-Ing. Karl Winnacker, Vorsitzender des Vorstands der Farbwerke Hoechst AG, Präsident des Chemieverbandes und des Deutschen Atomforums. Die Europäische Atomgemeinschaft (EURATOM) war durch ihren Generaldirektor für Forschung und Ausbildung, den Franzosen Dr. Jules Guéron, vertreten und der an der Teilnahme verhinderte junge Amtsnachfolger Balkes, Bundesminister Dr. Gerhard Stoltenberg, durch den langjährigen Leiter der Abteilung Kernforschung, Ministerialdirektor Dr. Joachim Pretsch.

Als Gesprächsleiter übernahm Prof. Balke am Vormittag das Thema der beiden großen Wissenschaften: Luft- und Raumfahrt und Kernenergie, Prof. Winnacker am Nachmittag die »konventionellen« Gebiete von Chemie und Elektrotechnik. Vorstand Mössner begrüßte die zahlreich erschienenen Firmenchefs und leitenden Fachkräfte, deren Interesse sie hergeführt habe, weil die Forschung von heute das Geschäft von morgen bestimme. Einleitend warnte Prof. Balke davor, daß es sich hier um ein Experiment mit explosiven Gegenständen handle, weil Industrielle über die Formen internationaler Zusammenarbeit ihre individuellen Ansichten und Rücksichten hätten. Aber diese Zusammenarbeit sei nur möglich, wenn man gewisse Karten auf den Tisch lege. Die *eine* Welt (Roosevelts One world) hätten wir zwar bisher nicht zu organisieren vermocht, aber es gebe eine weltweite Einheit der Technik. Mit dem Scherz, er bezweifle, ob die neue englisch-französische »Entente Concordiale« Europa aus der zur Zeit herrschenden Tiefsttemperatur heraushelfen könne, erteilte er Direktor Conway das Wort, dessen Firma die Olympus-Überschall-Triebwerke für den Concorde-Flugkörper lieferte.

Der englische Manager vermerkte, daß zwar die Luftfahrt eine europäische Entwicklung sei, aber nur die USA und die Sowjetunion Raumforschungsprogramme hätten. Zum erstenmal drängten sich die in einem für unsere Maßstäbe langen Frieden lebenden Westeuropäer nicht vor. Sie seien mit ihrem immer steigenden Lebensstandard, ihren Fernsehern, Weltpokalen und Auslandsurlauben zufrieden. Zu dem vielberedeten Forschungs- und Entwicklungsvorteil aus dem »fall out« = »spin off« der Regierungsaufträge für die amerikanische zivile Industrie komme deren Leistungsniveau, schnelles Tempo und hoher Wettbewerbsstand. Partnerschaft setze ein Gleichheitsbewußtsein voraus, deshalb sei Zusammenarbeit unter Europäern leichter als mit Amerikanern. Mr. Conway nannte die Bedingungen zur Integration: Überwindung von Schwierigkeiten in Sprache, Gewohnheiten, Normen und Maßen – England stellte gerade wie Amerika auch auf metrisch um – und vor allem »kein Raum für Chauvinismus!« Europa brauche keinen Mann auf den Mond zu schießen, sondern sollte sich lieber um Nachrichten-Satelliten kümmern. – Die Erfahrungen des Vortragenden aus der britisch-französischen Zusammenarbeit in Regierungsprogrammen, prozentualer Beteiligung der beiderseitigen Industrie und Wahl des Projektleiters wurden von dem Präsidenten des BDLI, Prof. Karl Thalau, am Beispiel der deutsch-französischen Arbeitsgemeinschaft für das Airbus-Projekt ergänzt.

Die Frage Prof. Balkes, an welchem Punkt das Programmierungsprimat der Verwaltung der Eigenständigkeit von Wirtschaft und Technik weichen müsse, beherrschte auch das Thema Kernenergie. Dr. Guérons Anspruch, daß EURATOM Vorrang vor der nationalen Eigenforschung und Entwicklung haben und sie durch sein Forschungszentrum ISPRA in Oberitalien ebenso wie durch die gemischten Zentren auf deutschem und niederländisch-belgischem Boden auch über das Stadium der Prototypen hinaus kontrollieren müsse, stieß auf heftigen Widerspruch des von seinem früheren Chef unterstützten Bonner Regierungssprechers Pretsch. Nach der

Parole Balkes: »Cooperation begins at home« machten beide Front gegen den Brüsseler Technokraten, mit dem sie sich seit 1958 herumgeschlagen hatten. Die Deutsche Atomkommission – kleine Behörde, viele Sachverständige – wurde als gutes Beispiel angeführt. Beim Prototyp wolle Industrie mit Industrie weiterarbeiten, ohne von Brüssel aus gegängelt zu werden. Der Gesprächsleiter wurde sehr deutlich: »Die Römischen Verträge sind ohne Mitwirkung von Wirtschaftlern, Ingenieuren und Naturwissenschaftlern als reines völkerrechtliches Instrument geschaffen worden, gut gemeint, aber in der Praxis mit sehr vielen Hemmnissen behaftet.«

Prof. Otto Lutz, Präsident der Deutschen Forschungsanstalt für Luft- und Raumfahrt in Braunschweig, verteidigte die Raketenforschung der ELDO (European Launch Development Organization) mit dem Argument, es wäre gar nicht sehr einfach, wenn sich in fünf oder zehn Jahren die wichtigsten Kommunikationsmittel der kultivierten Welt (Satelliten) nur in zwei Händen befänden. Zum Schluß befürwortete der Flugmotorenbauer Conway für die Neue Technik – Raketen, Elektronik, neue Materialien – eine Folge von nationalen Programmen zur Anwendung auf multinationaler Ebene mit seiner persönlichen Absage an Forschung im internationalen Maßstab. Prof. Balke ließ die Frage offen, ob das Ganze mehr sei als die Teile, und nahm seinerseits die Aufgabenstellung von Forschungsprogrammen für Technik und Wirtschaft in Anspruch, während deren Durchführung einer sachbestimmten Politik obliege.

Den Nachmittag leitete Prof. Winnacker mit dem Hinweis ein, daß die aus unserem Leben nicht wegzudenkenden modernen Erzeugnisse von Elektroindustrie, Apparatebau und Chemie zum großen Teil Ergebnisse internationaler Zusammenarbeit seien. Von dem gewaltigen Umschlag und Austausch an Gedanken und Erfahrungen, wie er auf der Hannover-Messe sichtbar werde, hänge der funktionsfähige Wettbewerb auf den Weltmärkten ab. Gerade auch zur Förderung latenter Kräfte in Entwicklungsländern sei der Schutz des geistigen Eigentums notwendig. Im übrigen sei eine negative Lizenzbilanz noch kein Zeichen für wissenschaftlich-technischen Rückgang. Seine Firma sei immer gern darauf bedacht, einen guten Gedanken einzukaufen, obwohl direkter Erfahrungsaustausch noch besser sei.

Hinkt Europa hinterher?

Prof. Hollomon gewann sofort die Sympathie der Zuhörer, als er daran erinnerte, daß »die gesamte technologische Grundlage der Vereinigten Staaten, das Wachstum ihrer Industrie, ihr ursprüngliches Kapital und ihre Menschen aus Europa kamen«. Bis Ende der dreißiger Jahre habe der technische Fortschritt in Europa stattgefunden. Während die Ergebnisse der Wissenschaft für alle verfügbar seien durch Publikationen und persönliche Kontakte unter Forschern, werde die Technologie wie hier auf der Hannover-Messe verbreitet durch Verkauf von Produkten (hardware) und dem Transfer von Know-how. Gewiß unterstützten heute die USA, die Sowjetunion und Westeuropa zu je einem Drittel die Grundlagenforschung, aber eine technologische Lücke (das vielbeschriene »technological gap«) zuungunsten Europas sei damit noch keineswegs gegeben. Europas schnelleres Wirtschaftswachstum, der »wunderbare Markt Europa«, lockten ja gerade die amerikanischen Investoren in der Neuen Technik so an. Japan sei stark im Schiffbau, Schweden in Fernstromübertragung und die deutsche Chemie führend in der Welt. Im Städtebau sei Europa sehr viel weiter als die USA. Bahnbrechend für neue Technologien sei der Wagemut junger Unternehmer wie Polaroid versus Kodak. (Hollomons Aufforderung zur ausländischen Niederlassung auf beiden Seiten wurde gerade durch die weltbekannte Firma Burda GmbH befolgt, deren Farbentiefdruckanlage in Virginia das amerikanische Zeitschriftenwesen revolutioniert hat.) Die Datenverarbeitung sei eine deutsche Erfindung. Die Anziehungskraft Amerikas auf europäische Talente (brain drain) schaffe neue Bindeglieder und sei eine heilsame Provokation für das heimische Bildungswesen. Das US-Rüstungs- und Raumprogramm habe in der Tat das Großflugzeug und den Computer geschaffen. Sonst sei der »spin off« eher zufällig. Nicht

Subvention, sondern Öffnung neuer Märkte entscheide über den technischen Fortschritt. Alle Entwicklungen bestimmter Waren oder industrieller Methoden sollten privaten Unternehmen und ihren Abreden überlassen bleiben, mit Regierungshilfen für den internationalen Austausch.

Die Diskussion wurde gestartet durch eine Warnung des Vorsitzenden im Patentausschuß der US-»National Association of Manufacturers«, Fred O. Hess, vor dem freigebigen Umgang der Regierungen mit in ihrem Besitz befindlichen Forschungsergebnissen. Der Leiter des Siemens-Zentrallabors, Dr. Heinz Goeschel, klagte über die fast unzumutbare private finanzielle Mitwirkung an der Grundlagenforschung, aber auch über die Zurückhaltung von Staat und Industrie vor dem Innovationsrisiko. Allerdings müsse man auch den »Mut zur Lücke« haben und nicht alles selbst machen wollen. Prof. Winnacker begrüßte den Austausch von Know-how – »nicht nur erzählen, was man hat, sondern auch, wie man es macht« – als eine erfreuliche amerikanische Neuerung. Ein Vertreter des Bundesjustizministeriums schilderte die Misere des Rückstaus bei der Erledigung von Patentanmeldungen. Den Abschluß bildete ein Referat von Prof. Balke über »Internationale Zusammenarbeit in der Chemie«, wo das Geheimnis außer bei Kapitalverflechtungen großgeschrieben werde wegen der Schnellebigkeit der Produkte und mit Rücksicht auf die Firmensouveränität. Er nannte die vordringlichen Forschungsthemen: Biochemie/Biotechnik, Nahrungsmittelsynthese, Düngemittel für Entwicklungsländer, Krebsforschung und -therapie, Energieumwandlung. Prof. Winnacker betonte, daß die deutsche Chemie an internationale Zusammenarbeit gewöhnt sei, zumal sie mit 40 bis 50 Prozent und mehr im Ausland tätig sei, heute besonders in dem mit dem Apparatebau gemeinsam betriebenen völlig neuen Verkauf von ganzen Chemieanlagen mit Gebrauchsanweisung.

Im Herbst 1966 gab der Aufsichtsratsvorsitzende einen Abendempfang im »Cygne« an der Grand'Place zur Eröffnung unseres Brüsseler Büros. Während die belgische Industrie von der Deutsch-Belgisch-Luxemburgischen Handelskammer bearbeitet wurde, hatte ich als Generaldelegierter einerseits Verbindung mit der EWG-

Kommission zu halten und setzte andererseits meine weltweite Informationsarbeit fort. (Die Auslandsabteilung in Hannover hatte seit einiger Zeit den Umgang mit ausländischen Ausstellern an die Standvermietung abgegeben, wo Hans-Joachim Röhrecke Richard Knebel als Krügers Stellvertreter ablöste. Günther Grund führte Auslandsorganisation und Besucherprotokoll weiter.) Meine Anlaufstelle in der »Avenue de la Joyeuse Entrée« war das für Wettbewerb zuständige deutsche Kommissionsmitglied Hans von der Groeben, der an den Römischen Verträgen mitgearbeitet hatte. Bei der Hannover-Messe '67 führte ich seinen italienischen Kollegen, Botschafter Guido Colonna di Paliano, über das Messegelände.

Er war im Begriff, den neu geschaffenen Bereich »Industriepolitik der Gemeinschaft« zu übernehmen mit den Generaldirektionen gewerbliche Wirtschaft, Forschung und Technologie, Regionalpolitik, Energie und Binnenmarkt. Fürst Colonna und von der Groeben als Vorsitzender der Arbeitsgruppe Industriewirtschaft begrüßten die Gelegenheit, sich mit einer Aussprache über »Europäische Industriepolitik« auf der Hannover-Messe '68 einzuführen. Gemäß unserer Übung, die OECD als Koordinator aller nichtkommunistischen Industrieländer dabei zu haben, konnte ich den Vorsitzenden des OECD-Industrieausschusses in Paris, Schwedens Botschafter Carl-Hendrik von Platen, sozusagen als Gegenreferenten gewinnen. Dieses Mal gab es erheblichen Widerstand in der BDI-Geschäftsführung, wo man uns die Zuständigkeit für eine derart wirtschaftspolitische Veranstaltung absprechen wollte. Trotzdem war der Saal wieder mit 300 Zuhörern besetzt, darunter 35 deutsche Wirtschaftsdiplomaten von Washington bis Warschau.

Die amerikanische Herausforderung

Wieder wie vor zwei Jahren standen die Spitzenindustrien und die amerikanische Herausforderung im Vordergrund. Botschafter Colonna bezog sich direkt auf den eben erschienenen Bestseller »Le défi américain« des Pariser Avantgarde-Publizisten Jean Servan-Schreiber. Seine Wissenschaftsreporter hatten sich beiderseits des

Atlantiks die in den Schubladen der internationalen Behörden liegenden Forschungsprojekte zeigen lassen. So kam der Industriekommissar, nachdem er die schwierige Harmonisierung der nationalen Wirtschaftspolitiken in der Gemeinschaft an der Polarität zwischen Norditalien und dem »mezzogiorno« demonstriert hatte, gleich auf den »Wettbewerb mit dritten Ländern zu sprechen, die einen höheren Stand industrieller Entwicklung erreicht haben als wir selbst«.

Es war ihm ein Dorn im Auge, daß ausländische (sprich: amerikanische) Tochtergesellschaften sich im Gemeinsamen Markt unter gleichen Bedingungen niederlassen konnten, »obwohl mit einem Potential, das unsere Unternehmen mangels einer Strukturanpassung im allgemeinen nicht besitzen«.

Beim nachfolgenden Podiumsgespräch wurde diese Angst vor dem »trojanischen Pferd«, das in unseren Mauern graste, ausgerechnet von Colonnas Landsmann, dem Botschafter a. D. und Präsidenten von Olivetti/General Electric, Attilo Cattani, ad absurdum geführt. Seine Firma habe eigene Informatik-Systeme entwickelt, bevor sie sich wegen der astronomischen Forschungs- und Entwicklungskosten zum Zusammengehen mit den Amerikanern entschloß. Jetzt unter dem neuen Namen verkauften sie ihre italienischen Erfindungen auf dem Weltmarkt. Es könne kein autarkes europäisches System der elektronischen Information geben. Statt noch einmal zu erfinden, was die Amerikaner schon erfunden haben, sollten wir uns auf die nächste Stufe vorbereiten, zumal wir den Amerikanern in der Programmierung der Geräte (software) vielleicht sogar überlegen wären. (Von den Japanern, denen Servan-Schreiber zehn Jahre später sein zweites Alarmbuch »Le défi mondial« widmete, war bezeichnenderweise noch nicht die Rede.)

Vordringlich auf Colonnas Liste waren schon damals Eisen und Stahl und die Regionalpolitik. Ein gemeinsamer Stahlmarkt bei kaum harmonisierten Politiken der Mitgliedsländer auf dem Stahlsektor habe sich als unbefriedigend erwiesen. In der Regionalpolitik, wo neben dem süditalienischen Faß ohne Boden später die größten Erwartungen von englisch-schottischer und irischer Seite kamen, ergänzte damals Hans von der Groeben Colonnas Ausführungen. Er ließ offen, ob sich die Wachstumsindustrien in den bisherigen Ballungsräumen ansiedeln oder sich von selbst dezentralisieren würden. Der auf den 1. Juli 1968 festgesetzte Übergang vom Gemeinsamen Markt der Waren und Dienstleistungen (Zollunion) zum Gemeinsamen Markt der Produktionsfaktoren (Wirtschaftsunion) brachte eine Menge ungelöster Fragen, unter denen Minister Kubel als Gesprächsleiter Subventionen und Standortwahl, europäische Aktiengesellschaft und Mitbestimmung, Steuerharmonisierung und Kapitalmarkt bis zu einer gemeinsamen Währungsordnung herausgriff.

Das Podium war außer mit Staatssekretär Dr. Klaus von Dohnanyi vom Bundeswirtschaftsministerium besetzt mit Vorständen aus der Groß- und Mittelindustrie. Dr. Lindner, Bamberg, und Dr. Philip von Bismarck als Präsident der Industrie- und Handelskammer zu Hannover bangten um die Erhaltung der kleineren Unternehmen mit zu kleiner Kapitaldecke und mangelnder internationaler Erfahrung. Prof. Dr. H. B. G. Casimir vom Philips-Vorstand, der gerade als Mitglied einer OECD-Mission die Innovationsverhältnisse drüben studiert hatte, berichtete, daß in den USA sehr viele Erfindungen gerade aus kleinen und mittelgroßen Unternehmen gekommen seien. Warum sollten nicht auch bei uns hochspezialisierte Kleinfirmen mit grundsätzlich neuen Produkten auf den Markt kommen? Sein Siemens-Kollege Dr. Kurt Reche meinte einerseits, auch die Großen könnten ohne die ungeliebte amtliche Forschungshilfe kaum mehr auskommen, aber es fehle an Zulieferern aus der mittleren Industrie wie überhaupt an der Neigung bei groß und klein, in risiko- und chancenreiche Entwicklungen zu investieren. Als der technische Leiter der Automatic Telephone Electric Co. Ltd. in Liverpool, John Ireland, den Grundsatz aufstellte, daß wahre technische Zusammenarbeit zwischen Firmen nur bei völliger kommerzieller Zusammenarbeit möglich sei, pflichtete ihm Prof. Casimir zwar bei, meinte aber doch, daß in vielen Fällen die Techniker leichter miteinander sprechen könnten, auch wenn die Geschäftsleute sich noch nicht ganz einig seien.

Philips habe viele Lizenzträger, und man besuche sich gegenseitig in weitgehender Offenheit, schon um zu sehen, ob die eigene

Forschung und Technik auf der Höhe seien oder nicht. Staatssekretär von Dohnanyi war skeptisch gegenüber langfristiger Planung, es sei denn in einem Spitzenbereich wie der Luft- und Raumfahrtindustrie. Die Forderung von Dipl.-Ing. Ludwig Bölkow nach einem 10- bis 15-Jahres-Plan der Gemeinschaft, um den Rückstand des deutschen gegenüber dem französischen und englischen Potential auszugleichen, wurde vom Präsidenten der französischen Luft- und Raumfahrtunion (USIAS), Matra-Generaldirektor Marcel Chassigny, mit Befremden notiert, nachdem gerade Bölkow die treibende Kraft einer freien deutsch-französischen Zusammenarbeit gewesen sei.

Dem Hin und Her der europäischen Gewissenserforschung stellte am Nachmittag OECD-Botschafter von Platen mit skandinavischer Direktheit die nüchternen Fakten gegenüber. In dem weder kontinuierlichen noch in sich konsequenten, sondern ruckweisen Wandel mit vielen Hindernissen seien Wissenschaft und Technik das expandierende und kreative Element. Der Maschinenbau in Nordamerika setze nach neuesten Untersuchungen doppelt soviel um wie in Westeuropa und Japan, mit halb soviel Beschäftigten und entsprechend höherer Kapitalverzinsung. Die europäischen Produktionsstrukturen könnten die Innovation noch nicht rentabel nutzen. Das amerikanische Bildungswesen sei nicht nur besser dotiert, sondern auch der Praxis wie der Begabtenförderung mehr zugewandt. Das gute »Teamwork« sei ein noch wichtigerer Vorteil als das bei den Rüstungsaufträgen abfallende »spin off«. Neue Management-Erfahrungen, berufliche Mobilität und harter, aber fairer Wettbewerb kämen dazu. Die Größe der *Betriebe* werde in Amerika neuerdings reduziert, die *Unternehmens*konzentration dagegen bringe mannigfache Vorteile, während Firmen-Konglomerate die Arbeitsleistung verringerten. Wie Dr. Hollomon 1966 verwies auch Baron von Platen auf die wissenschaftsintensiven Kleinunternehmen junger Akademiker. In der Integrationstheorie vergesse man leicht die Binsenwahrheit, daß die Vorteile aus der optimalen Größe eines Unternehmens in der Regel nur bei steigenden Einkommen und wachsenden Märkten realisierbar seien. Obwohl der schwedische Diplomat die politische Integration zwischen

EWG und EFTA dringend wünschte, sah er bei einer noch weiteren Ausdehnung der Gemeinschaft die Gefahr, daß das langsamste Mitglied das Tempo bestimmen würde. In seiner »enttäuschten Neutralität« dürfe Europa sich nicht von der Außenwelt absondern und müsse auch die Verbindung zu Osteuropa verbessern.

Zum Schluß hatte der Staatsminister im britischen Technologieministerium, John Stonehouse, der zur Deutschen Luftfahrtschau herübergekommen war, ein »Statement« angemeldet. Ausgehend von der Tatsache, daß 85 Prozent aller Zivilflugzeuge (außer im Sowjetbereich) und 60 Prozent im Park der europäischen Fluggesellschaften amerikanischen Ursprungs seien, schlug er eine europäische Flugzeugpolitik vor, nicht mehr aus den USA zu kaufen, sondern die eigene Produktion auch außerhalb Europas – einschließlich der USA – zu verkaufen. Der von Ludwig Bölkow bestätigten Kalkulation, wonach der europäische Flugzeugbau auf dem zivilen Sektor bei Fortdauer des amerikanischen Quasi-Monopols bis 1988 höchstens 32 Milliarden DM umsetzen könne, stellte Mr. Stonehouse bei einer 75prozentigen Eigendeckung eine mögliche Verdoppelung des Umsatzes gegenüber. Sein Plan wurde von den Airbus-Partnern Bölkow und Chassigny nicht weiter diskutiert. Da Stonehouse von Hannover direkt nach den USA flog, behaupteten böse Zungen nachher, er habe bei einer Zwischenlandung in Seattle Boeing für einen amerikanischen Airbus mit britischen Motoren interessieren wollen. Der etwas hektisch wirkende junge Politiker ging dann ins Geschäft und entzog sich den Folgen eines Bankrotts, indem er in Florida seinen Tod durch Ertrinken vortäuschte und mit seiner Sekretärin in Australien untertauchte.

Der Fall ITE

Ein Versuch, den Treffpunkt Zukunft auf der Hannover-Messe gleichsam zu institutionalisieren, wurde am Ende der sechziger Jahre gemacht. Der damalige Präsident des Zentralverbandes der Elektrotechnischen Industrie und BBC-Vorstand Dr. Kurt Lotz hatte zur Hannover-Messe '67 seine Eröffnungsansprache im Namen der deutschen Aussteller zu einem Vortrag »Technischer Fortschritt und Bildung« ausgeweitet. Darin setzte er sich ein für die Aufstellung von Prioritäten der Grundlagen- und Entwicklungsforschung in Partnerschaft zwischen akademischen Instituten und Industrieunternehmen. Im Herbst desselben Jahres wurde von ihm und dem Forschungsleiter der DEMAG, Prof. Dr. Werner Holste, eine »Gesellschaft für Zukunftsfragen« ins Leben gerufen. Zur Erforschung der Entwicklungstendenzen unserer modernen Welt setzte man sich das ehrgeizige Ziel, alle in Deutschland auf diesem Gebiet tätigen Institute und Vereine zu koordinieren. Als Gegenstück zu dem von der Max-Planck-Gesellschaft beschlossenen Institut zur Erforschung der politischen und sozialen Zukunftsaspekte unter der Leitung des Physiker-Philosophen Carl Friedrich von Weizsäcker sollte ein »Industrie-Institut zur Erforschung technologischer Entwicklungslinien« (ITE) gegründet werden.

Als im Jahr darauf der BBC-Chef überraschenderweise als Nachfolger von Dr. Nordhoff nach Wolfsburg ging und Professor Holste für den Vorstandsbereich Forschung und Entwicklung ins Volkswagenwerk nachholte, reiften Gespräche mit Aufsichtsrat und Vorstand der Messe-AG zu dem Beschluß, das ITE auf unserem Gelände anzusiedeln. Auf der Gründerversammlung während der 69er Messe unter Teilnahme des Bundesministers für wissenschaftliche Forschung, Dr. Gerhard Stoltenberg, wurde die Standortwahl einerseits mit der Hannover-Messe als »Schaufenster der modernsten Produkte der deutschen Industrie« und mit den Universitäten und Hochschulen in und um Hannover andererseits begründet. Enge Zusammenarbeit mit dem hamburgischen Weltwirtschaftsinstitut war vereinbart. Dem Gründungsausschuß gehörten außer den Bundesministern Stoltenberg und Schiller, den niedersächsischen Ministern Kubel und Langeheine (Kultur) und dem Ersten Bürgermeister Hamburgs, Dr. Weichmann, aus der Industrie die Herren Bölkow (Messerschmitt-Bölkow GmbH), Dr. von Menges (Gute Hoffnungshütte), Merkle (Bosch GmbH), Prof. Oeftering (Bundesbahn), Dr. Overbeck (Mannesmann AG), Dr. Fritz Reuther (Bopp & Reuther GmbH), Dr. Wilhelms vom Vorstand des Rationalisierungskuratoriums der deutschen Wirtschaft und Dr. Lotz (Volkswagenwerk AG) an. Das Fehlen der im »CEBIT« und im Elektronik-Centrum konzentrierten Neuen Technik wurde übel vermerkt. IBM-Deutschland und andere Auslandstöchter witterten deutschnationale Reaktion. Die industriellen Fachverbände waren absichtlich übergangen worden. Und obwohl Dr. Lotz an die ganze deutsche Industrie – ob groß oder klein – zur Mitfinanzierung appellierte, war das ITE verdächtig als Klub »weniger Großunternehmen, die es sich leisten können, schon heute an das Jahr 2000 zu denken«. Die erste Arbeitsphase einer Sammlung und Dokumentation der bereits vorliegenden Arbeiten großer amerikanischer Forschungsinstitute wie Rand Corporation und Stanford Research hatte noch nicht begonnen, als das vorbereitende Team des ITE mit wesentlich bescheidenerem Programm als ursprünglich vorgesehen vom Messegelände zum Weltwirtschaftsarchiv an die Binnenalster umzog.

Weltweite Kontakte

Treffpunkt Zukunft war die Hannover-Messe seit Anbeginn für die nach Industrialisierung strebenden Entwicklungsländer gewesen. Die Absicht, nach dem Lateinamerika-Wirtschaftstag 1962 und der mißglückten Begegnung mit den UNCTAD-Delegierten 1964 zur Hannover-Messe '65 das Thema Gemeinschaftsunternehmen (joint ventures) mit Industrialisierungsländern aufzugreifen, scheiterte im Aufsichtsrat am Widerstand von Dr. Otto Fahr. Er war gerade verärgert aus Mexiko zurückgekehrt, weil er in einer dort geplanten Tochterfirma nur 49 Prozent Anteil haben sollte. (Er hat sie nachher doch gegründet.) Im Februar 1965 machte ich mich wieder in Richtung Asien auf. Nach einer Zwischenstation in Karachi lag der Schwerpunkt dieses Mal in Indien, das nach Nehrus Tod noch immer als wirtschaftlich-sozialer Torso dalag. Außer meinen Veranstaltungen für die Messe in Bombay, Kalkutta und Delhi nahm ich teil an einer Studienreise investitionswilliger deutscher Industrieller unter Leitung von Dr. Kuntze und am Kongreß der

Internationalen Handelskammer, der zum erstenmal in der Hauptstadt eines Entwicklungslandes tagte. Als Berichterstatter der IHK gab Prof. Pieter Kuyn von Unilever die Antwort der westlichen Privatwirtschaft auf Prebisches UNCTAD-Polemik gegen die Industrieländer. Ohne gemeinsame Verantwortlichkeit, sagte er, bleibe jedes »joint venture« ein zum Mißerfolg verdammtes Abenteuer. Der größte Partner in den devisenhungrigen Aufbauländern blieb jedoch der Kontrolleur Staat. An die 300 deutsche Firmen hatten schon Tochterbetriebe in Indien, darunter Daimler-Benz in Gemeinschaft mit dem Tata-Konzern. Ein weiser Mann im Wald der bürokratischen Vorurteile war der Parse C. L. Mehta, früher erster indischer Botschafter in Washington. Als Leiter des indischen Investitionszentrums folgte er unserer Einladung und bestritt mit Dr. Kuntze zusammen das erste Indiengespräch auf der Hannover-Messe 1965, dem noch zwei weitere folgten.

Vom IHK-Kongreß flogen BDI-Präsident Fritz Berg und Dr. Ulrich von der Deutschen Bank weiter nach Australien. Ich konnte mich ihnen zu Besuchen bei der Industriebehörde von Neu-Südwales in Sydney und beim deutschen Botschafter in Canberra anschließen. In Melbourne traf ich den Vorsitzenden des Australien-Neuseelandvereins, Dr. Wuttke, der dort auf einem Bankiertag das gleiche Thema Auslandsinvestitionen in einem völlig anderen, aber ebenfalls problematischen Klima erörterte. Dem Druck asiatischer Völkermassen plötzlich enthoben, schienen die Europäer auf dem dünnbesiedelten Kontinent unter sich, aber in Wirklichkeit galten dort unten seit MacArthurs Auftauchen im Pazifikkrieg nicht mehr britische, sondern amerikanische Vorstellungen. Gerade deshalb suchte sich die australische Wirtschaft der Übermacht der US-Konzerne zu erwehren, nur um zur eben beginnenden Erschließung der westaustralischen Erzfelder die Japaner mit ihren langfristigen Abnahmeverträgen hereinlassen zu müssen. Fritz Berg leitete auf der 65er Messe ein Australien-Gespräch, bei dem sich die Sprecher der einzelnen Provinzen lebhaft überboten. Dem dringenden Wunsch der Gäste nach mehr deutschen Direktinvestitionen konnte leider in größerem Umfang nicht entsprochen werden. Brasilien und Südafrika gingen eben vor. – Bei einem Abstecher nach Neuseeland führte mich der Präsident der Handelskammer Wellington mit den Worten ein: »Der Mann kommt aus Hannover, einer Stadt, die wir aus unseren Geschichtsbüchern gut kennen. Dort stammten die ›Georges‹ her. Sie taten Großes für England, aber ihr größter Erfolg war, daß sie die Yankees verloren. Wer hätte diese Kerls auch länger in unserer Mitte behalten wollen!« Alt-England im Südpazifik.

Der Schwerpunkt meiner Tätigkeit in Brüssel verlagerte sich rasch wieder auf die Beziehungen zu den Überseeländern. Im Frühsommer 1968 nahm ich an einer Tagung der Internationalen Handelskammer während der Weltausstellung in Montreal teil. Das grandiose Schauspiel der als Insel im kühlen St.-Lorenz-Strom schwimmenden internationalen Leistungsschau brachte das Veranstalterland Kanada mit seinen reichen Entwicklungsmöglichkeiten eindrucksvoll ins Bild. Am Schluß der Tagung kam aus Genf die fast nicht mehr geglaubte Botschaft vom positiven Abschluß der Kennedy-Runde. Aller Augen richteten sich nun auf die verschärfte Krise zwischen Industrie- und Entwicklungsländern, in der das Sekretariat der Vereinten Nationen offen Partei für die UNCTAD-Thesen und den Block der 77 Nicht-Festgelegten zwischen Kapitalismus und Kommunismus ergriff. Die Vorbereitung zu einem Lateinamerika-Gespräch während der 69er Messe gab mir im Herbst 1968 Gelegenheit, den Kontrast zwischen dem Meteor São Paulo mit seinem Kometenschweif von Sozialproblemen und den armen Vettern auf der Westküste nochmals vor Augen zu haben, wobei Argentinien und Mexiko (vor der Ölschwemme) sich sozusagen in der Mitte auf der Stelle bewegten. In Venezuela konnte ich von Caracas aus an den unteren Orinoko fliegen, wo am Rand des Urwalds gewaltige Wasserkräfte gestaut wurden und die Stahlproduktion auf der örtlichen Erzbasis ausgebaut wurde. Den Großauftrag für ein Walzwerk gewann Ferrostaal gegen das billigere Angebot der amerikanischen Konkurrenz.

In dem Pearson-Bericht »Partners in Development« hatte eine Gruppe hoher Sachverständiger im Auftrag der Weltbank eine Bestandsaufnahme der Dritten Welt erstellt und den Industriestaaten Vorschläge zur verstärkten Entwicklungspolitik in den siebziger Jahren gemacht. Aber waren alle diese Bedürftigen und Bedürftigsten auf dem Erdball auch Partner für investierende Unternehmen im technischen wie im kaufmännischen Sinn? Obwohl Pieter Kuyns Fragestellung in Delhi inzwischen von Indira Gandhi demagogisch überspielt worden war, stellte ich in Vorträgen vor Industrie- und Handelskammern der Bundesrepublik und in Brüssel Indien mit in die Reihe der »Neuen Industriepartner in Übersee« neben den drei ehemaligen »weißen« Dominien und den vier potentesten Ländern Lateinamerikas. An Indonesien und die arabisch-afrikanischen Ölländer, die sich 1973 schon mit einem Paukenschlag melden sollten, hatte ich noch nicht gedacht.

Ein wichtige Rohstoffe besitzendes Land, so meinte ich, sei erst dann als industrieller Partner qualifiziert, wenn es außer einer entsprechenden Marktgröße über ein entwicklungsfähiges Arbeitspotential und mindestens über die Anfänge eines eigenen Managements verfüge. Freilich warnte ich – im Gedanken an Erhards doppelten Mißerfolg auf der Hannover-Messe – vor der Übertragung europäischer Verhältnisse und Vorstellungen auf die überseeischen Großräume. Sie würden irgendwo auf der Gleitschiene fahren zwischen dem verschwenderischen »gambling« bei der Erschließung Nordamerikas im vorigen Jahrhundert und dem »Gosplan« der Sowjets mit seinen schweren Reibungsverlusten. Dies alles im Zeitraffer der modernsten Technologien, um die Bevölkerungsexplosion nur einigermaßen zu bewältigen. Meine Vorträge wurden bei der Großindustrie, die sowieso die Investitionslisten in Übersee anführte, mit Interesse aufgenommen. Bei den mittelständischen Unternehmen, die im Gefolge der Großen oder auf eigene Faust auch anfingen, Teilproduktionen nach Übersee zu verlegen, wurde mir teilweise die Kühnheit verübelt, die »weißen« Länder auf eine Stufe mit den »Exoten« zu stellen. »Die wolle ja doch nur unser Geld, un dann werde se kommunistisch!« meinte unwirsch der Seniorchef einer Elektro-Firma mit weltweitem Export.

Viertes Kapitel

DIE SIEBZIGER JAHRE: DEM PESSIMISMUS TROTZEN

1.

ABLÖSUNG VOR

Außer dem »Paten« Ludwig Erhard im Jahr 1964 hatte kein Bundeskanzler die Hannover-Messe eröffnet, bevor Willy Brandt am 25. April 1970 der Einladung seines Parteifreundes Kubel zum erstenmal Folge leistete. Bezeichnend für die gesellschaftspolitische Landschaft ein halbes Jahr nach dem Amtsantritt des ersten Sozialdemokraten als Regierungschef der Bundesrepublik war, daß außer dem Aufsichtsratsvorsitzenden nur der Präsident des Vereins Schweizerischer Maschinenindustrieller, René Frey, als Sprecher der ausländischen Aussteller den Bundeskanzler begrüßte. Sein Vorredner und Kollege vom VDMA, Dr. Heinz zur Nieden, erwähnte den Ehrengast mit keinem Wort, obwohl sich seine Sorgen und Wünsche vornehmlich an die neue sozial-liberale Bundesregierung richteten.

Als dann freilich der SPD-Vorsitzende vor den Unternehmern mit staatsmännischer Sachlichkeit und Umsicht über »unsere liberale Zielsetzung« in der Außenhandelspolitik sprach, die er gerade auch im Gespräch mit Präsident Nixon »klar herausgestellt« habe, und am Schluß die Messe als »Präsentation der industriellen Leistungsgesellschaft und des Fortschritts in einer offenen Gesellschaft« für eröffnet erklärte, erhielt er sogar lebhaften Beifall. Seinen erkrankten Ratgeber in Konjunkturfragen, Karl Schiller, der in den Jahren zuvor und danach noch zweimal an derselben Stelle stand, nahm er ausdrücklich gegen den Vorwurf in Schutz, im Wahlkampf Sündenbock für die Verspätung der zweiten deutschen Aufwertung vom 27. Oktober 1969 gewesen zu sein. In Wirklichkeit hatte Schillers

1970

Oben: Bundeskanzler Brandt bei der Büroindustrie – (2. von rechts) Vorsitzender Hehn von der Fachgemeinschaft, Vorstand Krüger (links)
Unten: Totale mit CEBIT-Halle (im Vordergrund)

Drängen bei Kiesinger den Koalitionswechsel mit ausgelöst. »Die notwendigen inneren Reformen« erwähnte Willy Brandt nur mit dem einen Satz, daß ihre Durchführung »ein kräftiges und stetiges Wirtschaftswachstum« zur Voraussetzung habe. Über seine von Minister Kubel vorsichtig angedeutete Ostpolitik, die schon am 12. August 1970 in Moskau zur Unterzeichnung des deutsch-sowjetischen Vertrages über Gewaltverzicht und Anerkennung des territorialen Status quo durch ihn selbst und Bundesaußenminister Walter Scheel führte, verlor der Kanzler keine Silbe.

Abgesehen von dem wieder auf normale 560 000 Inlandsbesucher und fast 10 Prozent soviel aus dem nahen und fernen Ausland zurückgegangenen Rekord des Vorjahres, übertraf in der andauernden Hochkonjunktur die Hannover-Messe 1970 ihre Vorgängerin mit 5500 Ausstellern auf 465 000 Quadratmeter Nettofläche, davon 290 000 unter Dach. Im Brennpunkt des Interesses lagen die beiden neuen Hallen: CeBIT mit seinen 52 000 Quadratmetern Nettofläche auf einer Ebene und das dreigeschossige Haus der Elektronik. Im ersteren Fall belegten 285 Hersteller der Informations- und Datentechnik, darunter je 30 in- und ausländische Neuaussteller, 64 Prozent der Fläche, 350 Firmen des sonstigen Bürobedarfs, einschließlich Möbel, drängten sich in dem restlichen Raum. Es waren 100 deutsche Firmen mehr bei gleichbleibendem Auslandsanteil. Das Ganze war eine einzigartige Demonstration für eine aus allen Wirtschafts- und Öffentlichkeitsbereichen herbeiströmende Kundschaft. Die Premiere im Haus der Elektronik ließ sich relativ gut an mit 400 Ausstellern (darunter 90 aus dem Ausland) auf 21 000 Quadratmetern, die sich zur Hälfte in Meß- und Automatisierungstechnik einerseits, Bauelemente und Baugruppen andererseits teilten.

Die übrige Elektrotechnik blieb konstant, ebenso der Maschinenbau, außer einer starken Zunahme der Baumaschinen auf 79 000 und der Fördertechnik auf 33 500 Quadratmeter, beide im Freigelände. In der alternierenden Gruppe zeigten Antriebstechnik sowie Chemie- und Kunststoffmaschinen einen leichten Anstieg gegenüber 1968 bei geringfügigen Veränderungen in den übrigen Untergruppen: Schweißtechnik, Kraftmaschinen, Öfen, Kälte- und Lufttechnik. Mit Vehemenz bemächtigten sich 330 Werkzeugfirmen (100 mehr als im Vorjahr) des frei gewordenen Raumes in der bisherigen Halle der Bürotechnik. Chemie, Feinmechanik & Optik, Baubedarf und die dekorativen Konsumgüter blieben sich gleich. Nur bei Eisen und Stahl im Freigelände zeigte sich ein Rückgang der deutschen bei konstanter Zahl der ausländischen Firmen. In der Auslandsbeteiligung führten nach wie vor Frankreich, England und die Schweiz. Von insgesamt 1000 zusätzlich vertretenen Firmen entfielen 800 auf das Ausland, davon allein 250 auf die 32 amerikanischen Direktaussteller.

In der zweiten Januarhälfte war nach drei Jahren wieder die CONSTRUCTA zur Zufriedenheit der 1000 Aussteller über die 170 000 Besucher bei starkem Andrang von Architekten, Bauingenieuren und Bauherren abgehalten worden. Denn auch die Bauindustrie profitierte von der Dauerkonjunktur. Die Beratungsstellen für Stahl, Aluminium und Holz wetteiferten im Angebot neuer Anwendungsmöglichkeiten ihrer Materialien.

Auch die mit einem Tag Vorsprung vor der Hannover-Messe '70 stattgefundene Deutsche Luftfahrtschau verlief bei schlechtem Wetter nach Programm. Die Senkrechtstarter Harrier und Do 31 wurden neben dem amerikanischen Phantomjäger vorgeflogen. Die Eigenart dieser Schau auf deutschem Boden war, daß unter 367 Teilnehmern 236 ausländische unter Führung des Dreigestirns USA–England–Frankreich waren.

Kubel Ministerpräsident

Kurz nachher fanden Wahlen in Niedersachsen statt. Nach ihrem Ergebnis (SPD 46,3%, CDU 45,7%, FDP 4,4%) bildete der dienstälteste Minister des Landes eine sozialdemokratische Regierung mit einer Stimme Mehrheit im Landtag. Nach seinem Hobby gefragt, nannte der 61jährige Ministerpräsident Alfred Kubel die Messe. Anstelle des CDU-Mannes Karl Möller trat der neue Wirtschaftsminister Helmut Greulich in den Aufsichtsrat ein. In den nächsten Jahren löste der Vorsitzende der Olympiawerke AG, Dipl.-Kfm.

1971

Globalsteuerung – Bundeswirtschaftsminister Dr. Schiller (Mitte) mit dem Vorsitzenden der Wirtschaftsvereinigung Eisen und Stahl Dr. Overbeck (links)

Büsser, Gerhard Schaudt ab. Der neue Oberbürgermeister von Hannover, Herbert Schmalstieg, trat an die Stelle seines Vorgängers Holweg, und Prof. Dr. jur. Joachim Zahn, Vorsitzender des Vorstandes der Daimler-Benz AG, übernahm den Sitz von Prof. Rodenstock. Auf der Arbeitnehmerseite kam Willi Gattermann im Mai 1973 dazu als erster zum Betriebsratsvorsitzenden gewählter kaufmännischer Angestellter der Messe-AG.

Im Zeichen einer von dem Architekten Bowenter konstruierten freitragenden Kuppel aus Kunststoff und Stahl, ein Geschenk der Firmen Bayer und Hoesch, als neues Informationszentrum auf dem Gelände eröffnete Markus von Busße im September seine IHA '70. So unverständlich das seltsame Lautassoziationen erweckende Kürzel für »Internationale Hannover-Ausstellung« den Japanern vorkam, die ich im Auftrag des Vereins Deutscher Werkzeugmaschinenfabriken besuchte, so schnell ergriffen sie die Chance dieses ersten für alle Herstellernationen von Werkzeugmaschinen offenen Wettbewerbs. Einen ganzen Vormittag in Tokio verbrachte ich mit den würdigen Herren des Fachverbandes vergebens, um zu erfahren, wie zahlreich sie teilnehmen würden. Am Nachmittag überreichte man mir im Miti, dem zuständigen Wirtschaftsministerium, die komplette Liste der 23 Teilnehmerfirmen mit ihren Platz- und sonstigen Wünschen. Aber erst, als ich schon durch die Sperre zum Abflug nach Australien gehen wollte, flüsterte mir ein Geschäftsführer des Verbandes zu, natürlich würden sie auch mit N.C.-Maschinen kommen: »Wir hoffen zwar kaum, unsere neuen Entwicklungen in Europa zu verkaufen, aber wir wollen in Hannover die Reifeprüfung für unsere Abnehmer hier im Lande machen.« Aus den USA kamen immerhin 16 Firmen mit der neuesten Technik, aus Indien zehn, darunter die staatliche »Hindustan Machine Tools«. Ihre konventionellen Maschinen konnten den erhofften internationalen Markt schon wegen des fehlenden Service nicht erreichen, sowenig wie die hoffnungslos veralteten Modelle eines früher führenden Herstellers aus Brasilien.

An einer Weltproduktion im Wert von 27 Milliarden DM im Jahre 1969 war die deutsche Werkzeugmaschinen-Industrie mit 4,3 Milliarden DM (+ 20% von 1968) an dritter Stelle nach den USA und der auf der IHA '70 nur durch Fachbesucher vertretenen Sowjetunion beteiligt. Aber wenn auch ihre Ausfuhr doppelt so hoch war wie die der amerikanischen Konkurrenz, war man doch alarmiert, daß 1969 die Einfuhr ausländischer Werkzeugmaschinen in die Bundesrepublik um 70 Prozent und im ersten Vierteljahr 1970 sogar um 190 Prozent gestiegen war! Obwohl das Investitionsklima in der Hochkonjunktur günstig war, tendierten die Inlandsaufträge leicht nach unten. Die wachsenden Lieferfristen dieser mittelständischen deutschen Betriebe in der Vollbeschäftigung bei rasch steigenden Löhnen begünstigten die Absatzaussichten der europäischen und amerikanischen Konkurrenz.

Unter den 1300 Ausstellern einschließlich des Zubehörs waren 500 aus dem Ausland, doppelt soviel wie auf der Deutschen Werkzeugmaschinen-Ausstellung Hannover 1964. An der Spitze standen die Schweiz (100), England (67), Italien (66) und Frankreich (61). Das COMECON war durch die DDR (20), die ČSSR und Polen (je 12) vertreten. Die 229 N.C.-Maschinen, 38 Prozent davon Drehmaschinen, waren inzwischen auch auf Einzel- und Kleinserienaufträge eingerichtet, zum Teil mit automatischem Werkzeug-, ja sogar Werkstückwechsel und mit Ankoppelung mehrerer Maschinen an einen elektronischen Rechner.

Jubiläum mit Bummelstreik

Die 25. Hannover-Messe, einzige Großveranstaltung des Jahres, wurde am Donnerstag, dem 22. April 1971, sozusagen mit einem gedämpften Donnerschlag eröffnet: in Gestalt des genau auf Ort und Tag gezielten punktuellen Bummelstreiks der Fluglotsen. Stundenlang wartete ich in Langenhagen inmitten eines Durcheinanders verspätet einschwebender Überseemaschinen auf das kleine Reiseflugzeug der EG-Kommission mit dem neuen Industrie-Kommissar Prof. Altiero Spinelli an Bord. Es war nach Hildesheim umgeleitet worden. Als ich vom entgegengesetzten Ende aufs Messegelände zurückhastete, fand ich an diesem sonnigen Morgen den Professor zufällig im Café vor dem Hauptrestaurant sitzen. Drinnen war die Eröffnung schon im fortgeschrittenen Gang mit einer fröhlichen Rede seines Landsmanns Cavaliere Dr. Fulvio Bracco, Präsident des Chemieverbandes und der Deutsch-Italienischen Handelskammer. Er beglückwünschte sich und uns zur Beteiligung aus seinem Land, die mit 220 Firmen an die zweite Stelle hinter Frankreich gerückt war, bei geschlossener Präsenz im Elektrobereich und in der Holzbearbeitung.

Vor und nach ihm machte sich die inzwischen eingetretene deutsche und internationale Währungs- und Wirtschaftsmisere Luft. Dr. Egon Overbeck, Generaldirektor der Mannesmann-AG, verglich die zuversichtliche Rede seines Vorgängers im Präsidium der Wirtschaftsvereinigung Eisen und Stahl, Dr. Günther Sohl, vor zehn Jahren mit der nunmehr um sich greifenden Infragestellung von Industriegesellschaft, Leistung und Gewinn zugunsten einer illusionären Umverteilung. Die Kostenlawine führe zu sinkenden Aufträgen für zunehmend fremdfinanzierte Investitionsgüter.

Overbecks Appell an den Bundeswirtschaftsminister, der »politisches Engagement mit einer von ökonomischen Realitäten bestimmten Beurteilung verbindet«, wurde von Prof. Karl Schiller mit einer schonungslosen Darstellung der von innen und außen untergrabenen Stabilität erwidert: »Das gesamtwirtschaftliche Tarifdienstniveau übertraf in den ersten drei Monaten dieses Jahres den Vorjahresstand um rund 14 Prozent. Die Zuwachsrate war damit die gleiche wie im vierten Quartal 1970. Ein solcher Kostenanstieg kann in keiner Volkswirtschaft ohne schwere Folgen für die Stabilität sein ... Die Entwicklung unserer inländischen Preise und Kosten ist in der Tat höchst unbefriedigend ... Das flotte Wort, daß wir eben lernen müßten, mit der Inflation zu leben, ist mir zu billig! ... Auf seiten des Staates ist eine zurückhaltende Ausgabenpolitik erforderlich. Mögliche Steuermehreinnahmen sollten zur Verminderung der öffentlichen Verschuldung verwendet werden.« Er habe »die Hoffnung nicht aufgegeben, daß Unternehmerverbände und Gewerkschaften doch noch zu einem Stabilitätspakt gelangen. Niemand kann auf die Dauer über seine Verhältnisse leben ... Unser Volk will doch einfach nicht, daß wir jetzt unsere Zukunft verfrühstücken.«

Dann kam Schiller auf die galoppierende Geldentwertung in den Partnerstaaten zu sprechen und auf »die Springflut kurzfristigen Kapitals« aus den USA und über den Euro-Dollarmarkt. Der extremen Umkehr der amerikanischen Zahlungsbilanz auf ein Zehn-Milliarden-Dollar-Defizit 1970 entspreche eine Zunahme der internationalen Devisenreserven um zwölf Milliarden Dollar, davon die Hälfte in der Bundesrepublik. Die deutsche Wirtschaft habe in den letzten zwölf Monaten etwa 25 Prozent ihres Kreditbedarfs außerhalb des Währungsgebiets der Deutschen Bundesbank gedeckt. Schillers beschwichtigende Feststellung, daß es seit 1969 keine internationale Währungskrise mehr gegeben habe, wurde prompt desavouiert.

Alarmzeichen

Noch vor Messeschluß hatte Schiller bei einem Europa-Wirtschaftstag des BDI auf unserem Gelände eine deutsche Initiative für den EG-Ministerrat vom 9. Mai zur Ingangsetzung des von dem anwesenden Luxemburger Ministerpräsidenten Werner stammenden Plans der Wirtschafts- und Währungsunion angesagt. In Wirklichkeit mußten am 6. Mai die Devisenbörsen Westeuropas für drei Tage geschlossen werden. Die fehlende Einigkeit der Sechs zwang die Bundesrepublik im Alleingang mit Holland zur Einführung flexibler Wechselkurse für DM und Gulden. Am 13. Mai warf Bundesfinanzminister Alex Möller das Handtuch wegen fehlender Unterstützung zur Stabilisierung des Haushalts. Karl Schiller nahm als müder Atlas die Doppelbürde Wirtschaft und Finanzen auf seine schmalen Schultern. Im Herbst trennte sich Philip Rosenthal, der als sozialdemokratischer Abgeordneter sein parlamentarischer Staatssekretär auf Ein-Dollar-Basis geworden war, wieder von ihm. In Baden-Württemberg wurden Streik und Aussperrung der Metallarbeiter praktiziert.

Gegenüber 1970 hatte die Hannover-Messe '71 mit 5500 Ausstellern wieder eine leichte Zunahme ausgewiesen (1200 ausländische Firmen). Der Geschäftsbericht vermerkte, daß »die abflauende Konjunktur keinen besonderen Einfluß auf die Beschickung hatte außer den Kostenbewegungen in Standgestaltung und Personal, die zu der Parole ›Präsentieren statt Repräsentieren‹ geführt haben«. Im CEBIT belegten 30 Neuaussteller der Datentechnik weitere 600 Quadratmeter. In der alternierenden Gruppe des Maschinenbaus beanspruchten die Fördertechnik unter Dach mit 96 Ausstellern (18 mehr als 1969) 5000 Quadratmeter, die Hydraulik und Pneumatik mit 220 (100 Neuaussteller!) sogar 14 000. Während Armaturen, Pumpen und Dampfkessel gleichblieben, machte der Spitzenreiter Holzbearbeitung mit 464 Firmen (190 ausländische!) einen weiteren Sprung auf 35 500 Quadratmeter. Bei gleichbleibender Gesamtzahl der Elektro-Aussteller sank die Belegung des Elektronik-Hauses um 70 Firmen. Außer einer Wiederzunahme bei Eisen und Stahl um 70 Neuaussteller blieb in den übrigen Bereichen alles stabil. Wohl aber war das Geschäft nach Branchen unsicher und differenzierter, von positiven Berichten einiger Gruppen des Maschinenbaus bis zu dem von Dr. Overbeck bekundeten Konjunkturpessimismus bei Stahl und Chemie.

In diesem Jubiläumsjahr fand die Ablösung der beiden Vorstandsmitglieder statt. Als bei einer Aufsichtsratssitzung in Stuttgart Mitte Juli 1968 Ernst Pätzold für weitere fünf Jahre bestätigt worden war, hatte er erklärt, daß er aus Gesundheitsrücksichten darüber hinaus nicht mehr zur Verfügung stünde. Zum gleichen Zeitpunkt (1973) würde Karl Eugen Mössner 70 Jahre alt sein. Unter diesen Gesichtspunkten waren im November 1969 zunächst der 52jährige Horst Hermann Krüger und sein vier Jahre älterer Kollege Hans Georg Fuchs zu stellvertretenden Vorstandsmitgliedern bestellt worden. Gleichzeitig wurden der Technische Leiter Walter Hutmacher (55) und der 46jährige Presse- und Werbechef Leopold Merkelbach, der von Krüger die zentrale Hauptabteilung »Messen und Ausstellungen« übernahm, zu Generalbevollmächtigten ernannt. Der dienstälteste Prokurist, Assessor Hopf, schied als Syndikus zum folgenden Jahr an der Altersgrenze aus.

In einem »ersten Schritt zur Verjüngung des Vorstandes«, wie der Aufsichtsratsvorsitzende sagte, wurde zum 1. April 1971 der in Ostpreußen geborene Ministerialrat Dr. Frank Wien (41) ordentliches Vorstandsmitglied als Nachfolger von Prof. Mössner, »der in diesem Jahr auf eigenen Wunsch in Pension geht«. Im niedersächsischen Finanzministerium hatte Wien die Landesbeteiligungen verwaltet, war mit der Messe-AG bestens vertraut und wurde von Mössner als Beamtenkollege begrüßt. Da jedoch Vorstand Pätzold nach einem Schwächeanfall um vorzeitige Beurlaubung ab 1972 bat, wurde Dr. Lindner als stellvertretender Aufsichtsratsvorsitzender für die ausstellende Industrie gebeten, einen Kandidaten des Zentralverbandes der Elektrotechnischen Industrie (ZVEI) zu benennen, aus dem Pätzold 1953 gekommen war. Die Wahl fiel auf den Nürnberger German A. Voment (48), der seit Heimkehr aus dem Krieg dem Hause Siemens angehörte, dort für Messepolitik zuständig und unter anderem Mitglied des ZVEI-Arbeitskreises »Werbung und Ausstellungen auf dem Gebiet neuer Technologien« war.

Als Senior Mössner auf einem Stehempfang im Freien Ende Juli den eben vom Aufsichtsrat ernannten Franken den Hannoveraner Honoratioren und den Mitgliedern der Messeleitung vorstellte, sprach er in der Aufregung den ungewohnten Vornamen englisch aus. Nachher teilte er seinem eigenen Nachfolger, Dr. Wien, und mir im Vertrauen mit, daß Herr Voment nach Pätzolds Ausscheiden »Sprecher des Vorstands« sein werde, eine Neuerung, die zeigte, daß die öffentlich-rechtlichen Aktionäre den industriellen Großkunden den sichtbaren Vortritt einräumten. Voment selbst hat zwei Jahre später vor dem Ausstellerbeirat hervorgehoben, »daß die Industrie auch in der Geschäftsführung deren Politik durch einen Mann aus ihren Kreisen stets mitbestimmt und mitverantwortet«. Dr. Wien sprach in einem Zeitungsartikel zur 25. Hannover-Messe auch den Generationswechsel in der Ausstellerschaft an: »Die Unternehmer aus der ›Gründerzeit‹ ziehen sich zurück, und ihre Nachfolger prüfen sehr viel unvoreingenommener, wie nützlich ihnen eine Messe ist.« Drei prominente Aufsichtsratsmitglieder, Dr. Lindner, Alfred Schulz und Dr. Tacke, und der verdienstvolle Vizepräsident des Ausstellerbeirats, Adalbert Grosse, feierten ihren 65. Geburtstag. Der unermüdliche Vorkämpfer der Messe in der Stadtverwaltung und stellvertretende Vorsitzende im Aufsichtsrat Ernst Wiechert starb im gleichen Jahr.

Mit der Beförderung des erprobten »Messeprofis« Krüger zum ordentlichen Vorstandsmitglied am 1. Januar 1972 war das neue Trio komplett, für die Finanzgebarung ergänzt durch den ebenfalls lange erfahrenen Stellvertretenden Fuchs. Als erste Hypothek erbte der verjüngte Vorstand das Prognos-Gutachten über die dekorativen Konsumgüter. Obwohl das Gros der Aussteller in den beiden Messehäusern die vorbildliche Unterbringung und den Nutzeffekt im Rahmen der Technischen Messe mit ihrem weltweiten Besucherstrom unverändert hochschätzte, kamen die alten Klagen über das branchenfremd späte Datum und die für ihre Zwecke überlange Messedauer immer wieder zur Sprache. Eine württembergische Metallwarenfirma war unter neuer Leitung auf die Frankfurter Vorfrühlingsmesse umgestiegen. Das Ressentiment der Maschinenbauer gegen den »Fremdkörper« kam hin und wieder zum Vorschein. Als 1969 auf einer Sitzung der Gemeinschaft Deutscher Großmessen, die in den siebziger Jahren zu einer wahren »societas leonina« wurde, seine Kollegen von der Heyde und Steidle das leidige Thema wieder vorbrachten, machte Vorstand Pätzold den Vorschlag, ein Gutachten der Schweizer Wirtschaftsprüfer anzufordern. Nun lag es auf dem Tisch. Den zehn Branchen Porzellan, Glas, Keramik, Uhren, Schmuck, Silberwaren, Bestecke, Schneidwaren, feine Metallwaren und Geschenkartikel wurde ein überproportionaler Aufstieg im privaten Verbrauch mit noch stärkerem Exportanteil vorausgesagt. Richtige Terminwahl – Ende Februar/Anfang März – und Sortimentsgestaltung seien wichtiger als die Wahl des Standorts. Dem Platz Frankfurt wurden bei bevorzugter Verkehrslage die besten Voraussetzungen für eine konsolidierte Gebrauchsgütermesse zugesprochen, in die sich Uhren und Schmuck mit einer selbständigen Fachmesse einordnen könnten, während in Hannover die beste Organisation und die Auslandsbedeutung zu Buche schlügen. Der in die Untersuchung mit einbezogenen Bedarfsgruppe Küche wurde die Beschickung der Kölner Hausratsmesse empfohlen. Die drei Messegesellschaften unterbreiteten das Prognos-Gutachten als »Entscheidungshilfe für eine Mes-

1972

Oben: Blick nach Osten – Der Vorsitzende des Ostausschusses Wolff von Amerongen begrüßt den sowjetischen Minister für Elektro-Industrie A. K. Antonow in der IHK zu Hannover – AEG-Vorstandsmitglied Schmitt (Mitte)
Unten: Die Russen in der Stahlstraße – Generaldirektor Birnbaum von der Salzgitter AG (Mitte)

sekonzeption« den zuständigen Gremien von Industrie und Handel.

Der ausschlaggebenden Bedeutung des Datums eingedenk, ergriff die Messe-AG Hannover nach Rücksprache mit den Fachgruppen die Initiative mit der Ankündigung einer »Interfachmesse« für den 15. bis 19. März 1974. Zur Ausgliederung der in zwei Bedarfsgruppen »Der gedeckte Tisch« und »Persönliche Accessoirs« unterteilten dekorativen Konsumgüter aus der großen Messe wurde etwas voreilig verkündet, daß »auf Grund der unterschiedlichen Besucherzielgruppen ein weiterer Ausstellungsverbund von Konsum- und Investitionsgütern nicht mehr sinnvoll« sei. Ein Beirat wurde gebildet und mehr als sechs Millionen DM in die Überholung der beiden Messehäuser und in die Werbung für die »Interfach« investiert. Trotz der katastrophalen wirtschaftlichen Lage nach dem ersten Ölschock meldeten sich 480 deutsche und 260 ausländische Hersteller, 100 mehr als auf der Hannover-Messe '73, mit Metallwaren (196), Schmuck (160), Porzellan und Keramik (176), Glas (107), Uhren (91) und Silberwaren (32). Ministerpräsident Kubel, Philip Rosenthal und der Vorsitzende des Verbandes der Keramischen Industrie hoben die »Interfach« aus der Taufe, die mit einem Symposium und einem Ball aufgewertet wurde.

Leider war trotz 15 000 Besuchern unter Zulassung des Sehpublikums der ausländische Fachhandel schwach vertreten. Es blieb »ein Teilerfolg mit differenzierter Beurteilung« und einem Verlust von 2,9 Millionen DM für die Messehaus-GmbH, d. h. den Alleinteilhaber Messe-AG. Beim zweiten Anlauf 1975 waren es 100 Aussteller weniger. Obwohl das internationale Angebot gleich stark geblieben und der Auslandsbesuch auf 38 Prozent gestiegen war, billigte der Beirat einstimmig den Aufsichtsratsbeschluß, die »Interfach« ab 1976 wieder in die Hannover-Messe zurückzuführen, da ihr Verlauf »den Erwartungen der Aussteller und der Messeleitung nicht entsprach«. Es wurde ein verlustreiches Rückzugsgefecht in drei Etappen, bei dem Ausstellerzahl und Umsatz jedes Jahr abnahmen. Nach der letzten Teilnahme an der Hannover-Messe '78 wurde messeseitig vermerkt, daß »der Wechsel des Messeplatzes, der durch die Entscheidung einiger weniger großer Firmen veranlaßt wurde, von allen anderen Ausstellern außerordentlich bedauert und als falsch empfunden wird«. Die Messehaus-GmbH wurde nach 26 Jahren ihres Bestehens auf die Messe-AG umgewandelt. Adalbert Grosse sagte mir, man habe seither in Frankfurt die große Zeit in Hannover nie vergessen.

Superminister Schiller

Am 22. Januar 1972 war ich dabei, als im Brüsseler Palais Egmont der konservative Premierminister Heath mit seinen Kollegen aus Dänemark, Irland und dem nachher kraft Volksentscheid doch fernbleibenden Norwegen auf der einen und Walter Scheel mit den übrigen Außenministern der Sechs auf der anderen Seite den Beitrittsvertrag unterzeichneten, der übers Jahr in Kraft treten würde. Aber was für ein England stand da ins kontinentale Haus! Eine Million Arbeitslose, Notstand im Bergarbeiterstreik und im Unterhaus nur acht Stimmen Mehrheit für den Eintritt in die Europäische Gemeinschaft gegen den unverminderten Widerstand von Labour. Schon kündigte sich das Aufbegehren der Ölscheiche an und auf der dritten Welthandelskonferenz in Santiago die Forderung der Entwicklungsländer nach einer neuen Wirtschaftsordnung. In der Bundesrepublik hatte im Vorjahr das Bruttosozialprodukt zwar nominal um 11 Prozent, real jedoch nur noch um 3 Prozent zugenommen. Mit den Lebenshaltungspreisen stiegen Löhne und Renten weiter, wenn auch langsamer. Das von den Unternehmern heftig befehdete neue Mitbestimmungsgesetz trat in Kraft. DGB-Chef Heinz Oskar Vetter verlangte Verstaatlichung von Bergbau und Energiewirtschaft, um die Ruhrkohle zu entlasten. Ein Bardepotgesetz und die Erhöhung der Mindestreserven sollten helfen, die Kreditinflation zu bremsen.

Eben aus Allendes Chile zurück, eröffnete Superminister Schiller die 72er Messe. Zwar stellte er aufatmend fest, daß der vor einem Jahr drohende Handels- und Wirtschaftskrieg in der Währungskrise durch stabilisierende Beschlüsse der Gruppe der zehn führenden Industriestaaten und des Weltwährungsfonds abgewandt sei. Die

Wiederaufnahme des Eingangswegs zur Währungsreform durch die Begrenzung der Wechselkursschwankungen auf 2,25 Prozent innerhalb der Gemeinschaft, der sich England anschließen werde, habe das vom VDMA-Präsidenten Hugo Rupf als Vorredner beklagte Kursrisiko im Export von Investitionsgütern wenigstens halbiert. Die Welt werde auf die Dauer nicht in reiche Industrie- und arme Entwicklungsländer aufgeteilt bleiben, welch letzteren man allgemeine, nicht nur regionale Präferenzen für ihre schon konkurrenzfähigen Exporte zubilligen sollte. Im Inland hätten Bund, Länder und Gemeinden eine besonders hohe Verantwortung für die trotz Konjunkturabkühlung noch keineswegs gesicherte Stabilität: »Und Sie können versichert sein – mehr will ich dazu nicht sagen –, daß ich mir dieser Verantwortung bewußt bin.« Mit der Warnung vor unnötigen staatlichen Expansionsmaßnahmen und dem Maßhalteappell an Staat, Unternehmen und Gewerkschaften auch in anderen Ländern erklärte Karl Schiller »die Messe der kritischen Zuversicht« für eröffnet.

Obwohl sein Widerpart Karl Klasen in der Bundesbank Ende Juni das Bardepot von 40 auf 50 Prozent und die Mindestreserven um 20 Prozent erhöhte, trat der Bundeswirtschafts- und Finanzminister am 6. Juli zurück und verließ nachher auch die SPD »aus ordnungs- und stabilitätspolitischer Überzeugung«. Der bisherige Verteidigungsminister Helmut Schmidt, der Nachkriegsstudent bei Prof. Schiller gewesen war und unter ihm im Wirtschaftsressort des Hamburger Senats gearbeitet hatte, übernahm das Doppelamt mit der gewagten Parole: »5 Prozent Preissteigerung sind leichter zu ertragen als 5 Prozent Arbeitslose.«

Die 72er Messe zeigte einen geringfügigen Rückgang, da jetzt auch die Fördertechnik im Freigelände zum 2-Jahres-Rhythmus übergegangen war. Der Anteil des sonstigen Maschinenbaus und der Elektroindustrie einschließlich Elektronik blieb unverändert. Im CEBIT belegte die Datentechnik mit 20 Ausstellern weniger die gleiche Fläche wie bisher. Die Werkzeuge nahmen um 60 Firmen auf 400 zu mit 4000 Quadratmeter mehr Fläche. Neu verzeichnet wurde der Nutzfahrzeugbau mit 77 Ausstellern auf 8500 Quadratmetern im Freigelände. Das Geschäft war beeinträchtigt durch die

Zweifel, ob der wirtschaftliche Abschwung wirklich beendet sei, und durch entsprechende Zurückhaltung mit Investitionen. Das Preisniveau blieb in allen Bereichen stabil. Als ausländischer Eröffnungsredner hatte Mynheer Sidney J. van den Bergh, Präsident des Rates für Niederländische Handelsförderung, den Beitrag der Hannover-Messer zu der engen Wirtschaftsverflechtung seiner Heimat mit dem deutschen Hinterland unterstrichen und vorsichtige Bedenken gegen die geplante Ausgliederung der dekorativen Konsumgüter angemeldet.

Breschnew in Bonn

Neue Horizonte für das Ostgeschäft wurden stark beachtet, nicht nur das friedliche Duell des Überschallflugzeugs »Concorde« mit seinem sowjetischen Pendant »TU-144« auf der gleichzeitigen Deutschen Luftfahrtschau. Im Anschluß an die Handelsabkommen vom Jahresende 1970 mit Polen, Ungarn und der Tschechoslowakei wurde Anfang April 1972 der seit acht Jahren ausgelaufene Handels- und Kooperationsvertrag mit der Sowjetunion erneuert, der dann am 19. Mai durch Staats- und Parteichef Leonid Breschnew bei seinem ersten Besuch in Bonn unterzeichnet wurde. Eine offizielle deutsch-sowjetische Wirtschaftskommission, in der Otto Wolff von Amerongen, Alfred D. Schulz und zwei andere Mitglieder des Ostausschusses saßen, war am Tag vor Messe-Eröffnung gegründet worden. »Mit besonderer Freude und Ehre« begrüßte Minister Schiller »sehr herzlich« den Stellvertretenden Ministerpräsidenten der UDSSR, Nowikow, an der Spitze seiner Delegation »an diesem Ort der Begegnung zwischen Ost und West«. »Wir sollten in der Tat mit realistischem Sinn für das Mögliche mitwirken an dem großen Industrialisierungsprozeß Osteuropas durch mehr Handel und mehr Kooperation auf ökonomischen und wissenschaftlich-technischen Gebieten.« Auf das als Vorreiter zum politischen Durchbruch von Schiller und Außenhandelsminister Patolitschew schon am 1. Februar 1970 in Moskau unterfertigte erste Röhren-Gas-Abkommen folgte im Juli 1972 ein Anschlußvertrag.

Besonders schnell hatte der Verein Deutscher Werkzeugmaschinenfabriken (VDW) die Situation erfaßt. Schon im Herbst 1969 hatten Markus von Bußße und Vorstand Pätzold auf Einladung des Präsidenten Borisow von der Allunions-Kammer in Moskau ausstellungspolitische Gespräche geführt. Nun eröffneten der neue VDW-Präsident Bernhard Kapp und von Bußße am 19. Mai 1972 die erste Ausstellung »Werkzeugmaschinen aus der Bundesrepublik« im Sokolniki-Park mit 139 Herstellerfirmen. Unser Messe-Gaststättenchef, Kollege Gutzmann, übernahm die Gastronomie. Kapp erinnerte an die über fünf Jahrzehnte zurückreichenden Beziehungen des VDW zur Sowjetunion und an »die hohen quantitativen und qualitativen Ansprüche zum Weiterausbau ihrer metallverarbeitenden Industrie«. Da die Sowjets seither der größte Abnehmer westdeutscher Werkzeugmaschinen geblieben sind, nimmt es kaum Wunder, daß die Moskauer Ausstellungen des VDW 1975 und 1980 erfolgreich wiederholt wurden.

Ein COMECON-Gespräch auf der Hannover-Messer, das Pätzolds Wunsch seit Jahren gewesen war, kam nach sorgfältiger Prüfung im Ostausschuß nie zustande. Alfred E. Schulz machte mit Recht auf das ungleiche Gespann zwischen einem Dutzend Funktionären der Planwirtschaft auf der einen und untereinander konkurrierenden Industriellen auf der anderen Seite aufmerksam. Ein Polen-Gespräch auf der 72er Messe im Zusammenhang eines Besuches von Ministerpräsident Kubel in Warschau brachte ein mageres Ergebnis. Dafür machte sich die Industrie- und Handelskammer zu Hannover unter ihrem Hauptgeschäftsführer Franz-Hubert Hädicke jedes Jahr mit ihren Empfängen für die Delegationen aus Staatshandelsländern verdient.

Zauberwort Marketing

Nicht nur im Streit um die dekorativen Konsumgüter mit Frankfurt und Köln, mit Electronica und BAUMA in München, sondern auch gegenüber den Ambitionen des nach langjähriger Hannover-Erfahrung als Protokollchef bei Krupp zum Direktor der Messe Düsseldorf berufenen Kurt Schoop sah sich der neue Vorstand in Hannover zur Vorwärtsverteidigung verpflichtet. In dem schon erwähnten Gedenkartikel zur 25. Messe wandte sich Dr. Frank Wien ganz in Mössners Stil gegen die weitere Expansion subventionierter Messen in der Bundesrepublik, obwohl die Mengenkonjunktur für die Ware »Dienstleistung« vorüber sei. An die Unternehmensabteilungen »Marketing« und »Verkauf« würden hohe Anforderungen gestellt, um der Industrie zu beweisen, daß eine Industriemesse für sie unentbehrlich sei. Nicht im Sinn des »Messe-Architekten«, wie Vorstand Mössner bei seinem Ausscheiden gefeiert wurde, und des Aufsichtsratsvorsitzenden war in einer Neujahrsbotschaft des neuen Vorstands allerdings der Satz: »Erfolg – das bedeutet für uns nicht in erster Linie eine ausgeglichene Bilanz.« Auf Drängen des VDW wurde der Bau von zwei weiteren Maschinenhallen für die Internationale Hannover-Ausstellung '73 beschlossen, obwohl Dr. Overbeck öffentlich Zweifel anmeldete, »ob das alles so groß sein muß«.

Als Fürsprecher der neuen Konzeption des »Marketing-Instruments Messe« wurde das Vorstandsmitglied der AEG-Telefunken, Prof. Mathias Schmitt aus der früheren Erhard-Mannschaft, zur großen Pressekonferenz vor der 72er Messe eingeladen. In den Vordergrund absatzorientierter Unternehmenspolitik stellte er neben der Messe als Wettbewerbsveranstaltung ihre Funktion als »Informationsbörse«: »Unsere heutigen Messen sind primär nicht nur vom Produktionsangebot her organisiert und charakterisiert, sondern stärker vom Markt her beeinflußt und auf den Markt hin orientiert.« Die seit Jahr und Tag von der Hamburger Gesellschaft für Marktforschung vorgenommene ausführliche Besucherbefragung während der Messetage wurde noch intensiviert. Gleich nach der Messe stimmte der Präsidialausschuß des Aufsichtsrats einem neuen Organisationsplan zu, in dem sich Sprecher Voment neben der Presse unter Wolfgang Linsemann die neu geschaffene Hauptabteilung Marketing unter Michael Beuermann vorbehielt. Sie umfaßte auch die stark ausgebaute Werbung und den Außendienst unter Georg Sewig. Vorstand Dr. Wien war unter Hopfs Nachfolger Hellmann zuständig für Revision und Verwaltung, wobei Günter Grund das Büro der Leitung übernahm. Unter Vorstand Krüger leitete Leopold Merkelbach die Hauptabteilung Veranstaltungen, Hubert-H. Lange die Finanzen unter der Zuständigkeit von Hans-Georg Fuchs. Für Verkehr und Technik wurde Edgar Kamischke benannt, als Walter Hutmacher nach schwerer Krankheit vor Jahresende mit 61 Jahren starb.

Von der Marketing-Welle aus der Zentrale überspült, hielten sich die Repräsentanten wacker im bundesdeutschen Binnenmeer. Freund Kurt Dietz in München wurde erst 1974 durch seinen Mitarbeiter Dieter Kraus abgelöst, ebenso Max Schnellenkamp im Ruhrgebiet, der Organisator der Sonderschauen Oberflächentechnik, durch Günther Sohn und John Bader für Norddeutschland und Berlin durch Horst Schanding. Dr. Rudolf Hoffmeister für Baden-Württemberg und Werner A. Gunkel für Hessen und Rheinland-Pfalz sind heute die ältesten. Einige Unruhe gab es in den Auslandsvertretungen. Schon seit Mitte der sechziger Jahre hatte die verschärfte Auseinandersetzung zwischen den deutschen Großmessen die zwischenstaatlichen Auslandskammern in der Schweiz, Belgien und Holland in Verlegenheit gebracht, für welche konkurrierenden Programme sie sich mehr einsetzen sollten. Als »Dreibändermann«, wie mich Dr. Hipp vom Deutschen Industrie- und Handelstag wegen meiner sukzessiven Tätigkeiten als Syndikus einer Auslandskammer, Geschäftsführer einer Inlandskammer und Mitglied einer Messeleitung nannte, hatte ich selbst bei einer vertraulichen Besprechung unseres alten Vorstands mit ihm Zweifel geäußert, ob die der Gesamtwirtschaft verpflichteten Auslandskammern überhaupt kommerziellen Unternehmen im Wettbewerb dienen könnten. In einer Bonner Sitzung mit den Hauptgeschäftsführern dieser Kammern suchte Dr. Wien den offenen Bruch, dem sich die Herren Dr. Marius und Schneider von der deutsch-niederländischen Kammer klug entzogen, indem sie für Köln und Hannover verschiedene Vertreter benannten und dafür sorgten, daß Sprecher Voment in ihren Vorstand gewählt wurde. Die damals begonnene Zusammenarbeit mit einer internationalen Speditionsfirma blieb nur in Spanien, der Schweiz und Südafrika erhalten. In Frankreich übernahm Vincent Leflaive die Nachfolge nach dem Tod von

Arthur Tressens, in Schweden und Dänemark blieben Freund Purkhold und die Firma Uldall, in England als erfolgreicher Einzelkämpfer Arnold Rustemeyer. Außer in den USA, Japan und Hongkong, wo eigene Lösungen gefunden wurden, vertreten heute wieder deutsche Auslandskammern auch die Hannover-Messe in 19 Staaten.

Mein Vertrag als Generaldelegierter in Brüssel wurde bis Ende 1977 verlängert. Dem Land Niedersachsen stand ich als inoffizieller Mittler in Sachen EWG-Regionalpolitik zur Verfügung, besonders für das immer noch so genannte Zonenrandgebiet und das Emdener Dollarthafen-Projekt. Der später zuständige Kommissar, ein auf Autonomie seines Landes eingeschworener schottischer Gewerkschafter, bat mich um ein Gutachten über die Stellung der deutschen Bundesländer in der Gemeinschaft und war baß erstaunt, daß sie offiziell in Brüssel nicht existierten. Schottische Ministerialbeamte ließen sich Besuchskarten mit dem Vermerk »Scotland into Europe« drucken. Als Ministerpräsident Kubel 1975 den Vorsitz im Bundesrat führte, lud ihn der für Autonomie der Frankophonen streitende belgische Staatssekretär Gol zu einer Rundreise ein mit anschließendem Wallonen-Tag auf der Hannover-Messe, der alle Beteiligten in ziemliche Verlegenheit brachte.

Von »Seiner Majestät« bis »Old Chinahand«

Im Sommer und Herbst 1972 wurde ich gebeten, als »introducteur des ambassadeurs« an gemeinsamen Überseereisen des neuen Vorstands mit Herrn von Bußße und Assessor Scherbarth teilzunehmen, die ihrerseits für die 2. IHA '73 warben. Mit Sprecher Voment hatten wir in Johannesburg durch Vermittlung der Deutsch-Südafrikanischen Handelskammer eine lange Sitzung beim Stahlindustrie-Verband. Vergeblich schlugen wir den Herren vor, in Hannover Spezialmaschinen und Know-how, vor allem für den Bergbau, interessierten Ländern Südamerikas und Südostasiens anzubieten. Als Töchter englischer Maschinenbaufirmen konnten ihre Firmen damals noch nicht frei auf dem Weltmarkt operieren. (So blieb es wie seit Jahr und Tag bei dem einen Aussteller aus Südafrika, einem schwäbischen Werkzeugmacher, der jedesmal sein gutes Geschäft machte.) Das gleiche unter anderen Vorzeichen stellten Dr. Wien und ich in Kanada fest, wo trotz aller amtlichen Bestrebungen zur Abkehr vom amerikanischen Marktmonopol die Töchter von US-Spitzenfirmen an der kurzen Leine gehalten wurden und andere nach wie vor mit Europa nur über London verkehrten.

Ab Teheran reisten wir wieder mit den Herren des Vereins Deutscher Werkzeugmaschinenfabriken zusammen. Gespräche bei Handelskammer und Industrieverband drehten sich im Kreis mit der stereotypen Ausrede: »Das bestimmt Seine Majestät«. In Indien hatte Herr von Bußße begeisterte Anhänger in der »Machine Tool Builders Association«, während dort wie in Australien die Hannover-Messe wie von Anfang an der perfekte technische Markt, aber kaum ein Feld für aktive Beteiligung war. Von Hongkong aus führte uns der legendäre »Old Chinahand«, Eusebius Schneider von Jebsen & Co., durch die Kanton-Messe. Dort riet ich den Funktionären des solides Gebrauchsporzellan herstellenden Fachverbandes wiederum vergeblich, die herrlichen Vasen-Modelle, die den europäischen Kenner seit dem 18. Jahrhundert begeistert hatten, durch unsere »Interfach« wieder auf den Weltmarkt zu bringen. Bußße flog nach Peking weiter und machte eine Großdelegation mobil. Als ich sie nachher auf der Internationalen Hannover-Ausstellung (IHA) mit betreute und half, die Ingenieure im Blaukittel anschließend in zwei Gruppen durchs deutsche Industriegelände zu schleusen, bestätigte mir der grauhaarige Chefdolmetscher, daß wir uns schon 1958 bei Daimler-Benz begegnet waren. Vom Verbleib des damaligen Delegationsleiters und Vizepräsidenten der »National Bank of China« wußte er nichts zu vermelden. Der Wahlspruch der einstigen badischen Leibgrenadiere fiel mir ein: Besser gut rasiert im zweiten Glied. In Japan blieb es, die Messe betreffend, beim einseitigen Interesse der Elektronik-Industrie, während der Andrang der Werkzeugmaschinen zur IHA noch zunahm.

Die während des fünften Aktes der Vietnam-Tragödie noch tiefer in Nöte geratende westliche Hauptmacht USA überraschte ihre

Partnerländer Mitte Februar 1973 mit einer neuen zehnprozentigen Abwertung des Dollars, die eine weitere Aufwertung der DM um 11,4 Prozent zur Folge hatte. Währungskonferenzen in Paris und Brüssel endeten mit einem Floating der EG-Mitglieder (außer England) und der skandinavischen Staaten, zu dem der japanische Yen schon vorangegangen war. Zur Messe-Eröffnung sprach als zweiter BDI-Präsident seit Fritz Berg der im Vorjahr zitierte Hans-Günther Sohl. Er konstatierte die Selbstaufgabe des Dollars als unangefochtene Leitwährung und stellte dem amerikanischen Defizit mit Japan, dessen Auftreten als wirtschaftliche Großmacht die Weltmärkte verändert habe, die ausgeglichene Handelsbilanz mit der EWG und die den US-Absatz um ein Vielfaches übertreffenden Umsätze amerikanischer Tochterfirmen in Westeuropa gegenüber. Bundeswirtschaftsminister Dr. Hans Friderichs von der FDP hatte nach den vorgezogenen Bundestagswahlen vom November 1972 Helmut Schmidt die halbe Bürde abgenommen. Er verglich den stürmischen Konjunkturaufschwung in der Bundesrepublik seither durch Expansion der äußeren wie der inneren Nachfrage mit der langsameren Erholung von 1967 auf 1969/70. Der Auftragsbestand in der Investitionsgüterindustrie sei von 3,7 Monaten im Dezember auf 4,4 im März gestiegen. Die aus gesteigerter Nachfrage auch im Import trotz des Aufwertungseffektes erfolgten Preissteigerungen hätten die Jahresproduktion der öffentlichen Haushalte überrollt.

Das Bedauern der schwedischen Industrie darüber, daß die Regierung Palme den Schritt in die EWG nicht gewagt habe, brachte Generaldirektor Erik Sundblad von Stora Kopparberg AB zum Ausdruck. Schwedens Neutralität sei schließlich nur dem Umstand zu verdanken, daß die Großmächte dieses Land in zwei Weltkriege nicht mithinein gezogen hätten.

Die Ausstellerzahl der 73er Messe entsprach mit 5750 wieder der vor zwei Jahren. Die für die IHA gebauten beiden neuen Maschinenhallen mit 18 000 Quadratmeter Bruttofläche waren bereits in Betrieb genommen worden und voll belegt. Im dadurch verkleinerten Freigelände standen statt 300 nur noch 170 Baumaschinenfirmen auf halber Nettofläche, da der Fachverband in den ungeraden

Jahren wegen der Münchner BAUMA ein Pausieren in Hannover empfahl. Dafür brauchte in der alternierenden übrigen Gruppe die Fördertechnik bei 30 Ausstellern mehr (1971: 96), mit 9600 Quadratmeter die doppelte Nettofläche. Alle übrigen Bereiche blieben sich gleich. Nur der Ausländerpegel stieg von 1000 auf 1300 Direktaussteller. Dr. Wien und ich hatten im Februar beim Board of Trade in London einen wahren Enthusiasmus erlebt, die britische Leistungsfähigkeit allen Unbilden zum Trotz in Hannover unter Beweis zu stellen. 240 Firmen (1972: 153) nahmen mit Schwerpunkten in Elektro-Technik und Maschinenbau teil. Den lohnenden Markt des neuen EG-Partners präsentierten der Präsident der Deutschen Industrie- und Handelskammer in London und langjährige Botschafter in Bonn, Sir Frank Roberts, und andere auf einem vom deutschen Botschafter Karl-Günther von Hase eröffneten deutsch-britischen Wirtschaftstag.

Ein Glücksfall

Eine von der Fachgemeinschaft Holzbearbeitungsmaschinen im VDMA während der Messe einberufene Ausstellerversammlung bejahte das mit der Messeleitung bereits abgesprochene Konzept, wonach in später Wiederholung des Falles Werkzeugmaschinen dieser seither stärkste Zweig des Maschinenbaus auf der Hannover-Messe aus der alternierenden Gruppe ausscheiden und ab 1975 unter dem Namen »Ligna« jedes zweite Jahr eine eigene internationale Fachmesse für Holzwirtschaft auf unserem Gelände abhalten werde. Vorstand und Aufsichtsrat hatten sich die vom Geschäftsführer Dr. Hermann Theis systematisch vorbereitete Umstrukturierung nicht leichtgemacht. Als ich selbst davon erfuhr, daß dieses Herzstück der Maschinenmesse herausgebrochen werden sollte, war ich zunächst wie vor den Kopf geschlagen, zumal man die ausländischen Aussteller vor vollendete Tatsachen stellte. Und doch sollte die »Ligna« wie einst ihr Vorbild vor 20 Jahren *der* Glücksfall im bevorstehenden Kriseneinbruch und ein dauernder Gewinn auch für die Messegesellschaft werden.

Nur zweieinhalb Wochen nach Messeschluß wurde die FAB '73, die Fachausstellung für Anstaltsbedarf, in vier Hallen zusammen mit dem 7. Deutschen Krankenhaustag durchgeführt. Mitte September war dann zur IHA '73 »die modernste Metallbearbeitungsfabrik aufgestellt, die sich denken läßt«, wie es auf der vorbereitenden Pressekonferenz hieß. 1550 Aussteller, davon nahezu die Hälfte aus dem Ausland, zeigten ihr Angebot von Werkzeugmaschinen, unter denen nach einer Umfrage bei den Herstellern wiederum die Hälfte Neukonstruktionen mit erhöhtem Automatisierungsgrad und erweitertem Anwendungsbereich waren. Am Ende stellte es sich freilich bei einer Besucherzahl von 170000 deutschen und 50000 internationalen Fachleuten heraus, daß »die Kunden vielfach nicht den qualitativ besten, sondern den billigeren Maschinen den Vorzug gaben, weil sie die hochproduktive Technik nicht bezahlen können«.

Zur Eröffnung der IHA hatte im Namen der Verbraucher der Vorsitzende der Robert Bosch GmbH, Hans L. Merkle, »an diesem besten aller Messeplätze« über »Die Welt der Werkzeugmaschinen« gesprochen. Die Stabilitätspolitik, so meinte er, belaste hauptsächlich die Investitionsgüterindustrie, obwohl der Preisauftrieb stärker von den Verbrauchsausgaben im weitesten Sinn des Wortes ausgehe. Der Zeitbetrachter unter den Managern pries »die fast ideale Mischung der Unternehmensgrößen im weltweiten Werkzeugmaschinen-Bereich« und setzte sich mit den alarmierenden Thesen des Club of Rome über die »Grenzen des Wachstums« auseinander. »Der Mensch hat seit eh und je Raubbau getrieben ... Nicht die Industrie als solche, sondern der Mensch, indem er seine Lebensbedürfnisse zu befriedigen sucht, beraubt die Natur«, die Bevölkerungsexplosion in der Dritten Welt mache die Eingriffe in das Gleichgewicht der Erde noch deutlicher. Merkles Aufforderung an die Maschinenbauer, Konstruktionen mit weniger Rohstoffeinsatz und energiesparend im Betrieb zu entwerfen, war wie ein Wetterleuchten vor dem Dauergewitter, das im Monat danach mit dem Jom-Kippur-Krieg und dem Einsatz des Öls als politische Waffe durch die Araber über die westliche Industriewelt hereinbrach.

Die Umsatzentwicklung des Messe-Konzerns hatte sich in den

Jahren vor Einbruch der neuen Weltwirtschaftskrise normal entwickelt. Dem bisher höchsten Ergebnis 1970 mit drei zusätzlichen Großveranstaltungen von 90,85 Millionen DM (Jahresüberschuß 4,5 Mio., Bilanzgewinn 2,7 Mio.) stand das folgende Jahr ohne größere Zweitveranstaltung mit einem entsprechenden Rückgang auf 67,6 Millionen DM (JÜ 4,5, BG 1,88) gegenüber. 1972 mit wiederum drei Zusatzveranstaltungen (Didacta, DLS und DLG) erbrachte 81 Millionen DM (JÜ 1,38, BG 1,67), die sich 1973 mit nur zwei Zusatzveranstaltungen sogar auf 92 Millionen DM (JÜ 1,5, BG 1,65) erhöhten. Wenn die Hauptversammlung beschloß, in diesem Jahr erstmalig auf die Dividende zu verzichten und den Bilanzgewinn im Unternehmen zu belassen, so war dafür neben Investitionen von 18,47 Millionen DM auch der Preisauftrieb bei Dienstleistungen verantwortlich (Löhne und Gehälter ohne Sozialabgaben 14,8 Mio. gegen 10,9 Mio. in dem vergleichbaren Jahr 1970). Das Kapital betrug seit 1969 unverändert 39 Millionen DM, das langfristig gebundene Eigenvermögen der Messe-AG im Buchwert von 138,8 Millionen DM war zu 45,4 Prozent durch Eigenmittel gedeckt.

2.

KRISENEINBRUCH

»Die in den ersten vier Monaten des Jahres 1974 durchgeführten Großveranstaltungen standen unter dem belastenden Einfluß einer wachsenden wirtschaftlichen Unsicherheit. Die Nachwirkungen der Ölkrise, Konjunktureinbrüche in verschiedenen Bereichen durch geringe Inlandsnachfrage bei unvermindertem Preisauftrieb, hohen Tarifabschlüssen und Hochzinspolitik kennzeichneten die Lage.« Dieser Vermerk des Vorstandes im Nachtrag zum Geschäftsbericht des Vorjahres datierte vom 18. Mai 1974, zwei Wochen nach Schluß von Hannover-Messe und Luftfahrtschau, denen Anfang Februar die 3. CONSTRUCTA und Mitte März die erste »Interfachmesse« vorangegangen waren.

Die Bundesregierung hatte mit vier Sonntagsfahrverboten die Benzinpreiserhöhung einigermaßen abgefangen, bevor zu Neujahr die OPEC den Rohölpreis auf 11,60 Dollar pro Faß mehr als verdoppelte und ihre Förderungsquoten um 15 Prozent drosselte. Ein besonderer Schlag war der Alleingang unseres Hauptlieferanten für leichtes Öl, Gaddafis Libyen, mit 15,76 Dollar pro Faß. Holland, Japan und England hatten im November 1973 den Notstand ausgerufen. Ein Streik der Walliser Kohlenarbeiter führte zur 3-Tage-Woche in der britischen Industrie, die erst abgeschafft wurde, als nach einem Patt in Unterhauswahlen Labour unter Harold Wilson Ende Februar eine Minderheitsregierung gebildet hatte. Frankreich widersetzte sich einem gemeinsamen Energiekonzept der ölverbrauchenden Industriestaaten und ihrer Direktverständigung mit den Ölländern. Der Dollar setzte seine Talfahrt bis auf 2,38 DM im

1974

Oben: CONSTRUCTA mit der EWG – Schirmherr Prof. Spinelli (Mitte) mit (von links) Bundesbauminister Dr. Vogel, Ministerpräsident Kubel, Vorstand Voment, Bauverbandspräsident Dr. Brunner, Vorstand Dr. Wien
Unten: Im Gespräch mit Initiator Frommes – Generaldirektor Clauss (links)

Mai fort, was einer deutschen Aufwertung um 33 Prozent entsprach. Die deutschen Löhne stiegen weiter zwischen 11 Prozent im öffentlichen Dienst und 13 Prozent in der Metallindustrie, zu der auch das Personal der Hannover-Messe als Rechtsnachfolgerin der Leichtmetallwerke gezählt wurde. Die Stahlgruppe Korff–Krupp–Salzgitter schloß im März ein Abkommen zur Mitwirkung am Bau eines Eisenhüttenkombinats in Kursk.

Die Messeleitung gab sich alle Mühe, der Verunsicherung der Aussteller und dem jetzt gegen die technische Mehrbranchenmesse gerichteten »Gerede« gegenzuhalten, obwohl die »Ligna« ein Vorbild mehr für den Drang zur Einzelfachmesse war. Ein ausstellerischer Erfolg gelang mit der kurz nach Aufhebung des Sonntagsfahrverbotes durch Dr. Hans-Joachim Vogel als Bundesminister für Bauwesen am Montag, den 2. Februar, eröffneten 3. CONSTRUCTA. Von 1680 Teilnehmern auf der gegenüber 1970 um 63 Prozent vermehrten Nettofläche von 108 000 Quadratmeter entfiel die Hälfte auf die von jeher stärkste Untergruppe Ausbau. Aber auch Rohbau, Fertigbau und Bausysteme belegten anderthalbmal soviel Raum wie beim vorigen Mal. Schirmherr war EWG-Industriekommissar Prof. Spinelli, mit dessen Beamten ich in Brüssel ein Symposium »Verwirklichung des Gemeinsamen Marktes im Bauwesen« abgesprochen hatte. Seine italienischen Landsleute rechneten sich besondere grenzüberschreitende Bauchancen aus und schickten 123 Firmen nach Hannover, mehr als ein Drittel der Aussteller aus 21 Auslandsnationen.

Neben der Vorbereitung der Hannover-Messe '74 wurde viel Aufwand und Arbeit auf das vom Aufsichtsratsvorsitzenden mit besonderen Hoffnungen begleitete Experiment der »Interfach« verwandt, mit dem schon geschilderten ernüchternden Ausgang. Inzwischen zeichnete sich das Bild einer Messe der Ausfälle ab. Unter 4670 Ausstellern hielt die Elektro-Industrie mit 1650 Firmen auf 100 000 Quadratmeter auch durch die Krisenjahre ihre Stellung. Im CEBIT wuchs vor Auslaufen der Fünf-Jahres-Verträge die vermietete Nettofläche noch einmal um 6000 auf 56 900 Quadratmeter, von denen 390 Firmen der Datentechnik (+ 90 seit dem Vorjahr) 36 500 Quadratmeter besetzt hielten. Der 1975 verwirklichte Auszug der Fachgemeinschaft Büromöbel, die sich im Obergeschoß der nahe gelegenen Chemiehalle schlecht plaziert fühlte, hatte schon begonnen.

Beängstigend war der drohende Zerfall im Maschinenbau, der (ohne Datentechnik) von 1400 auf 980 Aussteller mit einem Verlust von 26000 Quadratmeter netto zurückfiel. Obwohl 280 Baumaschinenhersteller in diesem BAUMA-freien Jahr das Freigelände wieder bevölkerten, fehlten neben der Fördertechnik die alternierenden Untergruppen Schweißtechnik, Industrieöfen und Kältetechnik. Nach der Holzbearbeitungsindustrie, die auf die »Ligna« 1975 wartete, war die nächstgrößte Untergruppe die der Maschinen zur Verarbeitung von Kunststoffen und plastischen Massen. 80 von ihren 240 Ausstellerfirmen blieben der 74er Messe fern mit Hinweis auf ihre Muß-Beteiligung an der in Düsseldorf angekündigten Kunststoffmesse »K '75«. Die Branche »Chemie und Kunststoffe« selbst war von 150 auf 67 Aussteller mit einem Drittel der Nettofläche zurückgegangen und bereitete den Exodus auf ihre Frankfurter Fachausstellung »Achema« vor. Die Zusammenfassung der Oberflächentechnik in einer Halle mußte ein Torso bleiben, weil die größte Teilgruppe, Galvanotechnik, noch räumlich getrennt untergebracht war. Die traditionsreiche Branche Feinmechanik & Optik nahm zum letztenmal geschlossen teil. Mit Ausnahme der auf Fachausstellungen abwandernden Hersteller von Augenoptik und Amateurphotographie würden die übrigen Sparten sich künftig auf CEBIT, Meß- und Prüftechnik und Werbemittel verteilen.

Konsequenzen

Selbst wenn man zu den 247000 Quadratmetern vermieteter Hallenfläche auf der 74er Messe die 26000 Quadratmeter der ausgegliederten dekorativen Konsumgüter rechnete, blieb noch ein fast gleich großes Minus gegenüber dem Vorjahr. Angesichts des nicht mehr aufzuholenden Umsatzrückgangs und der Belastung der Messe-AG mit den Verlusten der »Interfach« wurden die Aktionäre unruhig. Außer dem Ministerpräsidenten und dem Oberstadtdirektor Neuffer im Präsidium (in dem Dr. Lindner die ausstellende Industrie vertrat) saß auch Finanzminister Prof. Dr. Siegfried Heinke, Wirtschaftsminister Helmut Greulich und Oberbürgermeister Schmalstieg im Aufsichtsrat. Diesen in Stadt und Land verantwortlichen SPD-Politikern kam eine Messekrise um so ungelegener, als Anfang Juni Landtagswahlen in Niedersachsen anstanden.

Am Ende der »Interfach« hielt der Aufsichtsratsvorsitzende dem für Revision und Verwaltung zuständigen Vorstand Dr. Wien und dem für die Finanzgebarung verantwortlichen Vorstandsmitglied Fuchs mangelnde Unterrichtung über den Stand des Unternehmens und Unterlassung vorbeugender Sparmaßnahmen vor. Entsprechende Konsequenzen lösten zunächst Einspruch einiger Aufsichtsratsmitglieder von der Unternehmerseite aus. Am 29. März wurde dann im gegenseitigen Einvernehmen die Entbindung der beiden Herren von ihren Funktionen zum 1. April vom Aufsichtsrat einstimmig angenommen »wegen nicht auszugleichender unterschiedlicher Auffassungen über grundsätzliche Fragen der Unternehmens- und Investitionspolitik der Gesellschaft«. Die Arbeitnehmervertreter hatten vorher getrennt über Abfindungsfragen beraten. Solange kein drittes Vorstandsmitglied gefunden war, wurden die Prokuristen Hellmann für Verwaltung und Lange für Finanzen mit der Wahrnehmung der Geschäfte betraut. Sprecher Voment wurde mit der Koordination des Vorstandes beauftragt, »damit die Verantwortlichkeiten klarer definiert werden«. Vorstand Krüger wurde für weitere fünf Jahre bestätigt. Dr. Wien ging in den Staatsdienst zurück.

Zur Messe-Eröffnung am 25. April 1974 hatte Ministerpräsident Kubel noch einmal Bundeskanzler Brandt gebeten. Es war wohl sein letztes öffentliches Auftreten als Regierungschef, bevor der von der Entlarvung eines DDR-Spions in seiner Mannschaft schwer getroffene Initiator der west-östlichen und deutsch-deutschen Entspannungspolitik zwei Wochen später zurücktrat. Von seiner Rede blieben zwei Sätze in Erinnerung: »Ich sage: Die Bundesrepublik Deutschland wird weder ein Gewerkschaftsstaat noch ein BDI- oder Unternehmerstaat. Sie geht ihren Weg weiter zum modernen, freiheitlichen und sozialen Bundesstaat, dessen Wirtschaft am Markt orientiert bleibt.«

In seiner alljährlichen Begrüßungsansprache als Vorsitzender des Aufsichtsrats ging Alfred Kubel das erste und einzige Mal von der Regel des selbstbewußten Willkommens ab. Der elektrotechnischen Industrie, deren Zentralverbandsvorsitzender Dr. Friedrich Karl Lehmann von Felten & Guilleaume für die deutschen Aussteller sprach, bescheinigte er ihre unbeirrte und erfolgreiche Präsenz nach dem Spruch »Einigkeit macht stark«, »den man so mancher weniger entschlossenen Branche ins Stammbuch schreiben möchte«. Nach dieser Anspielung auf die auseinanderdriftende Messepolitik im Maschinenbau ging er die eigenen Sorgen um seine Messe mit unverblümter Direktheit an: »Wir – damit meine ich die beiden Hauptaktionäre der Deutschen Messe- und Ausstellungs-AG, das Land Niedersachsen und seine Hauptstadt Hannover – kennen den Wert dieses Messeplatzes und seine Unersetzlichkeit. Es liegt nicht zuletzt in unserem eigenen Interesse, den Verpflichtungen nachzukommen, die sich aus der Entwicklung ergeben und im wesentlichen auf die Verzerrungen im Messewesen zurückzuführen sind ... Sagen wir es offen: Bisher war es die Wirtschaft fast allein, die diese Messe getragen hat. Aber Ursachen, die weder das Land noch seine Hauptstadt zu verantworten haben, werden dazu führen, daß nun auch die Hannover-Messe ein Unternehmen wird, das über kurz oder lang Zuschüsse aus dem öffentlichem Haushalt erforderlich macht.«

Der ZVEI-Vorsitzende kam einleitend auf den Kern des Hannover-Messe-Problems zu sprechen: »Während eine fast vollständige Information über das Spektrum moderner Technik auf engstem Raum möglich wird, kann die Dichte des Angebots zu Informationsverlusten führen. Der naheliegende Versuch, die Teilkomponenten nebeneinander zu stellen, statt sie zu integrieren, würde zur Auflösung in Teilmessen führen. Der Ausweg kann nur in überzeugender Organisation und erhöhter Transparenz gefunden werden. Die Hannover-Messe '74 wird auf diesem Gebiet erste Fortschritte vorweisen ... Im Urteil des Ausstellers wird die Messekonzeption an der Chance gemessen werden, mit der sie Angebot und Nachfrage zielsicher zueinanderführt. Diese Chance zu maximieren ist die zentrale Aufgabe.« Dr. Lehmanns Kollege von der »British Electrical and Machinery Association« (BEAMA), der Chairman der Cloride-Gruppe Edward Powell C. B. E., erteilte der Broschüre »Der Transparente Markt« hohes Lob, die Dr. K.-H. Strothmann für die Messeleitung verfaßt hatte, um darzustellen, was die »Einkaufsentscheider» (sic) auf der Mehrbranchenmesse suchen und finden.

Die unsichere Beurteilung der weiteren Konjunkturentwicklung, von der Dr. Lehmann gesprochen hatte, wurde durch den Messeverlauf weder im positiven noch im negativen Sinn geklärt, wohl aber die Exportabhängigkeit der deutschen Investitionsgüterindustrie einmal mehr unterstrichen. Die allgemeine Krise zeigte sich in einem Rückgang der deutschen Besucher um 26 Prozent und der ausländischen um 20 Prozent. Es fand ein deutsch-jugoslawisches Wirtschaftsgespräch statt. Die Luftfahrtschau als Parallelveranstaltung bewies sich wieder als »ausgezeichneter Marktplatz«.

Am 28. Mai 1974 genehmigte die Hauptversammlung der Aktionäre die längst fällige Kapitalerhöhung um zehn auf 49 Millionen DM, und Alfred Kubel konnte in wieder gewonnener Zuversicht vor der Presse erklären: »Die Finanzen der Messe-AG sind so stabil, daß manches subventionierte Unternehmen uns darum beneiden könnte.« Drei Tage zuvor hatte der um Niedersachsen seit Anbeginn verdiente Ministerpräsident zu seinem 65. Geburtstag als »Schirmherr« der Hannover-Messe eine einzigartige Vertrauenskundgebung der an ihr beteiligten »Männer aus Staat, Stadt und Industrie« erfahren. In der Festschrift der 50 Gratulanten, die ihm der VDW-Vorsitzende Bernhard Kapp mit launigen Versen überreichte, kargten deutsche und andere europäische Industrieführer mit ernstgemeinten Superlativen ebensowenig wie mit Anekdoten über den Umgang mit dem facettenreichen Jubilar. – Bei den Landtagswahlen am 9. Juni verlor die SPD ihre absolute Mehrheit. Mit der in den Landtag wiedergekehrten FDP bildete Ministerpräsident Kubel seine zweite und letzte Regierung, wiederum mit einer Stimme Mehrheit gegenüber der CDU. Anstelle von Prof. Heinke trat der neue Finanzminister Helmut Kasimir in den Aufsichtsrat ein. Statt Helmut Greulich kam der neue Minister für Wirtschaft und Verkehr Erich Küpker (FDP) und für den zum Intendanten des NDR gewählten Martin Neuffer sein Nachfolger Oberstadtdirektor Rudolf Koldewey.

Zum Jahresende 1974 wurde ohne weitere Großveranstaltungen der Gesamtaufwand der Messe-AG von 78 Millionen DM gerade ausgeglichen mit einem Umsatz von 74,4 Millionen plus 4,3 Millionen aus sonstigen Eigenleistungen der Werkstätten. Der Konzernumsatz von 90,83 Millionen DM kam nur durch Abschreibungen im Wert von 20 Millionen zustande, da eine Million Verlust der Elektrohaus-GmbH aus Reparaturen und 2,9 Millionen DM der Messehaus-GmbH übernommen werden mußten. Unter Hinzurechnung des Gewinnvortrages von 1973 wurde ein Bilanzgewinn von 1,5 Millionen DM ausgewiesen. Die drastischen Sparmaßnahmen, vor allem durch Verringerung von Hilfskräften, wurden erst im nächsten Geschäftsjahr wirksam. Zum 1. Januar 1975 wurde als drittes Vorstandsmitglied Dr. Werner Traub (48) engagiert, der zuletzt kaufmännischer Vorstand der inzwischen aufgelösten AEG-Telefunken-Computer-GmbH in Konstanz gewesen war. Er übernahm die Zuständigkeit für Finanzen, Verwaltung und Personal, während Sprecher Voment nun auch für die Technik verantwortlich zeichnete.

Fünf Prozent Arbeitslose

Die deutschen und internationalen Wirtschaftsprobleme hatten sich in der zweiten Jahreshälfte 1974 weiter zugespitzt. Auf Präsident Nixons endlich erzwungenen Rücktritt wegen der Watergate-Affäre war Ende September ein schwarzer Donnerstag an der New Yorker Börse gefolgt, mitten in einem Versuch Präsident Fords, ein Öl-Verbraucher-Kartell zustande zu bringen. Die Bundesrepublik regierte schon seit Mitte Mai der »Macher« Helmut Schmidt als Nachfolger Willy Brandts. Im Februar 1975 waren die von ihm vor Jahren an die Wand gemalten 5 Prozent Arbeitslosen überschritten. Die Einfuhrkosten für Erdöl und Erdgas im Jahr 1974 beliefen sich auf 24,3 Milliarden DM (1973: 9,9 Mrd.); dazu kam der Import von Mineralölerzeugnissen im Wert von 9,27 Milliarden (1973: 5,9 Mrd.). Noch betrug der Außenhandelsüberschuß 50,8 Milliarden DM bei einem Exportanteil der Investitionsgüter (einschließlich Straßenfahrzeuge) von 49,2 Prozent. Führend blieb der Maschinenbau mit 18 Prozent des Gesamtausfuhrwertes, gefolgt von der Chemie (14,6%), den Straßenfahrzeugen (11,9%) und Elektro-Erzeugnissen (9,3%). Bei weiter steigenden Dienstleistungskosten und hohen Zinsen gab es zahlreiche Konkursfälle, deren spektakulärster die mit dem Gerling-Konzern verbundene Herstatt-Bank war. Der Schah von Iran kaufte sich mit 10 Prozent bei Krupp ein, Kuwait erwarb 14 Prozent Daimler-Aktien von der Quandt-Gruppe. Das daraufhin vorsorglich von der Deutschen Bank übernommene Flick-Paket von weiteren 29 Prozent derselben Automobilfirma landete schließlich zum größten Teil bei dem amerikanischen Chemiekonzern W. R. Grace.

Das Messejahr 1975 brachte außer der »Ligna« keine größere Zweitveranstaltung in Hannover. Zum erstenmal außer Hause, wurde die 13. Lehrmittelausstellung »didacta« in Nürnberg durch die Organisation der Messe-AG durchgeführt. Das optische Image der größten Industriemesse litt darunter, daß nur noch 4000 Aussteller auf 364000 Quadratmetern zusammenkamen und zwei Maschinenhallen geschlossen blieben. Die stattlichen »Ligna«-Zahlen: 719 Aussteller der Holzbearbeitung (+ 56% gegenüber 1973) auf 60000 Quadratmeter Netto-Hallenfläche konnten erst nachher dazugezählt werden, und die »Interfach« war sowieso ein Verlustgeschäft. Die Büromöbel waren nicht zu halten gewesen. Trotzdem mußten Bürobedarf und Organisationsmittel im Obergeschoß der bisherigen Chemiehalle untergebracht werden, da Büromaschinen und Datentechnik jetzt die CEBIT-Haupthalle fast allein beanspruchten. Im Maschinenbau war die Fördertechnik unter Dach und im Freigelände wieder gleich stark wie früher. Trotz eines Ausfalls der Münchner BAUMA kam nur ein Bruchteil der Baumaschinen nach Hannover. Während Pumpen und Dampfkessel fehlten, gelang die Wiedereingliederung der Schweißtechnik in eine Systemgruppe Schweiß-, Schneide- und Fügetechnik, allerdings nur in einem

4-Jahres-Turnus im Wechsel mit der Essener Ausstellung »Schweißen und Schneiden«. Es war das erstemal, daß Elektro-Geräte mit mechanischen gemeinsam ausgestellt wurden. Zusammenfassungen von Montage- und Handhabetechnik, von Ölhydraulik und Pneumatik bestätigten den neuen messepolitischen Trend zur Gruppierung nach Anwendungsgebieten.

Zur Eröffnung kam dieses Mal wieder der im Karussell der Ressorts noch auf seinem Posten gebliebene Bundeswirtschaftsminister Dr. Hans Friderichs. Etwas paradox bezeichnete er die deutsche Wirtschaft als »konjunkturellen Vorreiter der westlichen Industrieländer, die sich fast alle im Konjunkturtal befinden«. Sicherung der Energieversorgung und das Verlangen der Rohstoffländer nach einer neuen Marktordnung waren seine äußeren Sorgen. Im Innern warnte er vor inflationsbedingter Aufblähung der Nachfrage und wünschte von der Wirtschaft eine Umstellung auf noch mehr Service und Know-how-intensive Technologien. VDMA-Präsident Dr. Kurt Werner, Vorsitzender der Maschinenfabrik Goebel GmbH in Darmstadt, bejahte ebenfalls den Ausbau der Herstellung hochwertiger technischer Spezialerzeugnisse. Er beklagte jedoch die prohibitiven Energie- und Arbeitskosten, wobei die Sozialleistungen der Unternehmen inzwischen zwei Drittel der reinen Lohnkosten erreicht hätten, und meinte, daß Umsatzrenditen von 1,4 Prozent kaum Investitionsanreize böten. Als ausländischen Sprecher hatte ich bei einer Brüsseler Veranstaltung von IBM-Europe den Chairman und Chef-Manager für Europa, Mittelost und Afrika, Jacques G. Maisonrouge, gewonnen, einen französischen Prototyp des modernen amerikanischen Industriebosses. Als Mann der Multis meinte er, daß Institutionen wie das GATT »mehr Input von internationalen Firmen« brauchen könnten. Im Anschluß an die SALT-Initiative bei der Begegnung Ford – Breschnew in Wladiwostok hoffte er auf amerikanisch-sowjetische Entspannung, auf ein Nachlassen von Inflation und Ölpreisen und auf ein »angemessenes Recycling der Petrodollars«.

Im gleichen Zusammenhang hatten Hans-Georg Thimann, unser neuer Mann in Bonn, und ich mit einigem Fleiß ein erstes Symposium »Technische Ausrüstung für Industrialisierungsländer« zusammengebracht. Eingeladen waren Planungssachverständige und Leiter von Entwicklungsprojekten aus 14 Ländern mit Schwerpunkt auf den Ölstaaten Indonesien, Iran, Arabien, Algerien und Nigeria. Sie traten drei Tage lang vormittags in einen Meinungsaustausch mit deutschen Experten wie dem Vorstandsmitglied der Metallgesellschaft Dr. Walther Caspar ein und wurden nachmittags auf den Ständen führender Stahl-, Maschinen- und Elektro-Firmen mit der Praxis vertraut gemacht. Unter der Leitung von Dr. Hans-Joachim Glaesner, Generaldirektor und Leiter des juristischen Dienstes beim EG-Rat, wurden Themen der Weiterverarbeitung mineralischer Rohstoffe, der Verkehrs-Infrastruktur und des Managements behandelt. Ablehnend verhielten sich die Gäste gegen die »intermediäre Technologie« und setzten ihren Ländern den Eigenbau von Maschinen zum ehrgeizigen Ziel. Der kluge Kopte und Leiter der ägyptischen Industrieplanung Kemal Maksoud referierte über Dreiecksmöglichkeiten zwischen europäischer Technik, arabischer Finanzierung und afrikanischer Entwicklung. Das Symposium wurde in den Folgejahren dann mehrmals wiederholt.

Gelungene Premiere

Den Aufschwung, der auf der Messe 1975 noch fehlte, brachte einen Monat später die über Erwarten gelungene Premiere der »Ligna«. Unter diesem neuen Kennwort belegte die Gruppenschau »Holzbearbeitungsmaschinen und Fertigungsbedarf Holzwirtschaft« auf Anhieb sieben große Maschinenhallen plus zwei sonst von der Elektro-Messehaus GmbH benutzte Hallen. Da ihr Erfolg für in- und ausländische Aussteller (letztere fast 50%) wie bei den Fachbesuchern den 2-Jahres-Turnus besiegelte, sah sich die Messeleitung künftig einer zweiten Großveranstaltung versichert, die sich neben dem größeren Bruder Werkzeugmaschinen-Ausstellung sehen lassen konnte. Von der Forstwirtschaft über Sägewerke bis zu Maschinen und Anlagen für Tischlerei und Möbelindustrie war hier eine breite internationale Kundschaft angesprochen. Der Besuch

(30% Ausländer) war qualitativ hochwertig und das Geschäft gut, wenn auch mehr auf die herkömmliche als auf die aufwendige Spitzentechnik bezogen. Eine Waffenruhe im deutschen »Messekrieg« deutete der direkte Terminanschluß der Ligna zur Kölner »Interzum« an, der Messe für Zubehör, Werkstoffe und Fertigungsbedarf der Möbelindustrie.

Im Jahresergebnis 1975 hatte die Bundesrepublik einen Rückgang der Öleinfuhrrechnung um 2,3 Milliarden DM erreicht, was eine entsprechende Überkapazität bei den Raffinerien zur Folge hatte. Das Kostenniveau der deutschen industriellen Produktion und der hohe Stand der D-Mark hatte bei steigenden Einfuhren (von 179,7 Mrd. auf 184,4 Mrd. DM) und sinkenden Ausfuhren (von 230,6 Mrd. auf 221,5 Mrd. DM) den Außenhandelsüberschuß um 25 Prozent verringert. Unter den Investitionsgütern, die jetzt 53 Prozent unserer Exportwerte erbrachten, trat die Elektro-Industrie auf der Stelle. Im Automobilabsatz stand einem Ausfuhrzuwachs von 10 Prozent auf 29,8 Milliarden DM eine elfprozentige Einfuhrzunahme ausländischer Marken auf 8,5 Milliarden DM gegenüber. Eine Einbuße von 20 Prozent erlitten die Chemieexporte als unmittelbare Folge der Krise in den nicht-ölproduzierenden Drittländern. Wegen mangelnder Nachfrage im In- und Ausland hatten die deutschen Rohstahlerzeuger ihren Ausstoß um ein Viertel auf 40,4 Millionen Jahrestonnen reduziert.

In Niedersachsen mißlang die Kandidatur von Finanzminister Kasimir als Nachfolger des amtsmüden Ministerpräsidenten. Mit zwei Stimmen Mehrheit im Landtag kam am 15. Januar 1976 der Christdemokrat und frühere Generaldirektor für Wettbewerb in der EWG-Kommission Dr. Ernst Albrecht an die Regierung. In seinem reinen CDU-Kabinett übernahm der Bundesschatzmeister der Partei, Walther Leisler Kiep, das Finanzministerium und die Wahrnehmung der Geschäfte für Wirtschaft und Verkehr. Er trat in das Präsidium des Aufsichtsrats ein neben Oberbürgermeister Herbert Schmalstieg, dem Stahlindustriellen G. Theodor Wuppermann und dem im Zuge des neuen Mitbestimmungsgesetzes zum vierten Stellvertreter gewählten Betriebsratsvorsitzenden Willi Gattermann. Ministerpräsident a. D. Kubel behielt den Vorsitz bis zu seinem Ausscheiden aus dem Aufsichtsrat im Sommer 1978.

Bei der Messe hieß es »Alle Mann an Deck«, um in der Nachfragenflaute die Messe '76 auf möglichst viel Anwendungsinformation zu trimmen. Im Maschinenbau waren Bau- und Baustoffmaschinen schwächer vertreten als zwei Jahre zuvor. Antriebstechnik und Einbaumotoren wurden zusammengefaßt, ebenso Abfallentsorgung und Reinigungstechnik. Einem Markt »Dampf und Wärme« stand als erstmaliges Experiment die »Expoclima« gegenüber: Zwei europäische Komitees – für Kältetechnik und für Luft- und Trocknungstechnik – veranstalteten ihre gemeinsame Fachausstellung im Rahmen der Messe. Die Oberflächentechnik vereinigte Galvano- und Lackierverfahren. Stahl und Eisen zeigten eine Sonderschau »Gegossene Technik«. Und schließlich hatten die Bemühungen von Thimann beim Bundesminister für Forschung und Technologie, Hans Matthöfer, und seinen Fachressorts zur Einrichtung eines Innovationsmarktes »Forschung und Technologie« geführt. An diesem »Markt vor dem Produkt«, gewissermaßen von der Idee bis zum Prototyp, zu dessen Ausbau der Fachjournalist Siegfried Neumann wesentlich beitrug, beteiligten sich zunächst auf deutscher, im Folgejahr auch auf internationaler Ebene die einschlägigen technisch-wissenschaftlichen Institute einerseits, die Entwicklungsabteilungen und Labors der Industrie bis hin zu den Erfindern andererseits. Eine Lizenzbörse war angeschlossen. Das zukunftsorientierte Unternehmen schlug sofort ein, entsprechend den in den Vorjahren erhobenen Forderungen von offizieller Seite und aus den eigenen Reihen der Industrie nach verstärktem Ausbau neuer Technologien.

Ein Comeback

Mit der von Kubel im Jahr des Kriseneinbruchs beschworenen Phalanx der Elektro-Industrie, mit der dynamischen Datenverarbeitung im CEBIT und weiteren Fachgruppen und Sondermärkten zeigten 4800 Aussteller, darunter 1150 ausländische, auf 400000

Quadratmeter vermieteter Fläche (davon 244 000 unter Dach) ein vitales Comeback der Hannover-Messe an. Auch die Besucherzahl kletterte wieder um 90 000 auf eine halbe Million, davon 42 000 Ausländer. Auch die Luftfahrtschau, bei der das deutsch-britisch-italienische Kampfflugzeug »Tornado« und die sowjetischen Großhubschrauber vom Typ Yak 40 Aufsehen erregten, hatte mit guten Kaufabschlüssen eine positive Bilanz.

In die Begrüßung der Aussteller am Eröffnungstag hatten sich der ehemalige, der neue Ministerpräsident von Niedersachsen und der Oberbürgermeister der Hauptstadt geteilt. Herbert Schmalstieg vermerkte nüchtern, daß »im Wirtschaftsraum Hannover durch die Messe ein jährlicher Kaufkraftzuwachs von über 400 Millionen DM entsteht und der Steuerfluß nachweislich um etwa 13 Millionen ansteigt«. Dr. Dieter Spethmann, Vorsitzender der August-Thyssen-Hütte AG, war begreiflicherweise gedämpfter Stimmung: »Mehr Forschung hierzulande, gleichzeitig verstärkter Technologietransfer, das sind gute Ziele. Doch auch sie haben ihre Grenzen. In industriellen Schlüsselbereichen müssen wir alle Produktionsstufen im Lande behalten.« Daß die Bundesregierung aus Solidarität innerhalb der EWG die Amerikaner mit ihrem Vorbehalt gegen eine neue Weltwirtschaftsordnung in der UNO-Sondersitzung des Vorherbstes allein gelassen habe, fand er befremdlich.

Die von Dr. Spethmann hervorgehobene rasche Bewältigung der Ölkrise durch den Marktmechanismus qualifizierte als ausländischer Sprecher M. Christopher C. F. Laidlaw, Managing Director von British Petroleum, London. Der Benzinverbrauch sei ebenso unverändert geblieben wie der Nahrungsmittelverbrauch: »Statt dessen wurde der Kauf von Autos, Fernsehern und anderen langlebigen Wirtschaftsgütern auf später verschoben ... Zwar wurden Energieeinsparungen tatsächlich erzielt, jedoch weitgehend aufgrund eines niedrigen oder gar negativen Wachstums in den energieintensiven Industrien.« Nur Multis könnten die wegen des künstlichen OPEC-Kartellpreises riskanten Ölförderungsinvestitionen in der Nordsee und in Alaska unternehmen. Das »Downstream«-Geschäft in der Bundesrepublik habe 1975 der deutschen Ölindustrie zwei Milliarden DM Verluste gebracht.

Bundeswirtschaftsminister Dr. Hans Friderichs suchte Indizien für eine Konjunkturbelebung. Er bescheinigte den Gewerkschaften ihr derzeitiges Verantwortungsbewußtsein und mahnte zu einer Preispolitik der Vernunft. Durch stärkere Integration der Entwicklungsländer in die Weltwirtschaft müsse man »Arbeitsplätze zu den Menschen bringen und nicht umgekehrt, wie es in den sechziger Jahren in europäischen Dimensionen geschehen ist«. Auf dem Zweiten Symposium für Industrialisierungsländer, bei dem auch eine Besichtigung der Luftfahrtausstellung eingeplant war, wagte der Bundesminister für wirtschaftliche Zusammenarbeit, Egon Bahr, ein offenes Wort in den Wind: »Die Welt wird es auf die Dauer nicht ertragen, daß ein Staat auf die eigene Souveränität pocht, wenn es um den unbegrenzten Zuwachs seiner Bevölkerung geht, aber an die Hilfe anderer appellieren muß, ihn bei der Bewältigung der damit entstehenden Probleme zu unterstützen.«

In den beiden Jahren 1975 und 1976, in denen der Hannover-Messe mit Ausnahme der ja aus ihrem Rahmen ausgegliederten Ligna und der Luftfahrtausstellung keine flankierenden Einnahmen erwuchsen, sanken die Einkünfte der Messe-AG auf den Tiefstand. 1975 betrug der Konzernumsatz 80,8 Millionen DM (Anteil der HM '75: 75,7%). Trotz merklicher Drosselung der Ausgaben, Investitionen und Zinsen blieben ein Jahresverlust von zwei Millionen DM und ein Bilanzverlust von einer viertel Million. 1976 sank der Konzernumsatz auf 74 Millionen (bei einem Anteil der HM '76 von 90%). Jahres- und Bilanzverlust erhöhten sich auf jeweils 4,9 Millionen DM. Nur dem Umstand, daß die Aktionäre, vor allem durch Umwandlung von Gesellschafterdarlehen, ihrer Kapitalerhöhung von 1974 in den beiden nächsten Jahren weitere im gleichen Umfang von jeweils zehn Millionen DM hatten folgen lassen, war es zu verdanken, daß Ende 1976 bei einem Kapital von 69 Millionen DM das durch Abschreibungen auf 123 Millionen DM zurückgegangene Eigenvermögen zu 73,8 Prozent durch Eigenmittel gedeckt war.

3.

PLANUNG IM WANDEL

»Nur der Wandel ist beständig«, meinte Vorstandssprecher German A. Voment mit Heraklit und Goethe, als er die Position der Hannover-Messe am Ende der siebziger Jahre analysierte. Uns alten Hasen, von denen damals noch sein Kollege Horst Hermann Krüger und – bis auf den heutigen Tag – Leopold Merkelbach aktiv mitwirkten, war immer klar, daß nach einem abenteuerlichen Start im Vorfeld der Bundesrepublik der unaufhaltsame Erfolg des Unternehmens identisch war mit dem nur in der Mitte der sechziger Jahre einmal unterbrochenen Dauerboom der deutschen Investitionsgüter. Als mich das Land Niedersachsen im Februar 1974 für meine Auslandsarbeit ehrte, dankte ich dem noch vollzähligen neuen Vorstand für seine Glückwünsche mit dem Bemerken, natürlich sei es leichter, mit dem Wind in den Segeln auf volle Fahrt zu gehen, als gegen oder ohne ihn zu kreuzen. Die »gleichbleibende Konjunkturschwäche«, in der Niedersachsens Finanzminister Walther Leisler Kiep 1978 den Vorsitz des Aufsichtsrates übernahm, war nur die Stille vor neuen Stürmen. Mit der zweiten Ölkrise einsetzend, haben sie Planung im Wandel zur ständigen Aufgabe der Messeleitung auch in den beginnenden achtziger Jahren gemacht.

Bei früherer Gelegenheit hatte Alfred Kubel erzählt, daß während der Eröffnung der ersten Exportmesse 1947 Generalleutnant Sir G. N. MacReady, Vorgesetzter von Sir Cecil Weir im britisch-amerikanischen »Bipartite Economic Council«, zum Erstaunen der Zuhörer den Ausspruch getan habe, im Wiederaufbau Europas

1977

Sprecher der Industrie – Präsident Ceyrac vom Französischen Industrieverband und BDI-Präsident Dr. Schleyer

werde die deutsche Industrie »die tragende Säule« sein. Jetzt, 30 Jahre später, erschien den deutschen Unternehmern die aktuelle OECD-Theorie von der Bundesrepublik als »Lokomotive« des in Dollarkrise und Inflation steckengebliebenen EWG-Zuges recht belastend. Die Eröffnungsrede zur Hannover-Messe '77 von Bundespräsident Walter Scheel und der vorhergegangene Dialog der beiden Präsidenten des Bundesverbandes der Deutschen Industrie, Dr. Hanns-Martin Schleyer, und der »Confédération Nationale des Industries Françaises«, François Ceyrac, lieferten eine »Tiefaufnahme« der Lage. Flankiert war sie von besorgten Äußerungen des Ministerpräsidenten Dr. Albrecht und einem Plädoyer in eigener Sache des Bundeswirtschaftsministers Dr. Friderichs. Dieser hatte bei einem Presse-Wirtschaftstreffen am Vorabend die »Geistesverwirrung« des Wunderglaubens an »kurzfristige oder kurzatmige, noch so groß bemessene staatliche Konjunkturprogramme« angeprangert, ein wachsendes Sozialprodukt als Voraussetzung der inneren und äußeren Verpflichtungen des »sogenannten reichsten Landes« in Europa als unabdingbar bezeichnet und gerade jetzt mehr deutschen Investitionen im Ausland das Wort geredet. Er erwähnte nicht das soeben angelaufene Großkraftwerk Cabora Bassa im Zambesi, eine Glanzleistung der Kraftwerksunion zwischen Siemens und AEG, aus der letztere inzwischen wegen Finanznot ausgestiegen war. Ein halbes Jahr später überließ der FDP-Politiker seinen Bonner Schleudersitz dem Parteifreund Graf Lambsdorff und nahm als Sprecher der Dresdner Bank den Platz des im August von Terroristen ermordeten Jürgen Ponto ein.

Bei der Eröffnungsfeier sah Dr. Albrecht in der mangelnden privaten Investitionsbereitschaft bei hoher Arbeitslosigkeit »eine Art schleichender Krankheit in unserer Volkswirtschaft«. BDI-Präsident Schleyer nahm kein Blatt vor den Mund. Seit das OPEC-Kartell die Verwundbarkeit hochentwickelter Volkswirtschaften demonstriert habe, befinde sich »die Weltwirtschaft im Umbruch«. Die internationale Wirtschafts- und Währungspolitik komme vor lauter Krisenmanagement zu keinen zukunftsorientierten Lösungen. Die Europäische Gemeinschaft, die mit 35 Prozent über den größten Anteil am Welthandel verfüge, müsse endlich mit *einer*

1977

Oben: Bundespräsident Scheel eröffnet die Messe – (von links) von Bußе, der Bundespräsident, Ministerpräsident a. d. Kubel, Dr. Albrecht, Dr. Schleyer, OB Schmalstieg, M. Ceyrac, VDMA-Präsident Kapp

Unten: Neue Runde – (von links) OB Schmalstieg, Aufsichtsratsvorsitzender Kubel, Bundespräsident Scheel, niedersächs. Finanzminister Leisler Kiep, Bundeswirtschaftsminister Friderichs, nieders. Wirtschaftsminister Küpker, Ministerpräsident Dr. Albrecht, Dr. Schleyer

Stimme sprechen. Mit der Devise »Kooperation statt Konfrontation« begrüßte Dr. Schleyer den Vorschlag der Bundesregierung, mit den Entwicklungsländern eine Stabilisierung der Rohstofferlöse auszuhandeln als Alternative zu der geforderten neuen Weltwirtschaftsordnung. Im Blick auf eine Million Arbeitslose schloß der BDI-Präsident wie vor Jahren Professor Karl Schiller: »Kein Land kann auf die Dauer das höchste Lohnniveau haben, einen hohen Beschäftigungsgrad halten, die geringste Preissteigerungsrate erzielen, den besten Umweltschutz verwirklichen und das stärkste soziale Sicherheitsnetz knüpfen, ohne dabei schließlich – wie wir es erlebt haben – die Wirtschaft zu überfordern.«

François Ceyrac würdigte eingangs »das wirtschaftliche Ereignis Hannover, dessen Einfluß so wichtig war für die Entwicklung des Gemeinsamen Marktes«, und machte im Kampf gegen die Inflation der deutschen Selbstdisziplin ein Kompliment. Er sah in der Auflösung des monetären Systems von Bretton Woods den schwersten Verstoß gegen die vor 30 Jahren geschaffenen Spielregeln des Welthandels: »Unsere industrialisierten Länder dürfen nicht in Tauschhandel zurückfallen, sondern müssen ihre Offenheit gegenüber der Welt aufrechterhalten. Unsere Unternehmen würden es nie dulden, angesichts des bereits erreichten Grades der internationalen Verflechtungen zum Protektionismus zurückzukehren, der Kettenreaktionen und den Zusammenbruch großer europäischer und okzidentaler Wirtschaftsräume provozieren würde, die wir dringend brauchen. Ökonomische und soziale Rezession und das Anschwellen der Arbeitslosigkeit wären die unabwendbaren Folgen.« Der Chef des »Patronat français«, in dem die zu jener Zeit von Hanns-Martin Schleyer in Personalunion wahrgenommenen Funktionen von BDI und BDA dauernd vereint sind, beendete seinen Zweifrontenkrieg gegen Rückständigkeit in Unternehmerkreisen und sozialistische Radikalisierung in den Tagen der Maiwahl 1981 von Präsident François Mitterrand. Dessen Außenhandelsminister Michel Jobert kehrte nicht nur zum Protektionismus, sondern sogar zum staatswirtschaftlichen Merkantilismus des 18. Jahrhunderts zurück.

Die Ausführungen des Bundespräsidenten unterschieden sich schon dadurch von den generalistischen Reden seiner Vorgänger Theodor Heuss und Heinrich Lübke, daß der Kriegsflieger Walter Scheel auf der ersten Exportmesse am Stand einer rheinischen Firma seine kaufmännischen Fähigkeiten erprobt hatte, ehe er beschloß, Politiker zu werden. Ausgehend von damals, »als der Zufall entschied, welche Betriebe den Krieg so überstanden hatten, daß sie überhaupt etwas produzieren und ausstellen konnten«, kam er auf die gegenwärtige Situation im hannoverschen Gelände: »Wichtige Bereiche mußten ausgegliedert werden, neue kamen hinzu. Eine Messe erfüllt nur dann ihren Sinn, wenn sie die neuesten Entwicklungen sichtbar macht, denen, zumindest zum Teil, die Zukunft gehört. Eine Industriemesse muß sich eben von der Konzeption des Deutschen Museums in München unterscheiden.« Nachdem er so Heiterkeit im Unternehmerparkett hervorgerufen hatte, bekannte sich der Bundespräsident dazu, »daß in Zukunft der Sachverstand und die Berufserfahrung der Arbeitnehmer die unternehmerischen Entscheidungen mitbestimmen«, und bedankte sich gleichzeitig für die Bereitschaft der Unternehmen, 100 000 zusätzliche Arbeitsplätze zu schaffen. Anläßlich des Staatsbesuches des Königs Juan Carlos von Spanien setzte er sich nachdrücklich für die von François Ceyrac dilatorisch behandelte Aufnahme der beiden iberischen Länder und Griechenlands in die Europäische Gemeinschaft ein. Die Zweifel des Franzosen, ob damit nicht die Homogenität der EWG gefährdet werde, nahm er durchaus ernst: »Unsere Zukunft beruht auch darauf, daß es uns gelingt, die einzelnen Länder und Regionen der Gemeinschaft auf ein vergleichbares soziales Niveau zu bringen.«

Wie einst Theodor Heuss über die Folgen der Automatisierung, brachte dann Walter Scheel die Männer der Praxis zum Nachdenken über das neue Schlagwort vom »Nullwachstum«. »Welche Rolle soll der Zukunftsaspekt bei Wirtschaftsentscheidungen spielen? Bisher war die Zukunft immer offen, ein Kontinent ohne Ufer … Diese Gewißheit ist erschüttert. Wir sehen die Grenzen der

Zukunft. Das heißt nicht, daß wir ohne Zukunft wären, sondern nur, daß wir in der bisherigen Richtung und vor allem im gleichen Tempo nicht immer weiter marschieren können.« Als in Nordamerika der Zug nach Westen am Pazifik anlangte, »hieß das ja nicht, daß es mit den Vereinigten Staaten nun zu Ende war. Im Grunde fing es jetzt erst eigentlich an. Die Siedler richteten sich in dem riesigen, wenn auch begrenzten Raum ein und entwickelten ein blühendes Land.« Die Nutzanwendung laute: Rohstoffsparen, Rückführung gebrauchter Rohstoffe und mehr Kernenergie. Aus dem begrenzten Rohstoff Erdöl ließen sich Hunderte nützlicher Produkte herstellen, aus Uran nicht: »Es ist daher vernünftiger, Uran statt Öl als Energieträger zu benutzen.«

Hanns-Martin Schleyer

Am Vorabend des Eröffnungstages der 77er Messe hatte ich den Chef des »Patronat« vom Flugplatz abgeholt. Nach einem späten Souper saßen wir im Restaurant des Interconti-Hotels zusammen. François Ceyrac sprach von seinen Sorgen um die französische Industriewirtschaft, wo durch die Verstaatlichung großer Betriebe gleich nach dem Krieg die Unbeweglichkeit vieler privater »patrons« noch zugenommen habe. Er selbst war vom Generalsekretär des Industrieverbands zu seinem Präsidenten nur auf dem Umweg über einen eigenen Betrieb aufgerückt. Als ich ihn fragte, woher denn der nach deutschen Begriffen unmögliche P. D. G. (Président Directeur Général) stamme, der Vorsitz und Aufsichtsrat in einer Person vereinigt, gab er mir eine verblüffende Erklärung. Das entsprechende Dekret war 1942 von der Regierung Pétain »nach dem Führerprinzip« erlassen worden und seither geblieben.

Dr. Schleyer, mein Offenburger Landsmann, kam gegen Mitternacht von dem Presse-Wirtschaft-Treffen auf dem Messegelände zurück und setzte sich zu uns. Die beiden ungleichen Partner, der schlanke, lebhafte Südfranzose und der schwere, humorige Süddeutsche, verstanden sich gut. Wie immer, wenn wir uns im Beisein anderer trafen, erzählte Schleyer, wie sein Großvater, Mathematik-

1978

Oben: 10. EMO – Generalkommissar Bußke begrüßt eine chinesische Delegation, neben ihm VDW-Präsident Kapp
Unten: Internationale Luftfahrt-Ausstellung – Bundespräsident Scheel (rechts) mit BDLI-Präsident Dr.-Ing. Bölkow (Mitte)

lehrer an unserem Gymnasium, mich ihm als Beispiel vorgestellt habe. Meine stereotype Antwort, aber er habe die bessere Karriere gemacht, sollte schrecklich widerlegt werden. Er interessierte sich sehr für meine Erinnerungen aus den zwanziger und dreißiger Jahren. Am 5. September, 17.00 Uhr, steckte ich in Brüssel einen Brief an ihn in den Briefkasten; es war der Augenblick, in dem er mitten in Köln entführt und seine vier Begleiter erschossen wurden. Sechs Wochen später starb Industriepräsident Hanns-Martin Schleyer als Opfer der RAF, wie vor ihm Generalbundesanwalt Buback mit zwei Begleitern und der allseits beliebte Bankier Jürgen Ponto. Als der Sozialdemokrat Kubel bei Eröffnung der 78er Messe zum Gedenken an die Ermordeten vom 5. September und 19. Oktober des Vorjahres bat, sprach er davon, »was Hanns-Martin Schleyer für die deutsche Wirtschaft bedeutet hat, und von dem Respekt, den er nicht nur bei denen genoß, die seine Meinungen absolut teilten«. Als Sprecher der südwestdeutschen Metallindustrie war das Vorstandsmitglied von Daimler-Benz seit Jahr und Tag der harte, aber faire Tarifpartner einer besonders militanten Fachgewerkschaft gewesen.

Ohne Illusionen

Als Bundeswirtschaftsminister Otto Graf Lambsdorff am 19. April 1978 die Messe eröffnete, war der Dollar gerade unter die 2-DM-Grenze gerutscht. Der amerikanische Präsident Jimmy Carter hatte bei einem 500-Milliarden-Dollar-Budget das Defizit von 60 auf 50 Milliarden gekürzt. Dagegen hatte sich die Regierung Helmut Schmidt bei einem Bundeshaushalt von 187 Milliarden DM auf dem Hintergrund der Gold- und Devisenreserven der Bundesbank mit 31,3 Milliarden (Vorjahr 22,8) hoch verschuldet. Die 1976 bei 23,8 Milliarden DM Rohöleinfuhrkosten um 38 Milliarden erhöhten Einfuhren waren 1977 um weitere 13 Milliarden DM gestiegen. Trotzdem hatte durch 17 Milliarden DM Exportzuwachs der Außenhandelsüberschuß mit 38 Milliarden den Stand von 1975 leicht übertroffen. Aber um welchen Preis?

Nachdem Alfred Kubel, der als Vorsitzender des Aufsichtsrates im Sommer des Jahres durch Finanzminister Walther Leisler Kiep abgelöst werden sollte, sich verabschiedet und von Ministerpräsident Dr. Albrecht den Dank der Landesregierung für seinen »großen persönlichen Einsatz« in der Messe-AG entgegengenommen hatte, sprach der neue Vorsitzende des Zentralverbandes der Elektrotechnischen Industrie, Dr. Hans K. Göhringer. Das Dilemma der Investitionsgüterindustrie zwischen einem enorm hohen Lohnniveau und einer ständig steigenden Aufwertung der Deutschen Mark, das Dr. Albrecht angesprochen hatte, griff der Vorstandsvorsitzende der Brown-Boveri & Cie., Mannheim, auf: »Die deutsche Industrie muß gegenwärtig härter denn je um ihre Exporte kämpfen. Wir können es uns nicht leisten, einmal erschlossene Märkte wegen Währungseinbrüchen vorschnell aufzugeben. Wenn sich auf Sicht aber nichts ändert, werden wir in der Folge wohl mit einem eindeutig rückläufigen Exportvolumen rechnen müssen.« Fakturierung in DM, bei der die Kunden entsprechende Preiszugeständnisse verlangten, werde dem zunehmenden Wunsch nach Vertragsabschluß und Finanzierung in US-Dollar oder heimischer Währung nicht lange widerstehen können. Die Wechselkurssicherung müsse überdacht werden. Die ausländische Konkurrenz auf dem deutschen Binnenmarkt an Ausrüstungsgütern sei von 8,5 Prozent im Jahre 1960 auf 18,5 Prozent 1976 gestiegen. »Die deutsche Industrie bejaht die Notwendigkeit der strukturellen Anpassung auf der Export- und Importseite durchaus und ist im Begriff, die notwendigen Veränderungen zu treffen. Sie ist jedoch nicht in der Lage, diesen Prozeß in einer Geschwindigkeit zu vollziehen, wie sie durch das Tempo des Dollarverfalls diktiert wird. Produktionskapazitäten, die über Jahrzehnte entstanden sind, können nicht kurzfristig umgestellt werden.«

Der Präsident des schwedischen Verbandes der eisen- und metallverarbeitenden Industrie, Bengt Hökby, wehrte sich gegen die Behauptung, daß die Marktwirtschaft mißglückt sei, und machte die ständige Zunahme staatlicher Interventionen für das Ausmaß der Krise verantwortlich. Auch in Zukunft müsse es möglich sein, investiertes Kapital angemessen zu verzinsen, und es müsse sich lohnen zu arbeiten. »Wir erleben heute allerdings nicht nur eine kurzfristige Konjunkturkrise, sondern befinden uns auch inmitten einer tiefgreifenden weltweiten Umstrukturierung der Industrie.« Unter ihren Ursachen nannte der skandinavische Beobachter Überkapazitäten in mehreren Branchen der westlichen Welt, ein verändertes Kostenbild im Energiesektor und bei anderen Basisrohstoffen sowie die Entstehung neuer Industrienationen in der Dritten Welt.

Otto Graf Lambsdorff verfügte über Erfahrung in der Wirtschaft und ein Stehvermögen, das nach 13 Jahren sozial-liberaler Koalition die politische Wende der FDP von der Sozialdemokratie zur Union erzwingen sollte. Bei seinem ersten Auftreten in Hannover konnte er nur bestätigen, daß die Aufwertung der DM zum Dollar weit über das hinausgehe, was unter dem Gesichtspunkt gleichwertiger Wettbewerbsbedingungen vertretbar sei, aber der Dollar eben nach wie vor die Schlüsselwährung der Weltwirtschaft bleibe.

Bei Eröffnung der 79er Messe durch den »Marktgrafen« waren trotz noch normaler Konjunktur die Aussichten für die achtziger Jahre immer düsterer geworden. Das Europäische Währungssystem mußte ohne das britische Pfund starten. Der Dollarkurs fiel weiter, und der amerikanische Diskont, an dem sich die Bankzinsen in aller Welt orientierten, war entsprechend gestiegen. Zu Neujahr 1979 hatte der vorher allmächtige Schah sein im Aufruhr befindliches Land verlassen, und der fanatische Greis Khomeini kam aus dem französischen Exil zurück, um seinen blutigen »Gottesstaat« zu errichten. Die Großaufträge der Kraftwerksunion und der deutschen Bauindustrie im Iran zerrannen. Die OPEC ging zu gleitenden Ölpreisen über, wobei am Jahresende Algerien, Libyen und Nigeria als erste die magische Zahl von 30 Dollar pro Faß erreichen sollten. In Lothringen brach die Stahlkrise offen aus und brachte die Regierung Raymond Barre unter Druck. In der Bundesrepublik suchte der AEG-Vorstand verzweifelt einen Weg zurück aus der ruinösen Flächenexpansion des Konzerns. VW übernahm die Mehrheit der Triumph-Adler-Werke, die Deutsche Bank ein Viertel von Nixdorf, beides führende Aussteller im CEBIT. Philips stieg bei Grundig ein und Kuwait bei Korff-Stahl.

1979

Oben: Ämterwechsel – Aufsichtsratsvorsitzender Leisler Kiep (rechts) vor dem DDR-Pavillon, Ministerial-Dirigent Behrendt (Mitte), DDR-Missionschef Kohl (links neben Kiep)
Unten: Die Nachfolgerin von Leisler Kiep (ab 1982) im Aufsichtsratsvorsitz der Messe-AG, die niedersächsische Wirtschaftsministerin Birgit Breuel, begrüßt ihren Kollegen, Bundeswirtschaftsminister Otto Graf Lambsdorff

Der Bundeswirtschaftsminister verwies auf den Beschluß des Europäischen Rates, die Abhängigkeit von der Rohöleinfuhr bis 1985 zu halbieren, und warb für energiesparende Technologien und ihre Einführung in den Markt. Wegen der Aufregung über die Sicherheitspanne in dem amerikanischen Atomkraftwerk Harrisburg sah er sich gezwungen, in Sachen Kernenergie zurückzuhalten. Deutlich wurde er gegen die Aussteigerthese des »Zurück zum einfachen Leben«: »Eine industrialisierte Welt ohne Risiko gibt es nicht.« Zu den Sozialpartnern gewandt: »Neue Verteilungskonflikte wären Gift für die ohnehin mit anderen Risiken belastete Wirtschaftsentwicklung. Preispolitische Besonnenheit ist notwendig, auch dort, wo der Ölpreis keine dominierende Rolle spielt.«

Übergreifende Systeme

Zum erstenmal seit 1951 begrüßte 1979 ein neuer Vorsitzender des Aufsichtsrats die Aussteller und Gäste zur Messe. Der niedersächsische Finanzminister Walther Leisler Kiep versprach »Kontinuität im Wandel« der Messepolitik und brach eine Lanze für die mittelständischen Unternehmen und Handwerksbetriebe, die durch große Flexibilität und Kreativität die Rezession relativ unbeschadet überstanden hätten. Für die ausländischen Aussteller sprach der Vizepräsident von FIAT und christdemokratische Senator Umberto Agnelli im Namen der großindustriellen Führungsschicht. Gegenüber der »erstickenden Präsenz der öffentlichen Bürokratie« könnten die Unternehmer einen entscheidenden Beitrag zur sozialen Renovierung im Zeichen einer größeren Freiheit und Leistungsfähigkeit leisten. Für die bundesdeutschen Aussteller legte Bernhard Kapp, der langjährige Vorsitzende des Vereins Deutscher Werkzeugmaschinenfabriken, in seiner derzeitigen Eigenschaft als VDMA-Präsident ein unumwundenes Zeugnis für die Hannover-Messe ab: »Trotz Abspaltungen mancher Monde hat sie es verstanden, Sonne und Zentrum des Weltmarktes der Technik zu bleiben. Man blicke nur auf den diesjährigen Kalender mit ITMA und Ligna. Ich weiß, daß die Maschinenbauer nicht immer leichte Partner in diesem Messegeschäft waren und sind. Das färbt halt von unseren Kunden auf uns ab.« Die Erneuerung unserer Industriestruktur erfordere nicht nur technische Ideen und Blaupausen, sondern einen (mit seinen Werkzeugmaschinen) modernisierten, auf die neuen Bedürfnisse ausgerichteten Produktionsapparat.

Bernhard Kapps Bemerkung über den schwierigen Partner Maschinenbau war eine Anspielung auf den auf der 77er Messe begonnenen Versuch, nach der zehn Jahre zuvor gestarteten Alternierung zueinander passender Untergruppen nun eine vom Anwender her gesehene Systemschau kombinierter Lösungen nach Wahl für übergreifende Probleme anzubieten. Das grundsätzlich Neue dabei war ein Zusammengehen der bisher getrennt ausstellenden großen Fachverbände VDMA und ZVEI. Die Verflechtung von Mechanik und Elektrotechnik–Elektronik war seit den sechziger Jahren evident geworden, vor allem in der Daten-Informationstechnik und bei der elektronischen Kontrolle von Maschinen, beides im stürmischen Fortschritt befindliche Prozesse. Die theoretische Frage, ob eine elektrische Schreibmaschine oder ein Computer Maschine oder Elektro-Gerät seien, mußte von den eifersüchtigen Fachverbänden beiseite gelegt werden. Die Anbieter von Schwer-Elektrotechnik und Kerntechnik arbeiteten sowieso Hand in Hand mit den Anlagebauern aus dem Stahlbereich.

Ein Grenzgebiet war die Fachgemeinschaft Kraftmaschinen im VDMA, in der auch der Elektrokonzern Brown, Boveri & Cie. Mitglied war. Sie gab auf Betreiben des damaligen stellvertretenden Vorstandsmitglieds für Marketing bei BBC, Diplom-Kaufmann Hans Freiländer, den Anstoß zu einer Spezialuntersuchung des Hamburger Marktforschungsinstituts von Dr. H.-G. Strothmann über den Fachbesucher von heute, an der sich VDMA, ZVEI und Messe-AG beteiligten. Dabei stellte sich heraus, daß der Wunsch, die beiden Schwerpunkte Einbaumotoren und Energieerzeugung »in ihrem technologischen Zusammenhang dargestellt und erklärt zu erhalten«, zwangsläufig nach der Integration mit anderen Gruppen des Maschinenbaus und der Elektrotechnik verlangte. Ein Arbeitskreis, dem sich auch der Fachverband Dampfkessel-, Behälter- und Rohrleitungsbau (FDBR) sowie Vertreter der Abnehmerseite

(z. B. Betreiber von Kraftwerken) anschlossen, konzipierte zwei alternierende Systemschauen auf der Hannover-Messe: »Antreiben – Steuern – Bewegen« und »Energie – bereitstellen, umwandeln, verteilen«. Um die Verzahnung beider Systemschauen mit der Elektroindustrie zu gewährleisten, sollte die »Hardware« der beteiligten Sektoren des Maschinenbaus in der Nähe der Halle 11 (Groß-Elektrotechnik) gezeigt werden. Dafür wurde die letzte der von den Leichtmetallwerken übernommenen Hallen abgerissen und mit modernster Ausstattung als Halle 13 neu gebaut. Für die »Software« der Besprechungen und Modelle stellte die Messeleitung ein aufwendiges Informationszentrum neben ihrem ebenfalls benachbarten Kongreßzentrum zur Verfügung. Später wurde auch das Pressezentrum vom Verwaltungsgebäude am Nordeingang hierher in den Mittelpunkt des Geländes verlegt. So sollte als Gegenstück zu dem großen »Informationsmarkt« CEBIT eine möglichst geschlossene »Messe der kurzen Wege« für die Kunden der beiden Systemschauen geschaffen werden. Außerdem wurde die Elektronische Besucher-Information (EBI), die mit regem Zuspruch im CEBIT den Abruf genereller wie ganz spezifischer Angaben über die Ausstellerfirmen und ihre Produkte ermöglichte, durch neue Terminals auch im System-Bereich eingeführt.

Suche nach alternativen Energien

Zur Messe '77 hatte »Antreiben – Steuern – Bewegen« (ASB) Premiere. Vorangegangen war im Juni 1976 eine bewegte Sitzung des VDMA-Ausschusses für Messepolitik. Diplom-Ing. Erwin Müller als Sprecher für die ASB und Dr. Erich Fischer erläuterten die geplante Zusammenführung der beiden großen Untergruppen Antriebstechnik (tatsächliche Beteiligung 203 Hersteller) und Ölhydraulik–Pneumatik (223), zu denen sich die Einbaumotoren (23) aus dem Bereich Kraftmaschinen, die Montage- und Handhabungstechnik (44) und die Drucklufttechnik (44) gesellen würden. Nur Hannover biete für diese Neugruppierung als Zusatznutzen potentielle Kunden aus anderen Ausstellungsbereichen, die eine reine

Fachmesse nicht bringen könne. Die Hannover-Messe, so Fischer, sei mit ihren Regierungsdelegationen, vor allem aus dem Ostblock, und ihren Fachtagungen etwas anderes, das man nicht ohne Not aufgeben sollte. Dr. Reuther als Aufsichtsratsmitglied der Messe-AG fügte hinzu, eine (kurz darauf erfolgte) Kapitalerhöhung sei von den Aktionären nur unter der Bedingung des neuen Konzeptes vorgesehen. Die Beteiligung an der ersten ASB auf 40 000 Quadratmeter Nettofläche wurde von der Antriebstechnik als beste Messe seit 1970, von den anderen ebenfalls mit gut bis sehr gut bewertet. 1979 nahm diese Systemschau von 570 auf 660 Firmen unter der Losung »Humanisierung der Arbeitswelt« zu. Die gleichzeitige Anwesenheit von Elektro-Technik und Elektronik war von großem Nutzen. In der ersten Hälfte der achtziger Jahre wurde ein richtiger Ausstellerverbund zwischen elektrischer und mechanischer Antriebstechnik hergestellt.

Die erste Systemschau »Energie – bereitstellen, umwandeln, verteilen« auf der 78er Messe war durchaus aktuell bei der Notwendigkeit, Öl zu sparen und andere Energieträger verstärkt einzusetzen. Die Kernenergie war durch die Kraftwerksunion, die zweite deutsche Firma »Interatom« und das Deutsche Atomforum vertreten. Die internationale Atomenergie-Ausstellung war die 1966 ins Leben gerufene »Nuclex« in Basel. Vorstand Pätzold, Kollege Hutmacher und ich mußten uns damals davon überzeugen, daß die Interessengemeinschaft zwischen dem kanadischen Uran und dem auf Kerntechnik spezialisierten Schweizer Maschinenbau zu eng war, um diese Sonderveranstaltung der Basler Messegesellschaft auf unsere Schiene zu leiten.

Hans Freiländer setzte große Hoffnungen auf die Energieschau, »eine noch nicht dagewesene Darstellung von Investitionsgütern und Ingenieurleistungen für die Energieversorgung«. Angesprochen waren Kraftwerksbetreiber und Großabnehmer von Strom und Wärme, die Primärenergie (Kohle, Erdöl und Gas, Kernbrennstoffe, Substitutionsenergien) bereitstellen, Primärenenergie in Sekundärenergie (Strom, Kraft, Wärme) umwandeln und diese verteilen. Den Kern des Angebots bildeten die Hersteller nicht-elektrischer Komponenten und Anlagen. In drei Hallen wurden auf 13 000

Quadratmetern von 230 Firmen ausgestellt: Kraftmaschinen, Ölhydraulik und Pneumatik, Feuerungsanlagen, Dampf- und Heißwassererzeuger, Rohrleitungen, Komponenten für Kernkraftwerke, Spezialapparate und -anlagen. Das komplementäre Angebot von 300 Elektro-Firmen in vier benachbarten Hallen betraf elektrische Energieversorgung und Antriebstechnik, elektronische Bauelemente, Meß- und Nachrichtentechnik. 60 Aussteller anderer Branchen trugen mit Produkten und Know-how zum Thema bei. 300 (!) Fachvorträge zum Umgang mit Energie wurden in neun Messetagen gehalten. Sehr zufrieden waren die Großhersteller von Kraftmaschinen über ihre Kontakte mit Planungschefs von Kraftwerken.

Im Januar 1979 lud Dr. Reuther Herrn Freiländer als »Spiritus rector« der für 1980 wieder anstehenden Systemschau »Energie« in den VDMA-Ausschuß für Messepolitik ein und begrüßte die Chance, »außer der in der Basler ›Nuclex‹ konzentrierten Kernenergie alle sonstigen Energiesysteme in Hannover darzustellen«. Das BBC-Vorstandsmitglied unterstrich nochmals »die starke Hinwendung zu den Bedürfnissen der Anwender. Wir befinden uns in der Situation, Fachbesuchern gegenüberzustehen, die die Hardware längst kennen, aber die optimalen Lösungsmöglichkeiten für einen ganz bestimmten Produktionsprozeß suchen.« Diese sehr anspruchsvolle Aufgabenstellung sei im ersten Anlauf nur teilweise erfüllt worden, zumal die Presse die Systemschau als eine wissenschaftliche Veranstaltung zur Lösung des Gesamtproblems Energie für das Jahr 2000 mißverstanden habe. 1980 stieg die Teilnahme aus VDMA- und ZVEI-Bereichen erheblich, wobei die Wärmepumpe einen Sondererfolg erzielte. Wie ASB wurde auch die Systemschau »Energie« ein Dauerbestandteil der Hannover-Messe.

Gigant CEBIT

In der Aussprache mit den Maschinenbauern über die Systemschau »Energie« wurde Hans Freiländer von Skeptikern als unerreichtes Leitbild das CEBIT vorgehalten, das den großen Schritt zur anwendungsbezogenen Darstellung geschafft und, wie Jörn P. Stielow von der Fachgemeinschaft Büro- und Informationstechnik stolz betonte, sich weltweit zum Schwerpunkt der dort vereinigten Branchen entwickelt habe. In der Tat wuchs der Riese aus dem Jahr 1970 jahrein, jahraus weiter von 690 Direktausstellern auf der Hannover-Messe '77 über 720 im nächsten Jahr zu 860 (darunter 190 ausländische) auf der 79er Messe. Da 450 Firmen der Datentechnik schon in den Jahren vor 1979 zwei Drittel des mit dem Obergeschoß der früheren Chemiehalle auf 57 000 Quadratmeter netto erweiterten CEBIT-Bereiches okkupierten und 100 weitere zur Aufnahme drängten, gab das endgültige Ausscheiden der dekorativen Konsumgüter die erwünschte Gelegenheit, zu der Großhalle 1 die unmittelbar benachbarte Halle 2 dazuzuschlagen und von da durch einen Brückentrakt über die Mittelallee den Übergang zur Halle 4 zu schaffen. Neben dem Neubau der Halle 13 für einen Großteil der VDMA-Teilnehmer an den beiden Systemschauen war dies die zweite umfangreichere Investition in der zweiten Hälfte der siebziger Jahre. Mit einer Ausweitung der 80 000 Quadratmeter brutto in der ursprünglichen CEBIT-Halle auf 140 000 wurde 1979 Raum für 550 Hersteller von Büro- und datentechnischen Maschinen freigemacht und den 310 Firmen von Büroeinrichtung und -bedarf die volle Integration in den Gesamtbereich gesichert.

Wie entscheidend CEBIT für den Erfolg der Hannover-Messe überhaupt war, hatte eine Umfrage ergeben, wonach 132 000, d. h. 35 Prozent aller Fachbesucher vornehmlich dieses Zentralangebots wegen auf das Gelände kamen, davon 20 000 aus dem Ausland. Darüber sprachen Diplom-Volkswirt Hubert-Heinrich Lange, der zu Neujahr 1979 als Nachfolger des wieder ausscheidenden Dr. Traub zum ordentlichen Vorstandsmitglied ernannt worden war, und der Projektleiter Marketing, Michael Beuermann, mit einem Sachmagazin für Bürotechnik und EDV. Alle bedeutenden amerikanischen und japanischen Hersteller von Büromaschinen und Datentechnik mit deutschen Töchtern waren im CEBIT vertreten und wurden von den Präsidenten der Muttergesellschaften regelmäßig besucht. Außerdem kamen 35 Prozent der Aussteller direkt aus dem Ausland. Von sieben Milliarden Produktionswert innerhalb der Bundesrepublik gingen zwei Drittel in den Export. Der Anteil der »Software« an kompletten EDV-Lösungen werde bis auf 70 Prozent und mehr zunehmen. Deren Hersteller, in erster Linie Unternehmensberater, stellten jetzt im Obergeschoß der Chemiehalle 18 geschlossen aus, während in Halle 2 die Büro-Einrichter untergebracht wurden. Auf der Dachebene der Halle 1 konnten CEBIT-Firmen Pavillons beliebiger Größe mieten, die außerhalb der Ausstellungszone zu Einzelbesprechungen über Kooperations- und Lizenzfragen dienten. Das Besucherurteil über CEBIT in seiner neuen Nord-Süd-West-Kombination war »einmalig«, die Resonanz in den Sparten Daten- und Textverarbeitung besonders stark. Eine Sonderschau »Arbeitswelt Büro« von 1910 bis heute wurde vom Präsidenten der Bundesanstalt für Arbeit, Josef Stingl, eröffnet, der in der katastrophalen Arbeitslosigkeit der folgenden Jahre bekannter wurde als jeder Filmstar.

Die drei letzten Messen der siebziger Jahre verliefen im Verhältnis zu der herrschenden Wirtschaftsflaute durchaus zufriedenstellend. Die Ausstellerzahlen stiegen von 5000 bei der Hannover-Messer '77 nach einem knappen Rückgang im nächsten Jahr zur Messe '79 auf 5200, ohne die 400 ausgeschiedenen Konsumgüterfirmen. Das Auslandsangebot wuchs in diesen Jahren von 1150 auf 1300 Direktaussteller. Die gemieteten Hallenflächen blieben konstant bei 250 000 Quadratmeter, um im Jahr des neuen CEBIT-Komplexes um 50 000 zuzunehmen. Die Besucherzahlen betrugen 500 000 zur Messe '77, 490 000 zur Messe '78 und 540 000 zur Messe '79.

Die Fachgemeinschaft Baumaschinen setzte beim Ausstellungs- und Messeausschuß durch, daß in den Jahren der Münchner BAUMA nicht für die Beteiligung in Hannover geworben werden dürfte. Damit lichtete sich der Kranwald im Freigelände auch in den Freijahren beträchtlich. Die Fördertechnik ging erst 1979 vom Zwei- zum Dreijahresturnus über. Der Anteil der Elektroindustrie als größte geschlossene Gruppe blieb zwischen 1650 und 1700 Ausstellern in etwa gleich. Günstig entwickelte sich der neue Zuliefermarkt und der Angebots-Schwerpunkt Werbemittel. Der Innovationsmarkt für Forschung und Technologie erfreute sich wachsenden Interesses, ebenso wie die Symposien mit Industrialisierungsländern, an deren Organisation sich Dr. Manfred Lohmann von der Deutschen Entwicklungsgesellschaft, das EWG-Zentrum für Industrielle Zusammenarbeit und die UNIDO beteiligten. Meine langjährige Hoffnung auf die jetzt sogenannten »Schwellenländer« als Messepartner erfüllte sich erst 1980 mit einer vielversprechenden Industrieschau Brasilien. Dabei bildeten deutsche und andere Tochterfirmen drüben den inneren Ring, um den sich die nachgewachsenen Eigeninitiativen gruppierten. Weitere Partner waren dann Griechenland, Mexiko und Portugal.

Der »Tag der Forstarbeiter«

Vier große Maschinenausstellungen besetzten in diesen drei Jahren die Messehallen: zweimal die Fachmesse »Ligna« für die Holzbearbeitung (1977 und 1979), die Europäische Werkzeugmaschinen-Ausstellung EMO (1977) und die Internationale Textilmaschinen-Ausstellung ITMA (1979). Sie waren nicht nur maßgeschneidert für den jeweiligen breiten Anwendungsbereich, sondern dieser war wiederum so vielseitig untergliedert, daß im Kontakt zwischen Fachbesuchern und Ausstellern optimale Ergebnisse auch in der Krisenzeit erzielt wurden. Gegenüber der ersten Ligna von 1975 nahm die zweite 1977 um 60 Aussteller auf 780 zu, fast die Hälfte wieder von außerhalb der Bundesrepublik. Mit 142 Firmen war die italienische Branche fast vollzählig, gefolgt von Franzosen, Engländern, Spaniern, Schweizern und Österreichern, aber auch von Spezialisten aus der waldreichen Außenwelt Nordamerika, Brasilien und Japan. Im Mai 1979 waren es dann sogar 400 ausländische Aussteller unter 850 auf einer Nettofläche von 75 000 Quadratmetern. Der technische Fortschritt war beide Male bedeutend. In der Forstwirtschaft war der Mechanisierungsgrad den vielfältigen Arbeiten angepaßt. Für die Sägewerke war die hochentwickelte Einschnitt-Technik ergänzt durch neue Lager-, Sortier- und Steuerungsverfahren. Platten- und Furnierindustrie und Oberflächentechnik wurden in vielen Varianten bedient. Dazu kam ein Rahmenprogramm vom »Tag der Forstarbeiter« bis zum UNIDO-Beratungsdienst für Entwicklungsländer. Unter 60 000 Besuchern kam ein Viertel aus der Möbelbranche, ein Fünftel aus dem Tischlerhandwerk. Das knappe Drittel »überdurchschnittlich kompetenter« ausländischer Fachbesucher stammte aus West-, Süd- und Osteuropa, aber auch aus Übersee einschließlich Australien.

Die IHA-Formel der weltweiten Beteiligung war inzwischen vom Europäischen Werkzeugmaschinen-Ausschuß (CECIMO) schon auf der ersten EMO neuen Stils in Paris 1975 angenommen worden. Drei Jahre später richtete Markus von Busße die EMO wieder in Hannover aus. Vorausgeschickt hatte der Verein Deutscher Werkzeugmaschinenfabriken (VDW) eine alarmierende Untersuchung über die überalterten Produktionseinrichtungen der metallverarbeitenden Industrie in der Bundesrepublik: »Etwa zwei Drittel aller Werkzeugmaschinen sind älter als zehn Jahre. Im Durchschnitt repräsentieren die Produktionsstätten des Maschinen- und Automobilbaus, der Elektroindustrie und anderer metallverarbeitender Branchen heute einen Stand der Technik, wie er bereits vor 14 Jahren in der Bundesrepublik erreicht worden war. Der Rückstand gegenüber einem modernen Werkzeugmaschinenpark beträgt schon vier Jahre. Der Rückgang des Inlandverbrauchs an Werkzeugmaschinen zwischen 1971 und 1975 um real 55 Prozent zeigt an, in welchem Umfang die Investitionstätigkeit nachgelassen hat.«

Die 2. EMO Hannover im September 1978 als »Gelegenheit, Soll und Haben zu vergleichen mit dem aktuellen Stand der Entwicklung«, wurde von 1600 Herstellern auf 116 000 Quadratmeter beschickt, davon mehr als die Hälfte aus dem Ausland. Im Zubehör waren elektrische Ausrüstungen und elektronische Steuerung durch Mikroprozessoren herausragend. Das Angebot universell einsetzbarer Maschinen im spanabhebenden Bereich war vergrößert, die Werkzeuge der Umformtechnik noch präziser geworden. Die traditionellen Herstellerländer im CECIMO-Bereich und in den USA, an deren Standard die Japaner bereits herankamen, waren untereinander gute Kunden. Aber auch konventionelle Werkzeugmaschinen aus Niedriglohnländern wurden in hochindustrialisierten Ländern abgesetzt, wo sie kaum mehr hergestellt wurden. Die deutschen Werkzeugmaschinen-Bauer waren mit einer Weltausfuhr 1978 von fünf Milliarden DM führend, was etwa der Hälfte ihrer Produktion entsprach. Aber der Appell des VDW an den Innovationsbedarf auf dem deutschen Binnenmarkt kam vor allem der Nahkonkurrenz zugute. Dabei spielte mit Ausnahme der Importe aus der Schweiz der hohe Stand der Deutschen Mark eine deutliche Rolle. Unsere Gesamteinfuhr an Werkzeugmaschinen schnellte von 750 Millionen DM nominal (470 Mio. real!) im Jahre 1976 auf 1,15 Milliarden DM (1 Mrd. real) 1978 hoch. Der Spitzenlieferant Schweiz erreichte in diesen zwei Jahren einen Wertzuwachs von 50 Prozent, Italien 55 Prozent, Frankreich 25 Prozent. Deutsche Gegenlieferungen standen zwar nach der Schweiz 2 : 3, aber nach Italien 2 : 1 und nach Frankreich 3 : 1. Größte Abnehmer deutscher Werkzeugmaschinen blieben die Sowjetunion, die USA und England.

Zum zweitenmal seit 1964 kam die Internationale Textilmaschinen-Ausstellung (ITMA), mit Dr. Eberhard Stoll aus Reutlingen als bewährtem Organisator, 1979 wieder nach Hannover. Die ITMA wird alle vier Jahre von ihrem europäischen Ausschuß (CEMATEX) an verschiedenen Messeplätzen veranstaltet. Auch in diesem Fall brauchten 1100 statt 828 Aussteller vor 15 Jahren mit jetzt 120 000 Quadratmeter Nettofläche unter Dach fast doppelt soviel Platz. Die größte Spinnmaschine war 42 Meter lang und zählte 1000 Ringspindeln mit automatischer Absetzvorrichtung. Der Spinnereisektor stand im Vordergrund mit einem Viertel der Aussteller auf einem Drittel der Fläche. Ein weiteres Viertel, die Aussteller von Textilveredelungsmaschinen, belegten ein Viertel der Fläche. Rund 85 Prozent der Hersteller gehörten den sieben veranstaltenden Ländern an, unter denen ein Produktionsanteil von 31 Prozent auf die Bundesrepublik, 24 Prozent auf Italien und je 10 Prozent auf England und die Schweiz entfielen.

Seit den sechziger Jahren hatte sich in der europäischen Textilbranche die Kostenschere zu der in Hongkong, Taiwan und Südkorea kumulierenden Billiglohnkonkurrenz so weit geöffnet, daß der italienische CEMATEX-Präsident, Agostino Marzoli, die Kundschaft dringend einlud, wieder Vertrauen zur Innovation zu fassen. Trotz aller Erschwernisse hätten die Produzenten von Textilmaschinen intensiv weitergearbeitet, »obwohl Neuinvestitionen fast zum Stillstand kamen und der Umsatz sich beunruhigend verlangsamte.«

Groß war daher die Überraschung, als bei einem Rekordbesuch von 158 000 Fachkunden in zehn Tagen – davon fast drei Viertel Nicht-Deutsche – in allen Sparten ungewöhnlich viele Direktabschlüsse getätigt wurden. Der Auftragsbestand deutscher Hersteller von durchschnittlich fünf Monaten wurde um zwei Monate erhöht. Auch die Schweizer Konkurrenz äußerte sich sehr befriedigt. Nur stöhnten alle über die unverändert niedrigen Preise in einem mörderischen Wettbewerb. An einem geschätzten Auftragsvolumen während der ITMA von 500 Millionen DM profitierten besonders Strickmaschinen und Zubehör, aber auch die anderen Branchen bezeichneten das Kundeninteresse als »sehr groß«.

Stabil erwiesen sich auch die erprobten Themenmessen: »didacta« (1977), die Baufachausstellung CONSTRUCTA (1978) und die auf den Berliner Traditionsnamen »Internationale Luftfahrt-Ausstellung« (ILA) zurückgreifende Flugschau (1978). Unter der Schirmherrschaft von Bundespräsident Scheel, der im gleichen Frühjahr 1977 die Hannover-Messe eröffnete, fand Anfang März die 15. Europäische Lehrmittelmesse »didacta« statt, zwei Jahre nach ihrer von der Messe-AG in Nürnberg organisierten Vorgängerin. Veranstalter waren der Deutsche Lehrmittel-Verband (DLV) in Verbindung mit der übernationalen EURODIDAC. Das Programm der 600 Aussteller (116 ausländische) in fünf Hallen des Nordbereichs (28 000 m^2 netto) umfaßte wieder alles von Fibel und Schreibutensilien bis zu Audiovision und Laboreinrichtung, was jeder Schultypus zwischen Kindergarten und Universität braucht. Englische, Schweizer und holländische Firmen waren neben der DDR, den USA anderen vertreten. Die Hälfte der 72 000 Besucher in fünf Tagen, jeder zehnte aus dem meist benachbarten Ausland, waren Lehrer und Hochschulprofessoren, die Zielgruppe natürlich der einschlägige Handel. Die geschäftliche Situation war besonders kritisch in der Bundesrepublik, wo die Finanznöte in Bund, Ländern und Gemeinden in krassem Mißverhältnis zu dem Bedarf an moderner Ausrüstung nicht nur für die naturwissenschaftlichen Fächer standen.

Die von der Messe-AG ins Leben gerufene Internationale Bau-Fachausstellung CONSTRUCTA war schon beim drittenmal Anfang 1974 zu einer Großveranstaltung geworden. Wenn sie sich vier Jahre später mit 1500 Ausstellern (1974: 1680) auf 100 000 Quadratmeter Fläche (108 000) und mit 180 000 Besuchern behauptete, war das geradezu ein Wunder angesichts der Tatsache, daß seitdem allein in der Bundesrepublik 3500 Unternehmen im Bausektor »von der Bildfläche verschwanden«. Direktor Dr. h. c. Bob Frommes, Vorsitzender des CONSTRUCTA-Ausschusses, beschrieb am Vorabend die verheerende Lage der Bauindustrie im schrumpfenden Wirtschaftswachstum. Als Luxemburger sah er auch aus nächster Nähe die europäische Stahlindustrie »in der wohl schwierigsten Krise seit ihrem Bestehen«. In der Stadtplanung notierte der Fachmann für sozialen Wohnungsbau »zwei Tendenzen, die manchen beängstigen: auf der einen Seite die Ablehnung des Hochhauses und der überhöhten städtischen Verdichtung durch immer breitere Massen, Entvölkerung und Verfall der Stadtzentren auf der anderen«. Ein fühlbarer Aufschwung der Neubautätigkeit und insbesondere der Großbaustellen sei kaum zu erwarten, weshalb wohl auch einige Großfirmen auf der CONSTRUCTA 1978 fehlten. In der allgemeinen Preisexplosion halte sich neben leeren Wohnungshalden die Tendenz zum Einfamilien-(Fertig-)Haus. In den Stadtzentren lohne sich die Altbausanierung.

Bereits 1976 hatte der Anteil der Eigenheime am Gesamtbauvolumen in der Bundesrepublik die 50-Prozent-Grenze überschritten. Die Abteilung Fertigbau–Systembau fand entsprechendes Interesse, auch bei ausländischen Fachbesuchern, die von 6 auf 11 Prozent zugenommen hatten. Aber auch die drei Spitzengruppen Rohbau, allgemeiner und technischer Ausbau konnten »einen unbedingt optimistischen Trend« in der Bauwirtschaft feststellen. Erstmals gab es Lizenzgespräche mit Baufirmen des Nahen und Mittleren Ostens und aus Lateinamerika. Von den 300 ausländischen Ausstellern kamen 170 aus Italien, die ihre Erwartungen voll erfüllt sahen.

Der Bundesverband der Deutschen Luft- und Raumfahrtindustrie (BDLI), dessen dynamischer Präsident jetzt Altmeister Dr. Ludwig Bölkow war, und die Messe-AG hatten es jedesmal schwer gehabt, die von ihnen gemeinsam getragene Deutsche Luftfahrtschau Hannover (DLS) zwischen Farnborough und Le Bourget überzeugend darzustellen, zu denen auch noch der Turiner Aerosalon kam. Wie früher Pätzold und Hutmacher den englischen Flugzirkus, so besuchten Vorstand Krüger, der aus dem BDLI zur Messe gekommene Thimann und ich regelmäßig die Pariser Luftparade. Mit Aufwand und Prestige an beiden Plätzen war nicht mitzuhalten, aber als Handelsplatz für Flugzeuge zum Allgemeingebrauch setzte sich Hannover-Langenhagen ebenso durch wie die deutsche Spitzentechnik in der zivilen und militärischen Kooperation.

Im Frühjahr 1978 ließ man die Parallelveranstaltung erst am Tag vor Schluß der Hannover-Messe beginnen und gab ihr den Namen ILA (Internationale Luftfahrt-Ausstellung) nach der legendären Schau in Berlin vor 50 Jahren. Auch der Sternflug der Sportflieger vom Deutschen Aero-Club wurde wieder durchgeführt. Bundespräsident Scheel als Schirmherr traf Elly Beinhorn, die noch immer aktive Pionierin, auf ihrem Stand der Vereinigung Deutscher Pilotinnen. Der Kompromiß zwischen Fachmesse und Luftschau gelang, weil hier, sehr im Gegensatz zur Industriemesse, 200 000 begeisterte Zuschauer der Vorführflüge das Busineß von 50 000 Fachbesuchern nicht störten, sondern offensichtlich beflügelten. 350 Firmen und Organisationen aus 13 Ländern präsentierten 150 Flugzeuge jeder Art und Verwendung, Bord- und Bodenausrüstung und Raumfahrttechnik. Stars waren wieder der Airbus A 300, die MRCA Tornado und andere Militärmaschinen. Deutsche Segelflugzeuge wurden ein Verkaufsschlager.

250 000 Eintrittskarten zu 10 DM bei der ILA waren ebensowenig zu verachten wie im September 1978 die gleiche Viertelmillion verkaufter Ausweise zur 25. »infa« – Informations- und Verkaufsausstellung Hauswirtschaft–Familie. Die Besucher waren »vorwiegend Frauen, Familien und junge Leute«, also mit Ausnahme der Lehrlinge und Studenten die auf der Hannover-Messe und den Investitions-Fachmessen nicht angesprochene Kategorie. Erst 1974 war die »infa« der Heckmann-Ausstellungen KG vom Stadthallenbereich übersiedelt auf den Nordbereich des Messegeländes. Mit seinen ineinander übergehenden sieben Hallen samt Restauration gegenüber Haupteingang, Straßenbahn-Terminal und Parkplätzen war er bestens geeignet für kleinere Veranstaltungen. Es war dieselbe Firma, deren hochkarätige Antiquitätenmesse zur Messezeit in Schloß Herrenhausen Prof. Mössner mißfallen hatte. Im Sommer 1981 erwarb die Messe-AG sämtliche Anteile der Fachausstellungen Heckmann KG mit ihrem keineswegs auf Hannover beschränkten Programm.

1975 war die von der Deutschen Landwirtschafts-Gesellschaft alle zwei Jahre veranstaltete Fachmesse »Huhn & Schwein« aus Dortmund nach Hannover umgezogen. Periodisch wiederkehrend trugen auch die Feuerwehr-Ausstellung »Interschutz – Roter Hahn«, die Fachausstellung für Anstaltsbedarf (FAB) und andere dazu bei, in den Jahren ohne große Zweitveranstaltungen die zweite Jahreshälfte nutzbar zu machen.

Der Geschäftsbericht für 1977 sprach von dem »veranstaltungs- und umsatzstärksten Jahr seit Bestehen der Gesellschaft« und zog folgendes Fazit: Über 10 500 Unternehmen, davon 2400 aus dem Ausland, stellten in Hannover aus, wobei eine Nettofläche von rund 820 000 Quadratmetern belegt wurde. Die Besucherzahlen stiegen auf 1,2 Millionen an. Es war das Jahr der meisten Zweitveranstaltungen mit didacta, Ligna, EMO, Interhospital, Huhn & Schwein und infa. Der Konzernumsatz von 115,77 Millionen DM (56 Prozent über dem Tiefpunkt von 1976), an dem die Hannover-Messe mit 61 Prozent beteiligt war, ergab einen Überschuß nach

Steuern von 2,8 Millionen DM. So konnte der Bilanzverlust des Vorjahres von 4,9 Millionen auf 1,9 reduziert werden. 20 Millionen DM wurden investiert, davon 9,7 in den Neubau der Halle 13.

Am 20. Juli 1978 verließ Ministerpräsident a. D. Alfred Kubel den Aufsichtsrat, dessen Vorsitz Finanzminister Walther Leisler Kiep übernahm. Neue Mitglieder wurden der Minister für Wirtschaft und Verkehr, Frau Birgit Breuel, die Tochter Alwin Münchmeyers, der Präsident des Zentralverbandes des Deutschen Handwerks, Paul Schnitker, anstelle von Philip Rosenthal, der Vizepräsident des ZVEI, Wolfgang Seelig aus dem Siemens-Vorstand, für Dr. Tacke und ein Jahr später Oberstadtdirektor Dr. Hinrich Lehmann-Grube als Nachfolger von Rudolf Koldewey. Schon zu Neujahr 1978 waren mit der Bestallung von Hubert-Heinrich Lange für Finanzen und Protokoll anstelle von Dr. Traub auch die Zuständigkeiten der beiden anderen Vorstandsmitglieder insofern geändert worden, als Horst Krüger außer dem Ressort Veranstaltung auch Technik/Verkehr und Revision übernahm, während Vorstandssprecher Voment außer für Marketing und Presse auch für Personal und Verwaltung zeichnete. Ende Mai ging meine eigene Tätigkeit als Generaldelegierter in Brüssel zu Ende, beinahe 27 Jahre seit meinem Vertretervertrag für Portugal und Portugiesisch-Afrika.

Obwohl außer CONSTRUCTA und ILA im Jahr 1978 noch 21 kleinere Veranstaltungen durchgeführt wurden, ging der Konzernumsatz auf 95,3 Millionen DM zurück; der Anteil der Hannover-Messe selbst betrug 70,9 Prozent. Durch eine Generalüberholung auf dem Gelände entstanden außergewöhnlich hohe Aufwendungen, so daß der Verlustvortrag von 1977 sich um einen Jahresfehlbetrag von 4,2 Millonen DM vermehrte. Durch Entnahme von fünf Millonen DM aus der freien Rücklage wurde der Bilanzverlust auf 0,9 Millionen begrenzt. Investitionen von 12,3 Millionen DM wurden durch Abschreibungen finanziert.

Wie seit jeher im Wechsel der mageren und der fetten Jahre, änderte sich das Ertragsbild 1979 wieder durch Ligna und ITMA. Am Konzernumsatz von 139,1 Millionen DM war die Hannover-Messe nur mit 57,4 Prozent beteiligt. Auf der Messe und den beiden großen Zweitveranstaltungen zusammen wurden 625 000 Quadratmeter an 7200 Aussteller (davon 2400 ausländische) vermietet. Es wurden 780 000 Besucher gezählt. An 23 anderen Ausstellungen, Tagungen und Hearings waren weitere 2800 Mieter und fast noch einmal so viele Besucher beteiligt. Aus einem Jahresüberschuß von drei Millionen DM blieb ein Bilanzgewinn von 2,12 Millionen. Von den wieder durch Abschreibungen finanzierten 12,4 Millionen Investitionen entfielen 7,9 auf die Verbindungsbauten zum erweiterten CEBIT-Komplex. Löhne und Gehälter für einen Stamm von 411 Mitarbeitern und 1200 Aushilfen betrugen 19,7 Millionen DM. An den »sonstigen Ausgaben« (Werbung im weitesten Sinn) von 67 Millionen DM war allein die ITMA mit 22,9 Millionen beteiligt. Die Messegaststätten GmbH hatten einen Umsatz von 9,4 Millionen DM. Das langfristig gebundene Anlagevermögen im Buchwert von 118,563 Millionen DM war zu 77,6 Prozent durch Eigenmittel gedeckt.

Im Sommer 1979 wurde zum erstenmal ein Vorsitzender des Vorstandes der Deutschen Messe- und Ausstellungs-AG ernannt, Diplom-Kaufmann Claus Groth (43), bis dahin Stellvertretender Vorsitzender der NOWEA-Geschäftsführung. Horst Hermann Krüger schied Ende jenes Jahres aus, German A. Voment im Herbst 1981. Als Claus Groth sich entschied, nach Düsseldorf zurückzukehren, wurde zum 1. Februar 1984 als neuer Vorsitzender der Messe-AG Dr. Klaus Goehrmann (45) berufen, bisheriger Geschäftsführer der Geha-Werke GmbH, Büro- und Schreibwarenhersteller in Hannover. Seine Kollegen sind Diplom-Volkswirt Hubert-Heinrich Lange und Sepp Heckmann.

Nach dem Weggang Leisler Kieps wurde im Sommer 1982 der niedersächsische Minster für Wirtschaft und Verkehr, Frau Birgit Breuel, zum Vorsitzenden des Aufsichtsrats gewählt. Als »Botschafterin des Hermes« unterstützt sie die Bemühungen des Vorstands in der Welt draußen.

ANSTELLE EINES NACHWORTS

Im Rahmen dieser Darstellung der Geschichte der Hannover-Messe von der Nachkriegszeit bis in unsere Tage erschien es verfrüht, ihren Kurs im Strukturwandel von Industrie und Gesellschaft der achtziger Jahre noch weiter zu verfolgen. Anstelle eines Nachworts daher hier eine

Momentaufnahme von der Hannover-Messe '83:

Hannover, Messegelände, im April 1983: Noch stehen im Südteil des Geländes zwischen neuen und erneuerten Hallen die Eichen, ohne deren Sichtschutz gegen die Bomber es nie eine Hannover-Messe gegeben hätte. Hinter dem schönsten Baum, in dessen Schatten so lange die Schaltzentrale in Gestalt einer schlichten »Vorstandsbaracke« lag, erhebt sich ein massiver Stand mit dem Mercedesstern. Gegenüber als allerletztes Erinnerungsstück befindet sich die langgestreckte ehemalige Waschkaue der Leichtmetallwerke, die sich von Messeanfang an in das stimmungsvolle Restaurant »Haus der Nationen« verwandelt hat. Von ihrem Klinkerbau inspiriert, hat sich der Architekt bei der jüngsten Renovierung an Old Colonial Williamsburg orientiert, eine passende Verbeugung vor dem nach 200 Jahren USA dort stattfindenden Gipfeltreffen der westlichen Welt.

In ihrem vierten Jahrzehnt hat die »Messe ohne Tradition« keine Patina angesetzt. Ihre Silhouette wird nach wie vor geprägt durch den Hermesturm und das Hochhaus der »Weltlichtschau«, sprich Lampen und Beleuchtungskörper. Südlich davon ist aus dem Ortsteil Grasdorf ein Wohnblock-Klein-Manhattan geworden, noch vor der Eingliederung der Laatzener Messe in die Großstadt Hannover. Die Polarität der geballten Elektrotechnik im Süden des Geländes und des CEBIT-Riesen mit seinen drei Satelliten im Norden ist noch pointierter geworden. Die alternierenden Systemschauen »Antreiben – Steuern – Bewegen« und »Energie« sind voll akzeptiert, der Hallenbereich zur Mehrfachverwendung zwischen Nordeingang und Freigelände weiter ausgebaut. An die Messehäuser der dekorativen Konsumgüter denkt keiner mehr. Erst recht vergessen ist, daß am VDMA-Pavillon tief im Gelände, wo ich seinerzeit den Kollegen Krugmann ablöste, die erste Nordgrenze der Messe verlief. Rundum der chromblitzende Ring von 50 000 Autos auf den Parkplätzen. Der Beteiligung von 5400 Direktausstellern auf mehr als 400 000 Quadratmetern netto sollte ein Besucherrekord von 640 000 folgen, von denen 80 Prozent als Fachbesucher galten. Jeder fünfte kam von außerhalb der Bundesrepublik.

Zur Eröffnung am Vorabend waren 1700 Aussteller und Prominenz in die Stadthalle geladen. Alles, was in der deutschen Industriewirtschaft Rang und Namen hatte und hat, war wieder da, angefangen vom BDI-Chef Professor Rolf Rodenstock und Alt-Präsident Günther Sohl, vom DIHT-Präsidenten Otto Wolff von Amerongen und seinem Vorgänger Dr. Alwin Münchmeyer. Die in schwierigen Fusionsgesprächen befangenen Stahlmanager ebenso wie die Herren D. und K., die unfreiwillig Schlagzeilen gemacht hatten, samt den hartgeprüften und dennoch bilanzstarken Bankherren. Als Musikfreunde hörten der Kronzeuge Alfred Kubel und sein noch immer jugendlich wirkender Nachfolger an der Landesspitze zu, wie das Streichorchester der Musikhochschule, zeitgemäß in Zopf und Perücke, das in einer Welt der allumwälzenden »Mikrotronik« und der Kollektivängste höchst unzeitgemäße Allegro aus Mozarts 40. Symphonie in g-Moll spielte. Die Aufsichtsratsvorsitzende, Wirtschaftsminister Birgit Breuel, rief dann auch in ihrer Begrüßung das Auditorium in die rauhe Wirklichkeit zurück, indem sie die Doppeljubilare des Jahres, Karl Marx und Martin Luther, zitierte: »Ein Gespenst geht um in Europa – das Gespenst des Kommunismus« contra »Und wenn ich wüßte, daß morgen die Welt untergeht, würde ich heute noch ein Apfelbäumchen pflanzen«.

Für das »Partnerland Portugal« eröffnete sein amtierender Ministerpräsident Pinto Balsemão die Reden. Mit wortstarker Zuversicht übertönte er seine Einsamkeit in den eigenen Reihen und die knapp bevorstehende Wahlniederlage durch den sozialistischen Stehaufmann Mario Soares. Der ZVEI-Präsident Wolfgang Seelig, Vorstandsmitglied der Siemens AG, apostrophierte die Messe als Wendemacher. »Im letzten Jahr war die Stimmung so schlecht wie noch nie – ein Jahr, in dem wir den höchsten Exportüberschuß erzielt, die Leistungsbilanz in atemberaubendem Tempo fast zum Positiven gekehrt, das Zinsniveau aus exzessiver Höhe fast in Normallage gebracht und den inflationären Trend des Kosten- und Preisniveaus gebrochen haben.« Allerdings seien die betrieblichen Realitäten noch gekennzeichnet durch steigende Lohnstückkosten, stagnierende Beschäftigung und sinkende Eigenkapitalquoten. Auch nach der politischen Umkehr bleibe unser aufwendiges Transfersystem bestehen, bei dem berechtigte Skrupel beständen, es noch sozial zu nennen.

Die Bemerkung von Herrn Seelig, daß die Gewerkschaften ihren Beitrag zur Lösung des Arbeitslosenproblems nicht darauf beschränken könnten, »aus Arbeitnehmern Freizeitnehmer machen zu wollen«, stand noch im Raum, als Graf Lambsdorff, dieses Mal für die von ihm selbst provozierte andere Koalition, gesetzgeberische Maßnahmen zur erhöhten Flexibilität der Arbeitszeit als einen Beitrag zur Lösung der Arbeitsmarktprobleme ansprach. »Die außerordentlich konstruktive Rolle der Gewerkschaften seit 1949« sah der Bundeswirtschaftsminister in den jüngsten Tarifergebnissen bestätigt und appellierte an die Arbeitgeberseite, auch mit Angeboten zur Vermögensbildung und strukturellen Lohndifferenzierung »den Tabu-Schützengraben« zu verlassen. Der Industriesprecher wiederum hatte seine Unternehmerkollegen zur »kreativen Unruhe« im »Heraufkommen einer neuen technologischen Gründerzeit« aufgerufen, vor allem zu einem definierten Verhältnis zu Mikroelektronik, Biotechnik und Energieerzeugung. Der deutsche Export decke das gesamte industrielle Spektrum ab und nicht nur einige Schwerpunkte wie bei den Japanern. Um auch solcher Konkurrenz mit den Mitteln des Marktes begegnen zu können, bedürfe es neben verbesserten Arbeitsbedingungen und verstärkter Kapitalbildung der Konzentration der Kräfte auf Forschung, Entwicklung, Innovation und hohen Ausbildungsstand der Mitarbeiter. Es war das alte Lied, mit unüberhörbarer Dringlichkeit vorgetragen.

Für die Wirtschaftsvereinigung Eisen und Stahl existierte die Messe erst, seit die Großen von Rhein und Ruhr Mitte der fünfziger Jahre in die Stahlstraße einzogen. In einer Situation, wo ihr Vorsitzender, Dr. Spethmann von der Thyssen AG, die neue Bundesregierung davor warnt, daß es vom EG-Ministerrat abhänge, »ob es in den nächsten Jahren noch eine nennenswerte deutsche Stahlindustrie geben wird«, war es doppelt wichtig, den Weltmarkt Hannover für das zweite Angebot der Schwerindustrie in Anlagenbau und Transporttechnik einzusetzen. 14 Kruppsche Dieselloks für die chinesische Tansam-Bahn in Zentralafrika, die wegen der Versandung des Hafens Beira wieder zwischen Daressalam und den Kupferminen Nordsambias in Gang kommt, Transportroboter von Thyssen, ein Zellrad zur Wasserklärung in Jordanien von Salzgitter, supermoderne Straßenbahnen für Irland, eine Minilok, die von der Schiene auf die Straße und zurück umsteigt, alles aufsehenerregende Neuheiten. Nur für dic baulichen Großanlagen, denen der Markt in den tief verschuldeten Entwicklungsländern schon gesperrt ist, kommt mitten in der Messe die nachher aus Riad wieder dementierte Hiobsbotschaft, daß Saudi-Arabien durch den Umschwung im Ölpreis ins Defizit geraten ist und ein Viertel seiner Projekte stoppt. In Kuwait ist es sogar die Hälfte. Also bleibt nur die Hoffnung, daß die Ölpreisentlastung wieder zu Hause oder im Pazifikbecken Investitions-Freiräume schaffen hilft. Eine für Sibirien bestimmte Kohleverflüssigungsanlage aus Salzgitter soll der Vorläufer für ein neues deutsch-sowjetisches Milliardenprojekt sein.

Dauerboom im CEBIT. Die einstige Chemiehalle 18 ist fest in

japanischer Hand, einschließlich eines Software-Centers mit einem täuschend englischen Familiennamen. Dafür gehört ein älplerisch aufgemachter Stand mit dem Tell-»Apple« einer deutsch-amerikanischen Firma. Nach dem Flimmerglanz der letzten Neuheiten an Personal- oder Heimcomputern wirkt die Riesenhalle 1 der professionellen Computer schon beinahe konservativ. Dort zog 1970 die Datenverarbeitung der vorigen Generation ein, mit NCR- und IBM-Deutschland, Honeywell-France, Hewlett-Packard-Schweiz neben dem stark expandierenden Nixdorf, Philips, Grundig, Triumph-Adler und vielen anderen Matadoren. Vom Großrechner bis zum Schreibtischgerät – »Computer-power am Arbeitsplatz« – reichen die Angebote. Sperry-Rand verbindet in *einem* System: Daten- und Textverarbeitung, Graphikdarstellung, Verwaltungsservice, Sprachenspeicher und -wiedergabe plus Sonderbereiche (personal computing). Die Software-Systemhäuser, darunter deutsche mittelständische Firmen in vorderster Front, sind als planende Gehirne der Computer-Szene voll im Geschäft für dezentrale oder hochintegrierte Anwendungen. Bei den Organisationsmitteln in der früheren Schmuck- und Uhrenhalle 2 sieht man auch Büromöbel wieder. In der an der Stelle des ersten Messehauses erbauten großzügigen Halle 3 befindet sich ein blau-weiß-roter US-Pavillon neben General Electric, Longines und Bosch. Der Besucherstrom durch alle vier Hallen ist endlos, die konkreten Kontakte so gut, daß viele Arbeitsplätze neu gesichert erscheinen.

Im Reich der Elektro-Technik herrscht gemäßigter Optimismus. Siemens, wo man sich in der Nachrichtentechnik den Bildschirmtexten besonders zuwendet, kennt das Wort Nullwachstum nicht. Die mit besonderer Sorgfalt vorbereitete »Mikrotronik«-Schau signalisiert den Durchbruch dieser elektronischen Kleinsttechnik. Ihre schier unbegrenzten Anwendungsgebiete werden in Vorträgen und Führungen auch einem breiteren Publikum erklärt. Im Rahmen der Fachmesse »Antreiben – Steuern – Bewegen« wird der neueste Stand der Technologie in der Antriebstechnik, der Pneumatik und Hydraulik, der Druckluft-Technik sowie von Einbaumotoren gezeigt. Die Verflechtung von Elektro-Technik und Mechanik ist allgegenwärtig. Hier lockt die Spielwiese der von der Halbleitertechnik »belebten« Industrie-Roboter staunende Menschentrauben an. Neben den stämmigen Kameraden, die mit ihren voll schwenkbaren Gelenkarmen ein wenig an den vermummten ersten Mann auf dem Mond erinnern, schießt einer aus seiner Harmonikahülle hoch wie »Jack in the box« in unserer Kinderzeit. Die Schweißer setzen Punkt für Punkt in die Karosseriebleche mit einer fast bedächtig wirkenden Gleichförmigkeit. Sie haben ja keine Hast, diese programmierten Männer der »dritten Schicht«, bei Daimler-Benz von ihren lebendigen Kollegen anerkennend »Siegfriedle« genannt. Ein versonnener Zuschauer zum andern: »Die brauchen kein Geld, keine Pause und keinen Urlaub. Und krank werden die auch nicht.« Dafür kosten sie ihr teures Geld in der Anschaffung und bleiben trotz rapidem Aufstieg – auf 3500 in der Bundesrepublik, davon 60 Prozent in der Autoindustrie – die Ausnahme in der Arbeitsregel, jedenfalls die »echten« mit den menschenähnlichen Armbewegungen neben all den anderen elektronisch gesteuerten Handhabungsmaschinen.

Im Nordwestbereich zwischen dem Messebahnhof und der Endstation der Straßenbahn, wo die Züge im Minutenabstand ihre Besucherlasten absetzen, bietet der Mitte der siebziger Jahre eröffnete Zuliefermarkt vielen kleineren Herstellern von Maschinenteilen, Materialien und industriellem Zubehör ihren festen Platz. Viele stellen in Gemeinschaftsständen aus, so aus Holland, Berlin, Baden-Württemberg. Gleich nebenan ist eine noch jüngere zeitgerechte Neuerung, eine ganze Halle »Jugend + Technik«. Fern von Dilettantismus und Showeffekten werden Bauen, Zimmern, Schlosserei, Elektro-Mechanik und andere Berufsabläufe vorgeführt. Die bevorstehenden »Azubis« (warum sollen diese Lernenden eigentlich nicht mehr Lehrlinge heißen?) nehmen die mannigfache Belehrung, zum Teil auch durch ihre Altersgenossen, nicht als Gaudi, sondern mit sichtbarem Eifer und Wissensdrang an. Ein EDV-Kursus soll ihnen die Angst vor dem Computer nehmen. Das voll eingerichtete »Spacelab«-Modell demonstriert den Fortschritt bis in den Weltraum. Bemerkenswert, wie Lehrkräfte der Bundeswehr das Interesse für Wehrtechnik von Reparaturen am Panzer bis zur Wartung vollelektronischer Flugzeuge zu wecken verstehen.

»Forschung und Technologie« ist in Halle 7 mit 300 Ausstellern auf 7400 Quadratmetern nach dem bescheidenen Start vor acht Jahren nicht mehr wiederzuerkennen. Auf deutscher Seite beherrschen nach wie vor die öffentlichen Institute das Feld. Die Industrie zeigt in der Regel ihre Laborerfolge zusammen mit den ausgereiften Produkten auf den Hauptständen oder hält damit zurück. Unter den 110 ausländischen Ausstellern von Ideen, Modellen und Prototypen ist das Verhältnis umgekehrt. Ein wichtiger Punkt sind neue Nutzungen gegebener Verfahren. Die Halle 7 ist aber auch ein Sprungbrett für den einzelnen Erfinder. Der Umgang mit dem »nie Dagewesenen«, das Prof. Wurster vor 20 Jahren ansagte, ist selbstverständlich geworden. ZVEI-Präsident Seelig von Siemens predigt heute die Kooperation der Technik vor dem Kommerz, die Prof. Kasimir von Philips seinerzeit vergeblich anbot. Freilich haben inzwischen manche stolzen Nationalreservate ihre Tore einem zum Mitstreiter gewordenen Konkurrenten geöffnet.

Unter den zahllosen Fachvorträgen wählte ich aus nostalgischen Gründen zwei Investitionsseminare mit den Partnerländern dieses und des nächsten Jahres, Portugal und Indien. Die Art, wie der Leiter der Firma Grundig/Portugal, des Hauptexporteurs technischer Güter, sich verpflichtet fühlte, mit positiven Erfahrungen um neue Investoren zu werben, kontrastierte in erstaunlicher Weise mit der eifersüchtigen Zurückhaltung der meisten eingesessenen deutschen Firmen gegenüber dem portugiesischen Leistungspotential und Investitionsklima, die mir in den fünfziger Jahren bei Gründung der gemischten Industrie- und Handelskammer in Lissabon und Porto begegnet war. Sie fungierte auf der Messe als Mitträger der von der nationalen Außenhandelsbörse ausgerichteten Sonderausstellung noch immer nicht sehr zahlreicher konkurrenzfähiger einschlägiger Erzeugnisse. Lehrreich war auch die Wiederkehr des gleichen auf dem Subkontinent Indien. Der Botschafter und der Leiter der Investitionsförderungsbehörde ließen keinen Zweifel daran, daß sie Spitzentechnologien der Industrieländer in erster Linie zur Aufwertung des eigenen Exports benötigen. Genau an diesem Punkt scheiterte nach zehn Jahren das hervorragende joint venture zwischen Tata und Daimler-Benz in Jamdschedpur, weil letztere den Mercedesstern nicht für den pazifischen Markt freigeben wollte. Die Japaner, so versicherten indische Experten, hätten da keine Bedenken, und außerdem seien ihre Lizenzen wesentlich preiswerter als die europäischer Automobilhersteller.

4000 Vertreter aller Medien gaben der »Messe der Hoffnung« vollen Kredit, betreut von der Presseabteilung der AG und auf Dutzenden von Firmenkonferenzen. Der Fachpresse stand der »Technische Pressedienst« zur Verfügung, den der allzufrüh verstorbene Kollege Hadzyanis mit Engagement und Sachkenntnis als Selbstdarstellung des Ausstellerangebots aufgezogen hatte. Als Zaungast der täglichen Morgen-Lage der Messeleitung erlebte ich noch einmal mit, wie das Erfolgsbarometer der Besucherziffern und Ausstellerbefragungen bis zu der Schluß-Verlautbarung stieg: »Die Hannover-Messer '83 hat die in sie gestellten Erwartungen erfüllt.« Die Ligna 83 folgte auf dem Fuß.

DANK UND VORBEHALT

Dem Vorstand der Deutschen Messe- und Ausstellungs-AG Hannover habe ich zu danken für Überlassung der Unterlagen betreffend die Jahrzehnte seit der Stunde Null. Alt-Ministerpräsident Alfred Kubel hat mir in offenem Gespräch manches zurechtgerückt. Herr Adalbert Grosse und meine früheren Kollegen Hans Hopf, Horst Krüger und Leopold Merkelbach haben meine Erinnerung ergänzt, ebenso die Aufzeichnungen meiner ehemaligen Mitarbeiter Günther Grund und Joachim Röhrecke. Siegfried Mattern begleitete die Arbeit. Die Reinschrift besorgte Frau Ingrid Petersen.

Unter der Dokumentation bei Industrieverbänden waren die von Dr. Erich Fischer zusammengestellten Protokolle des VDMA-Messe-Ausschusses und die Statistiken des VDW besonders wertvoll in einer schnellebigen Zeit, wo oft schon die fünfziger Jahre kaum mehr präsent sind.

Meine »Story« beschreibt die Rolle des Messe- und Ausstellungsplatzes Hannover in der deutschen und internationalen Industriepolitik, mit dem Akzent auf Investitionsgütern. Der Aussteller selbst wird die Hannover-Messe vor allem aus der Summe seiner eigenen Erfahrungen sehen, der Mann der Technik als Bühne einer stürmischen Entwicklung ohnegleichen. Beide Gesichtspunkte verdienen entsprechende Spezialstudien. In meinem Erlebnisbericht sollten vor allem Auf- und Ausbau eines interindustriellen Rahmens geschildert werden, den Tausende von Unternehmen im Verbund jahrein, jahraus mit produktivem Leben erfüllen.

M. W. C.

ANMERKUNGEN

[1] Deutschlands Rückkehr zum Weltmarkt, herausgegeben von Prof. Ludwig Erhard, bearbeitet von Dr. Herbert Gross, Düsseldorf 1953, S. 13.
[2] Zitiert in: Friedrich Jerchow, Deutschland in der Weltwirtschaft 1944–1947, Düsseldorf 1978, S. 471.
[3] Englisches Handelsministerium.
[4] Zitiert in: Zehn Jahre Messe Hannover, von Helmuth Wüst.
[5] Helmuth Wüst, a. a. O.
[6] Diese Grundsatzerklärung wurde im Arbeitsausschuß Werbung des VDMA Jahr für Jahr wiederholt und bekräftigt.
[7] Jetzt Pavillon der UDSSR.
[8] Fritz Kappel, 75 Jahre VDW, Frankfurt 1966, S. 114.
[9] Dr. Hellmuth Trute, in: 50 Jahre Wirtschaftsverband der Elektroindustrie, Frankfurt 1968, S. 44.
[10] Kappel, a. a. O., S. 118.
[11] Rolf Lahr, Zeuge von Fall und Aufstieg, Hamburg 1981, S. 295 f.
[12] Carl Hundhausen in der privaten Festgabe der Industrie zu Alfred Kubels 65. Geburtstag 1974.
[13] Société Nationale d'Exportation des Constructeurs de Matériel aéronautique.
[14] Numeric control = Elektronische Steuerung.
[15] Von diesem Zeitpunkt an wurden die belegten Ausstellungsflächen in Netto- statt in Bruttozahlen angegeben, d. h. ohne Gänge und Serviceräume.

DOKUMENTATION

Geschäftsberichte der Deutschen Messe- und Ausstellungs-AG Hannover über die Geschäftsjahre 1947 – 1982.
Nachrichten der Deutschen Industrie-Messe Hannover, Nov. 1952 – Juni 1961.
hm - Nachrichten der Hannover-Messe, Aug. 1961 – Aug. 1973.
Messe-Nachrichten Hannover, seit Sept. 1973.
Statistiken der Messen und Ausstellungen in Hannover, seit 1947.
Tatsachen über die Hannover-Messe, lfd. hrsg. von der Messe-AG.
Reden zur Eröffnung der Messen und Ausstellungen in Hannover, Archiv.
Berichte über die Wirtschaftstage der sechziger Jahre, Archiv.
Erste Deutsche Exportmesse Hannover 1947, hrsg. von der Presse-Abteilung der Messe-AG, 1948.
3 × Exportmesse Hannover, hrsg. von der Messe-AG, 1949.
Drei Jahre Aufbau und Aufstieg, hrsg. von der Messe-AG, 1950.
Helmuth F. Wüst, 10 Jahre Messe Hannover, hrsg. von der Messe-AG, 1956.
Die Welt zu Gast zur Messe in Hannover, *Kurt Hartig,* Hannover 1976.
Alfred Kubel 65, Privatdruck, 1974.
VDMA – Maschinenbaunachrichten
– Niederschriften über die Sitzungen des Werbeausschusses ab 1947, Archiv.
– Protokolle des Ausschusses für Messepolitik ab 1965, Archiv.
VDW – Statistiken über Produktion, Ein- und Ausfuhr von Werkzeugmaschinen seit 1950, Archiv.
– Statistiken über nationale und internationale Werkzeugmaschinen-Ausstellungen seit 1950, Archiv.
Fritz Kappel, 75 Jahre VDW, hrsg. vom Verein Deutscher Werkzeugmaschinenfabriken, Frankfurt 1966.
50 Jahre ZVEI, hrsg. vom Zentralverband der Elektrotechnischen Industrie, Frankfurt 1966.

Jürgen Schwermann, Grundlagen der Messepolitik, Studie 41 aus dem Institut für Europäische Wirtschaftspolitik, Hamburg 1976.

Friedrich Jerchow, Deutschland in der Weltwirtschaft 1944–1947, Düsseldorf 1978.

Deutschlands Rückkehr zum Weltmarkt, hrsg. von Prof. Ludwig Erhard, bearbeitet von Dr. Herbert Gross, Düsseldorf 1953.

Wolfgang Michalski, Export und Wirtschaftswachstum, Veröffentl. HWWA-Institut für Wirtschaftsförderung, Hamburg 1970.

Jahresberichte des Bundesverbandes der Deutschen Industrie.

Deutsche und internationale Jahreswirtschaftsdaten der F.A.Z.

Statistische Jahrbücher für die Bundesrepublik Deutschland, Hrsg. Statistisches Bundesamt/Wiesbaden.

ENTWICKLUNG DES MESSEGELÄNDES HANNOVER

Bruttofläche (qm)*)

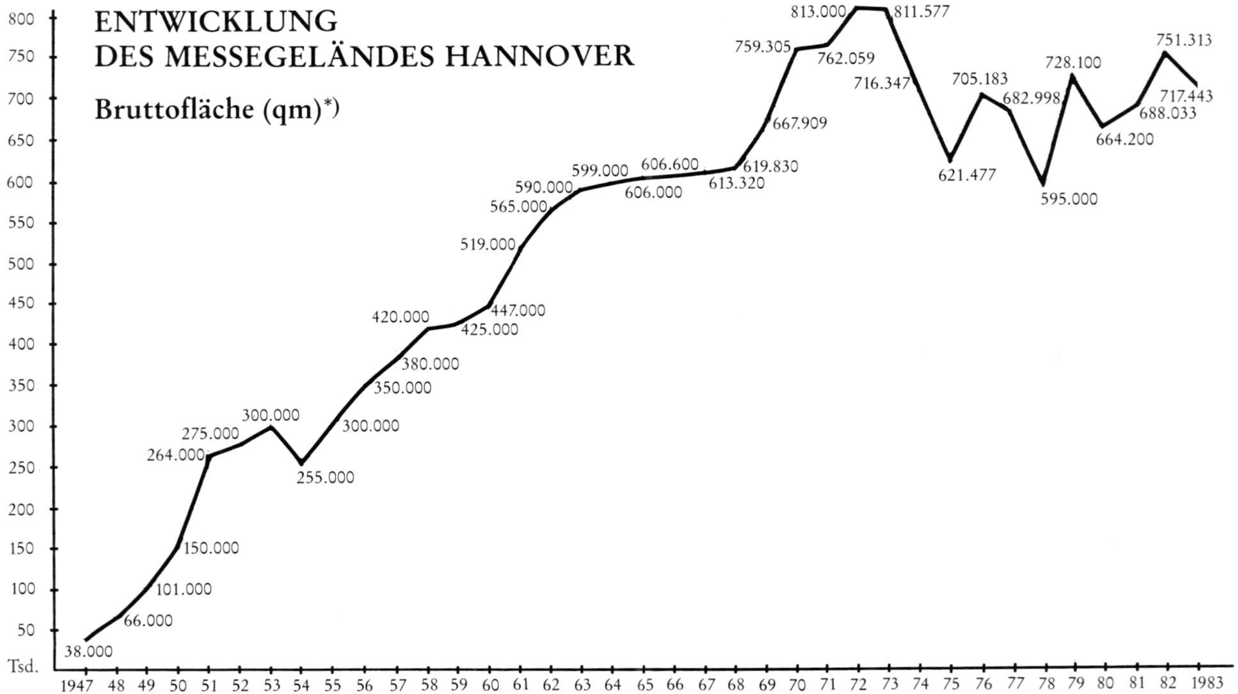

*) Als »Bruttofläche« (belegte Ausstellungsfläche) wird die für die jeweilige Messe oder Ausstellung in Anspruch genommene Ausstellungsfläche, die neben der belegten Standfläche auch die erwähnten Verkehrs- und Dienstleistungsflächen mitenthält, bezeichnet.

AUSSTELLERZAHLEN*)

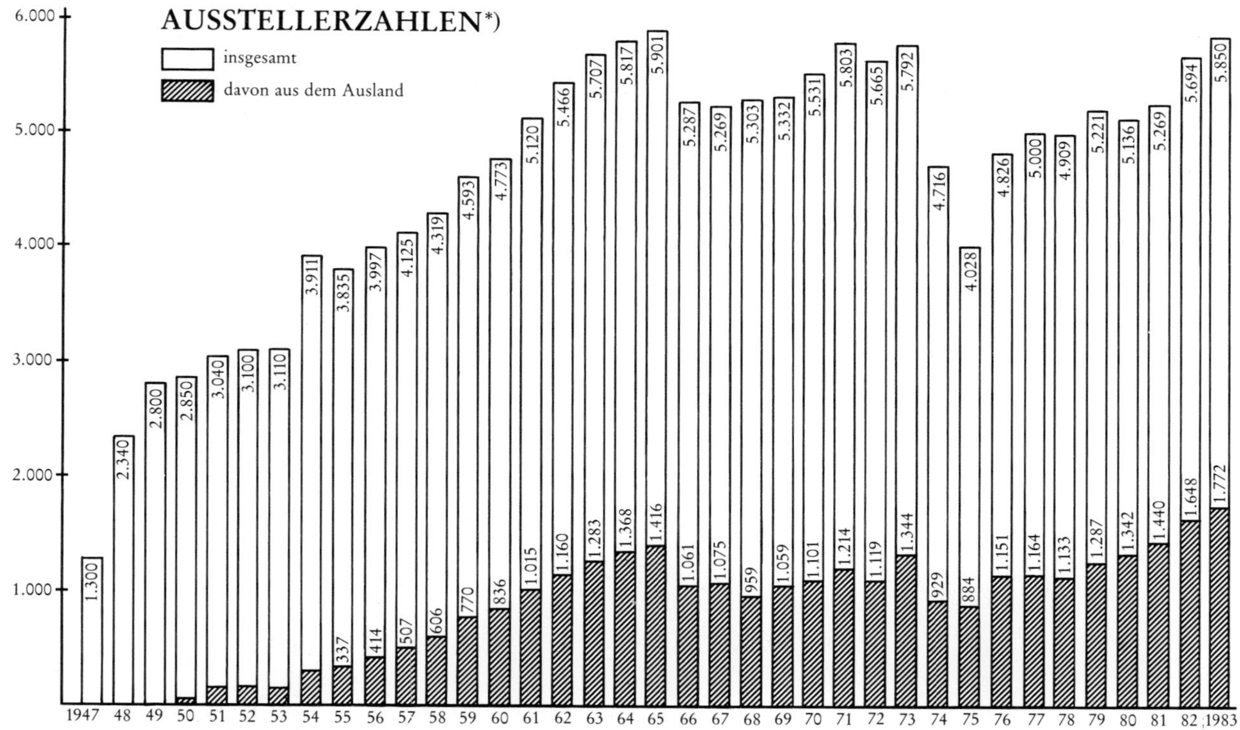

*) Als Aussteller gelten Unternehmen, die auf ihrem Stand mit eigenem Personal tätig sind.

BESUCHERZAHLEN*)

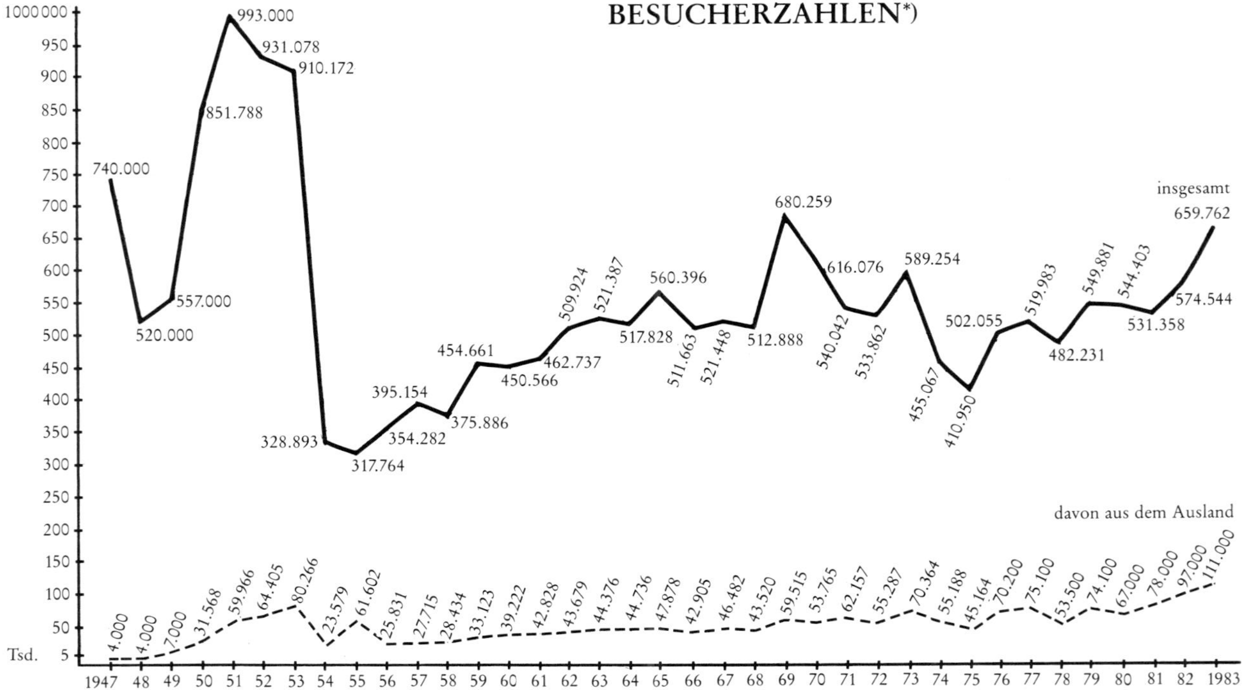

*) Der Besucherzahl werden die verkauften Eintrittsausweise zugrunde gelegt. Von 1954-1965 aus messestatistischen Gründen unveröffentlicht.
Quelle: AUMA-Zahlenspiegel, lfd. Jg.; FKM-Berichte, lfd. Jg.; Messekataloge, lfd. Jg.; schriftliche und mündliche Auskünfte der Messegesellschaften.

Besucheranalysen 1974–1983 – Hannover-Messe

		1974		1975		1976		1977		1978	
		%	absolut	%	absolut	%	absolut	%	absolut	%	absolut
	Gesamtbesucher		455 067		414 119		502 055		519 983		482 231
	davon: Fachbesucher	64	291 000	77	319 000	70	351 000	85	442 000	74	356 900
HERKUNFT	Inland	79	230 000	83	264 800	80	280 800	83	366 900	85	303 400
	Ausland	21	61 000	17	54 200	20	70 200	17	75 100	15	53 500
REGIONALE HERKUNFT	Norddeutschland	38	87 400	37	97 976	40	112 320	43	157 767	43	130 462
	Westdeutschland	26	59 800	29	76 792	26	73 008	28	102 732	25	75 850
	Südwestdeutschland	22	50 600	13	34 424	14	39 312	13	47 697	13	39 442
	Süddeutschland	22	50 600	22	58 256	20	56 160	18	66 042	18	54 612

Besucheranalysen 1974–1983 – Hannover-Messe

		1979		1980		1981		1982		1983	
		%	absolut	%	absolut	%	absolut	%	absolut	%	absolut
	Gesamtbesucher		549 881		544 403		531 358		574 544		659 762
	davon: Fachbesucher	71	390 000	77	419 000	86	457 000	80	460 000	80	528 000
HERKUNFT	Inland	81	315 900	84	352 000	83	379 000	79	363 400	79	417 000
	Ausland	19	74 100	16	67 000	17	78 000	21	96 600	21	111 000
REGIONALE HERKUNFT	Norddeutschland	42	132 678	48	168 960	40	151 600	42	152 628	43	179 310
	Westdeutschland	26	82 134	23	80 960	26	98 540	26	94 484	25	104 250
	Südwestdeutschland	12	37 908	12	42 240	12	45 480	12	43 608	12	50 040
	Süddeutschland	21	66 339	16	56 320	21	79 590	21	76 314	19	79 230

Rangfolge der wichtigsten Abnehmerländer deutscher Werkzeugmaschinen in Mio. DM und vH-Anteilen

Rang-folge	1972 Land	Mio. DM	vH	1973 Land	Mio. DM	vH	1974 Land	Mio. DM	vH	1975 Land	Mio. DM	vH	1976 Land	Mio. DM	vH
1.	Frankreich	469	14	Sowjetunion	463	13	Sowjetunion	501	10	Sowjetunion	640	13	Sowjetunion	867	17
2.	Sowjetunion	356	11	Frankreich	406	11	Frankreich	463	10	Frankreich	575	11	Frankreich	502	10
3.	Italien	292	9	Italien	300	8	Italien	422	9	Italien	318	6	USA	293	6
4.	Schweiz	175	5	Großbritannien	189	7	Brasilien	311	7	Brasilien	291	6	Großbritannien	271	5
5.	Großbritannien	174	5	Schweiz	180	5	Großbritannien	263	6	USA	269	5	Italien	249	5
6.	USA	150	4	Schweden	170	5	USA	255	5	Großbritannien	263	5	Brasilien	236	5
7.	Spanien	127	4	USA	163	4	Schweden	203	4	Schweden	225	4	Schweden	218	4
8.	Österreich	126	4	Brasilien	162	4	Schweiz	190	4	Spanien	199	4	Polen	169	3
9.	Brasilien	124	4	Spanien	154	4	Polen	188	4	Jugoslawien	151	3	Österreich	157	3
10.	Schweden	117	4	Polen	136	4	Japan	186	4	Niederlande	142	3	Spanien	139	3
11.	Belgien-Luxemb.	101	3	Belgien-Luxemb.	125	3	Spanien	184	4	Belgien-Luxemb.	137	3	Niederlande	134	3
12.	Niederlande	97	3	Österreich	121	3	Niederlande	147	3	Schweiz	134	3	Schweiz	127	3
13.	Polen	93	3	Niederlande	120	3	Belgien-Luxemb.	145	3	Polen	125	2	Jugoslawien	116	2
14.	Jugoslawien	87	3	Jugoslawien	91	3	Österreich	133	3	Österreich	123	2	Belgien-Luxemb.	105	2
15.	Japan	86	3	Japan	90	2	Südafrik. Union	93	2	Japan	102	2	Iran	102	2
	übrige Länder	681	21	übrige Länder	769	21	übrige Länder	1096	22	übrige Länder	1346	28	übrige Länder	1329	27
	Welt nominal	3255	100	Welt nominal	3639	100	Welt nominal	4780	100	Welt nominal	5040	100	Welt nominal	5014	100
	real	2801		real	2951		real	3494		real	3349		real	3146	

Rangfolge	1977 Land	Mio. DM	%	VR	1978 Land	Mio. DM	%	VR	1979 Land	Mio. DM	%	VR	1980 Land	Mio. DM	%	VR	1981 Land	Mio. DM	%	VR
1.	Sowjetunion	803	16	− 7,4	Sowjetunion	636	13	−20,8	Sowjetunion	624	12	− 1,9	Sowjetunion	845	14	35,5	Sowjetunion	633	9	−25,1
2.	Frankreich	404	8	−19,5	USA	385	8	26,2	Großbritannien	453	9	31,0	USA	517	8	20,7	Frankreich	594	9	20,4
3.	USA	305	6	4,1	Großbritannien	346	7	37,3	USA	428	8	11,3	Frankreich	494	8	37,0	Österreich	585	9	151,3
4.	Großbritannien	252	5	− 7,0	Frankreich	324	6	−19,8	Frankreich	361	7	11,1	Großbritannien	412	7	− 9,1	USA	527	8	2,0
5.	Italien	231	5	− 7,2	Italien	234	5	1,3	Italien	358	7	52,8	Italien	329	5	− 7,9	Großbritannien	364	5	−11,6
6.	Brasilien	190	4	−19,5	Schweiz	207	4	38,0	Schweiz	220	4	6,2	Schweiz	297	5	35,1	Schweiz	318	5	6,9
7.	Iran	158	3	54,9	Brasilien	197	4	3,7	Jugoslawien	212	4	9,4	Brasilien	264	4	25,8	Spanien	297	4	274,7
8.	Niederlande	158	3	17,9	Jugoslawien	194	4	23,6	Österreich	210	4	33,0	Österreich	233	4	10,9	Italien	295	4	−10,5
9.	Jugoslawien	157	3	35,3	Polen	189	4	26,8	Brasilien	210	4	6,6	Belg.-Luxemb.	233	4	69,9	Schweden	233	4	46,6
10.	Rumänien	156	3	75,3	Niederlande	178	4	12,7	Süd-Korea	168	3	99,8	Mexiko	193	3	321,4	Südafrika	214	3	77,7
11.	Schweiz	150	3	18,1	Rumänien	172	3	10,3	Niederlande	154	3	−13,8	Niederlande	192	3	24,6	Mexiko	193	3	0,3
12.	Polen	149	3	−11,8	Österreich	158	3	6,8	Japan	143	3	61,9	Schweden	159	3	20,3	Japan	186	3	34,6
13.	Österreich	148	3	− 5,7	Schweden	125	3	− 9,4	Belg.-Luxemb.	137	3	20,2	Jugoslawien	156	3	−26,3	Brasilien	170	3	−35,7
14.	Schweden	138	3	−36,7	Belg.-Luxemb.	114	2	2,7	Schweden	132	3	5,5	Japan	138	2	− 3,5	Belg.-Luxemb.	166	3	−28,5
15.	Belg.-Luxemb.	111	2	5,7	ČSSR	110	2	6,8	Rumänien	121	2	−29,4	Südafrika	120	2	74,3	Niederlande	165	3	−13,8
	übrige Länder	1434	30		übrige Länder	1422	28		übrige Länder	1393	24		übrige Länder	1603	25		übrige Länder	1801	25	
	Welt nominal	4944	100	− 1,4	Welt nominal	4991	100	1,0	Welt nominal	5324	100	6,7	Welt nominal	6185	100	16,2	Welt nominal	6741	100	9,0
	real	4664		− 7,0	real	4505		− 3,4	real	4578		1,6	real	5016		9,6	real	5177		3,2

Quelle: Amtliche Außenhandelsstatistik (einschl. West-Berlin), herausgegeben von der Fachgemeinschaft Werkzeugmaschinen im VDMA

real = in Preisen von 1976
VR = %-Veränderungsrate zum gleichen Vorjahreszeitraum

Rangfolge der wichtigsten Lieferländer von Werkzeugmaschinen in die Bundesrepublik Deutschland in Mio. DM und vH-Anteilen

Rang-folge	1972 Land	Mio. DM	vH	1973 Land	Mio. DM	vH	1974 Land	Mio. DM	vH	1975 Land	Mio. DM	vH	1976 Land	Mio. DM	vH
1.	Schweiz	143	21	Schweiz	147	24	Schweiz	158	25	Schweiz	173	26	Schweiz	205	28
2.	Italien	105	15	Frankreich	85	14	Italien	81	13	Frankreich	84	12	Italien	85	11
3.	USA	83	12	Italien	81	14	Frankreich	75	12	Italien	83	12	Frankreich	79	11
4.	Frankreich	81	12	Großbritannien	41	7	USA	66	10	USA	53	8	USA	57	8
5.	Großbritannien	54	8	USA	39	7	Großbritannien	41	7	Großbritannien	52	8	Großbritannien	48	6
6.	Belgien-Luxemb.	39	6	Niederlande	33	6	Niederlande	35	6	Belgien-Luxemb.	33	5	Belgien-Luxemb.	37	5
7.	Österreich	35	5	Belgien-Luxemb.	27	5	Österreich	31	5	Niederlande	30	5	Niederlande	35	5
8.	Niederlande	31	4	Spanien	27	5	Spanien	29	5	Österreich	30	5	Österreich	35	5
9.	Spanien	29	4	Schweden	27	5	Belgien-Luxemb.	24	4	Spanien	30	5	Spanien	33	4
10.	Japan	26	4	Österreich	18	3	Schweden	19	3	Schweden	24	3	Schweden	32	4
11.	Schweden	21	3	Japan	16	3	Japan	16	3	Japan	22	3	Japan	27	4
12.	ČSSR	12	2	ČSSR	11	2	Jugoslawien	9	2	ČSSR	8	1	ČSSR	13	2
13.	Jugoslawien	10	1	Jugoslawien	8	1	ČSSR	7	1	Jugoslawien	8	1	Jugoslawien	12	2
14.	Sowjetunion	8	1	Dänemark	7	1	Dänemark	6	1	Dänemark	5	1	Ungarn	8	1
15.	Dänemark	6	1	Polen	5	1	Ungarn	5	1	Sowjetunion	5	1	Sowjetunion	8	1
	übrige Länder	13	2	übrige Länder	17	3	übrige Länder	18	3	übrige Länder	28	4	übrige Länder	33	4
	Welt nominal	696	100	Welt nominal	587	100	Welt nominal	618	100	Welt nominal	668	100	Welt nominal	747	100
	real	599		real	476		real	452		real	444		real	469	

Rang-folge	Land	1977 Mio. DM	%	VR	Land	1978 Mio. DM	%	VR	Land	1979 Mio. DM	%	VR	Land	1980 Mio. DM	%	VR	Land	1981 Mio. DM	%	VR
1.	Schweiz	252	27	22,9	Schweiz	322	28	27,8	Schweiz	402	29	24,7	Schweiz	481	27	19,7	Schweiz	457	26	– 4,9
2.	Italien	110	12	29,4	Italien	141	12	28,2	Italien	153	11	8,8	Italien	218	12	42,7	Japan	206	12	– 5,2
3.	Frankreich	97	11	22,8	Frankreich	101	9	4,1	Japan	142	10	78,2	Japan	218	12	53,8	Italien	202	12	– 7,6
4.	Großbritannien	66	7	37,5	USA	80	7	27,0	Frankreich	121	9	19,8	Frankreich	159	9	31,4	Frankreich	145	8	– 9,2
5.	USA	63	7	10,5	Japan	79	7	58,0	USA	80	6	0,4	Großbritannien	133	7	68,6	Großbritannien	119	7	–10,5
6.	Japan	50	5	85,2	Großbritannien	77	7	16,7	Großbritannien	79	6	1,8	USA	115	6	42,5	USA	117	7	2,2
7.	Schweden	45	5	40,6	Österreich	57	5	39,0	Belg.-Luxemb.	74	5	44,5	Österreich	70	4	33,1	Österreich	99	6	40,3
8.	Österreich	41	4	17,1	Belg.-Luxemb.	51	5	41,7	Spanien	54	4	32,9	Spanien	67	4	25,2	Belg.-Luxemb.	73	4	21,8
9.	Spanien	37	4	12,1	Niederlande	47	4	30,6	Österreich	53	4	– 7,8	Schweden	64	4	41,5	Spanien	58	3	–13,3
10.	Belg.-Luxemb.	36	4	– 2,7	Spanien	40	3	8,1	Niederlande	49	4	4,9	Belg.-Luxemb.	60	3	–18,6	Schweden	53	3	–16,3
11.	Niederlande	36	4	2,9	Schweden	38	3	–15,6	Schweden	45	3	19,7	Niederlande	51	3	3,6	Niederlande	50	3	– 0,9
12.	ČSSR	17	2	30,8	ČSSR	21	2	23,5	ČSSR	29	2	35,2	ČSSR	31	2	5,8	Ungarn	26	2	– 6,2
13.	Ungarn	13	2	62,5	Ungarn	16	1	23,1	Ungarn	26	2	55,9	Ungarn	27	2	7,0	ČSSR	23	1	–24,2
14.	Dänemark	10	1	42,9	Dänemark	13	1	30,0	Dänemark	14	1	5,3	Dänemark	24	1	70,4	Dänemark	20	1	–15,9
15.	Jugoslawien	10	1	–16,7	Jugoslawien	10	1	0	Jugoslawien	13	1	21,8	Polen	12	1	32,8	Jugoslawien	19	1	74,5
	übrige Länder	40	4		übrige Länder	52	5		übrige Länder	53	3		übrige Länder	77	3		übrige Länder	84	4	
	Welt nominal	923	100	23,6	Welt nominal	1145	100	24,1	Welt nominal	1387	100	21,2	Welt nominal	1807	100	30,3	Welt nominal	1751	100	– 3,1
	real	871		16,6	real	1033		18,6	real	1193		15,5	real	1466		22,9	real	1345		– 8,2

Quelle: Amtliche Außenhandelsstatistik (einschl. West-Berlin), herausgegeben von der Fachgemeinschaft Werkzeugmaschinen im VDMA

real = in Preisen von 1976
VR = %-Veränderungsrate zum gleichen Vorjahreszeitraum

PERSONEN- UND SACHREGISTER

Dieses Register enthält die Namen von Personen und Firmen, Zeitungen und Zeitschriften sowie sachbezogene Stichwörter. Firmennamen sind ohne nähere Bezeichnung der Betriebsform (wie z. B. GmbH oder AG) aufgenommen. Zeitungen, Zeitschriften, Vorträge, Bücher, Schriften usw. sind durch doppelte, Messen und Teilausstellungen durch einfache Anführungszeichen gekennzeichnet. Personennamen sind durch kursive Schrift hervorgehoben. Die Umlaute ä, ö, ü wurden wie a, o, u alphabetisiert.

H

I

Q

R

Z